거인의 약속

거인의 약속

{ 작은 행동으로 거대한 변화를 만드는
14가지 리더십 원칙 }

존 아메이치 지음 + 이주영 옮김

The Promises of Giants

상상스퀘어

일러두기

1. 단행본은 《 》, 신문·잡지·TV 프로그램·영화·그림·노래·글 등은 ( )로 표기했다.
2. 본문에 언급한 단행본이 국내에 출간된 경우에는 국역본 제목으로 표기했고,
   출간되지 않은 경우 원서에 가깝게 번역하고 원제를 처음에만 병기했다.
3. 이 책에 나오는 외래어는 국립국어원 외래어표기법을 따랐으나,
   외래어표기법과 다르게 굳어진 일부 용어의 경우에는 예외를 두었다.
4. 이 책 200~201쪽에 나오는 '웰빙 관찰 일지'는 상상스퀘어 출판사 홈페이지
   (www.sangsangsquare-books.com)의 도서목록에서 해당 도서로 들어가면 다운받을 수 있다.

사랑하는 어머니에게
이 책을 바칩니다

"리더십에 관한 강력한 메시지를 전하는 책"

- 애덤 그랜트Adam Grant, 펜실베이니아대학교 와튼스쿨 조직심리학과 교수,

《오리지널스》 저자

"효과적인 리더십의 자질을 확인하고 소통하는 존의 능력은 놀랍다. 이 책을 읽고 나면 당신의 세계관은 분명 확장되어 있을 것이다."

- J. J. 에이브럼스J.J. Abrams, 영화감독이자 시나리오작가

"꼭 한번 읽어봐야 할 책! 다 읽은 후에도 오랫동안 여운이 가시지 않는다."

- 피오나 캐넌Fiona Cannon, 영제국훈장 수상자이자 로이즈뱅킹그룹 이사,

《민첩성 사고방식The Agility Mindset》 저자

"어둠 속에서 영혼을 끌어내는 아메이치의 능력은 진짜다. 깊은 감동을 받을 준비를 하라."

- 콜린 새먼Colin Salmon, 영화배우

"아메이치는 가장 자극적인 도발도 진정시키는 남다른 능력을 지닌, 선하고 강한 힘과 같은 사람이다."

- 제임스 오브라이언 James O'Brien, 영화감독이자 시나리오작가

"지난 10년간 나온 리더십을 다룬 책 가운데 가장 배울 것이 많고 즐겁게 읽을 수 있으면서 도전을 느끼게 하는 책이다. 리더가 되고 싶은 사람이라면 꼭 읽어봐야 한다."

- 데이비드 드수자 David D'Souza, 영국 공인인력개발연구소 멤버십 디렉터

"리더십 여정을 시작하는 사람이든, 경영 혁신을 모색하는 베테랑 전문가든, 누구나 배우고 성장할 수 있도록 영감을 주는 전략적인 도구와 통찰력이 가득하다."

- 진 톰린 Jean Tomlin, 영제국훈장 수상자이자 샨조유한회사 CEO

"우리가 누구인지, 왜 존재하는지, 세계에 어떤 영향을 미치고 싶은지 이해하면서 더 나은 리더가 될 수 있도록 돕는 책"

- 빅터 오 아데보왈레 Victor O Adebowale, 영제국지휘관훈장 수상자

차례 *The Promises of Giants*

이 책에 쏟아진 찬사 6
서문 10
프롤로그 12

1장 | 약속한다,   31
나 자신을 비판적으로 바라보되
잔인하게 바라보지는 않겠다고

2장 | 약속한다,   61
성공을 위해 완전히 헌신하겠다고

3장 | 약속한다,   83
대담함과 취약함을 지닌 사람이 되겠다고

4장 | 약속한다,   109
편견에 사로잡히지 않고 신중하게 행동하겠다고

5장 | 약속한다,   145
변명하지 않으며 불편함을 감수하겠다고

6장 | 약속한다,   179
나의 몸과 마음을 돌보겠다고

7장 | 약속한다,   203
다른 사람의 잠재력을 키워주겠다고

8장 | 약속한다,   223
사람을 직업으로 판단하지 않고
한 명의 개인으로 바라보겠다고

9장 | 약속한다,   245
제때 효과적인 피드백을 주겠다고

10장 | 약속한다,   265
내가 필요할 때만 찾는 것이 아니라 항상 곁에 있겠다고

11장 | 약속한다,   285
책임지고 문화를 이끌어가겠다고

12장 | 약속한다,   303
조직을 비판적이면서 진실하게 바라보겠다고

13장 | 약속한다,   329
서로 터놓고 지낼 수 있는 일상적인 포용 문화를 만들겠다고

14장 | 약속한다,   357
사람들이 절대로 떠나고 싶지 않은 환경을 만들겠다고

에필로그 | 계단을 청소하며 375
감사의 말 390
주석 392

나는 여러모로 이 책의 서문을 쓰기에 부족하고 준비되지 않은 사람이다. 이 책의 저자 존 아메이치 John Amaechi와 함께 수년간 즐겁게 일했지만, 아메이치는 나를 그저 가까운 친구나 동료 중 한 명으로만 생각할 수도 있을 것이다. 나는 조직심리학자도 아니고 팀 스포츠에도 소질이 없다. 그저 체격이 조금 건장하고 머리숱이 많은 50대 후반의 평범한 백인 남자에 불과하다.

그러니까 아메이치와 나는 놀라울 정도로 다른 부류의 사람이다!

하지만 바로 이러한 이유 때문에 아메이치가 나에게 이 책의 서문을 써달라고 부탁했는지도 모른다. 규모가 매우 크고 목적이 분명한 전문 서비스 비즈니스의 전략을 책임지고 있는 한 사람으로서, 나는 조직 내에서 그리고 글로벌 기업에서 아메이치의 일과 영향력을 관찰하는 특권을 누렸다.

아메이치가 이룩한 업적과 그가 쓴 이 책은 매우 특별하다.

시간을 가지고 여유롭게 이 책을 읽고 곰곰이 생각해보자. 그러면 아메이치와 그의 어머니가 지닌 대단한 점을 발견할 수 있다. 나아가 나 자신과 내가 지닌 영향력, 다시 말해 친구, 가족, 소속된 조직에 미치는 자신의 영향력을 진지하게 생각해보게 될 것이다.

《거인의 약속》을 평범한 책을 읽듯 대강 훑어보고 끝내지 않길 바란다. 이 책이 하는 말에 집중하며 내면의 이야기에 귀를 기울이면 좋겠다. 그러면 여러분이 지닌 좋은 모습과 제대로 마주하고, 그 모습을 긍정적으로 평가하게 될 것이다. 그 순간부터 여러분은 거인의 외투를 만들기 시작한 것이다.

이 책을 읽다 보면 천천히 거인의 외투에 꿰맬 보석과 황금 덩어리가 나타날 것이다. 승리의 본질, 대담함과 취약함이 쌍둥이와 같다는 사실, 신중함은 편견을 극복하는 데 꼭 필요한 무기라는 점까지… 이러한 내용들이 당신이 발견하게 될 보석들이다. 사회생활을 위한 황금 같은 말에도 주목하길 바란다. 평소에 주목받지 못하는 사람들에게 관심을 갖고, 조직 안에서 변화의 선봉에 서는 사람들을 찾아내며, 반란자들을 다루기 위한 해독제를 찾는 데 도움을 줄 것이다.

결국 거인의 외투에는 조직의 문화뿐만 아니라 자신의 선택과 약속이 복잡하게 짜여 있는 셈이다. 만약 당신의 약속이 거인의 약속이라면 당신은 확신, 겸손, 정직함으로 무장하고 외투를 가볍게 입을 것이다.

런던 국제 법률사무소 핀센트메이슨의
알라스테어 모리슨Alastair Morrison

이 책을 읽는 독자 중에는 내가 10년 경력의 프로농구 선수 출신이라는 것을 어렴풋이 아는 사람도 있을 것이다. 아니면 내가 처음으로 펴낸 책《맨 인 더 미들Man in the Middle》이나 나의 '커밍아웃'과 함께 쏟아진 기사를 통해 나를 막연하게 알고 있는 독자도 있을 것이다. 여전히 나는 최초로 동성애 사실을 커밍아웃한 전직 미국프로농구(이하 NBA) 선수로 가장 잘 알려져 있고 앞으로도 그럴 것이다. 내가 게이가 되기 위해 특별히 노력한 적이 없다는 점을 생각하면 동성애자로만 유명해졌다는 사실이 조금 아쉽기는 하다.

나는 오히려 1995년 스포츠계에서 은퇴한 이후에 더 커다란 성취를 얻기 위해 훨씬 더 열심히 일했다. 정식으로 내 소개를 다시 하고 싶다. 내 이름은 존 아메이치. 현재 창업 20주년을 맞이한 전문 컨설팅 기업 APS를 세운 대표다. 뛰어난 임직원이 근무하는 APS는 여러 분야의 업계 거물을 포함한 다양한 고객과 거래하고 있다. APS는 고위 경영진과 일반 직원들 모두에게 환영받는 기업이며, 현재 조직이 마주하는 가장 곤란한 과제를 정확히 분석해 이를 실용적으로 해결할 수 있는 솔루션을 제공하고 있다.

APS에 관한 일 외에도 영국심리학회 직업심리학부의 회원, 과학기술연구소의 공인 과학자 및 과학위원회 회원, 이스트런던대학 심리학과 연구원, 맨체스터대학 영국 국민보건서비스_{NHS} 재단과 아홉 곳의 지역 병원 및 커뮤니티 서비스의 이사, 영국심리학회 기고 작가로도 활동 중이다. 자선 및 스포츠에 공헌한 공로로 영제국훈장_{OBE, Order of the British Empire}을 받기도 했다.

사실 여러분에게 이 정도로 자세한 이력 소개를 할 필요는 없다고 생각한다. 대부분의 사람에게 이러한 직함과 소속 조직은 책의 한 페이지를 메우는 단어에 불과할 테니 말이다. 하지만 나는 사람들이 나를 처음 볼 때 이 같은 직함으로 보지 않는다는 것을 잘 알기에 이러한 자격을 앞세우는 데 익숙해졌다. 어릴 때부터 지금 이 순간까지, 사람들이 나에게서 가장 먼저 보는 것은 경외심이나 두려움을 불러일으키는 거인의 모습이다.

위에서 소개한 이력보다 더 장대하게 내 소개를 하고 자랑을 늘어놓더라도, 사람들이 나를 보고 보이는 첫 반응은 내가 이끄는 조직의 규모와 내가 쌓아온 경력과 전혀 관계없다. 그저 내 키를 보고 놀라기만 한다.

"와우. 정말 키가 크네요. 이렇게 키가 큰 분은 처음 봅니다. 키가 정확히 어떻게 되나요?"

"인터넷에 검색해보시면 됩니다."

좋은 뜻으로 키나 신발 사이즈를 물어보거나 높은 곳의 날씨가 어떤지 묻는 낯선 사람에게 요즘 내가 하는 대답이다. 거의 쉰 살이 넘은 지금, 나는 이제 더는 이런 질문에 대답할 의무가 없다고 느낀다. 그래서 거인처럼 큰 키로 맨체스터 거리를 누비며 가는 곳마다 사람들의 두려워하는 표정, 충격 어린 표정, 조롱하는 표정을 마주하던 어린 시절보다 지금이 더 자신감 넘치고 회복탄력성도 강해졌다.

나는 아직 성장하고 있다. 업무 환경에서는 내 큰 키를 보고 사람들이 보이는 반응에 담담해야 한다고 느낀다. 내 두뇌를 담고 있는 이 거대한 그릇은 다른 사람에게는 기껏해야 눈요깃거리일 뿐이다. 사람들은 나를 어떻게 대해야 할지 전혀 모른다. 내가 말하는 것을 들으면 인지 부조화가 더욱 심해진다. 영국인들은 나에게서 미국식 억양을 기대하고, 미국인들은 영국인이 영국 여왕이나 가수 해리 스타일스Harry Styles처럼 생겼을 것이라고 생각하는 경향이 있다. 그래서 나를 만난 영국인이나 미국인 모두 나를 이상하게 생각한다.

이것이 내가 자격을 앞세우는 이유다. 대부분의 자리에서 이력서를 마치 광고판처럼 걸치고 과하게 치장을 한다. 자기소개를 할 때 이름 끝에 영제국훈장 수상자라는 자격을 붙여 남다른 인상을 주려고 한다. 사실 내가 쓰는 이름은 실명이 아니다. 실명을 사용하면 깊은 인상을 남기지 않을 가능성이 높기 때문이다. 어차피 나중에는 내

실명을 알게 될 것이다.

나는 본능적으로 내가 가진 자격을 나열한다. 사람들이 나에 대해 잘못된 인식을 가지지 않도록 먼저 사용하는 방어 조치라고 할 수 있다. 의심 많은 사람들에게 내가 달리기를 하는 것보다 공항과 호텔에서 음식을 먹는 데 더 많은 시간을 소비하는, 거대한 전직 운동선수 이상의 존재라는 것을 설득해야 한다.

사람들의 선입견을 해소하는 일은 쉽지 않다. 말만으로는 항상 부족하다. 농구계에서 은퇴한 지 몇 년이 지난 후 런던에서 보스턴으로 가는 비행기를 탄 적이 있다. 이륙 전에 승무원이 다가오더니 나에게 어떤 팀에서 뛰고 있는지 물었다. 이미 수염이 희끗희끗해지고 현직 프로 선수들보다 살집이 붙었는데도 승무원은 내가 지금도 경기장에서 뛰는 선수라고 생각해 현재 시제로 물어본 것이다. 어떤 면에서는 아첨이었지만 약간 바보 같은 질문처럼 들리기도 했다.

"지금은 농구를 하지 않습니다. 전 심리학자입니다."

이 말을 들은 승무원은 잠시 어리둥절한 표정을 지었다. 그는 생각지도 못한 대답에 놀란 것 같았다. 믿지 못하겠다는 듯이 고개를 돌리고 미간을 찌푸리더니 "흠."이라고 과장되게 소리 내고는 다시 업무를 시작했다. 승무원은 마치 이렇게 말하는 것 같았다.

"농담도 잘하시네요. 하지만 비행기가 곧 이륙할 예정이니 나중에 다시 이야기하죠."

아니나 다를까 내 예상이 맞았다. 난기류를 통과하고 비행기가 안정되자 그 승무원은 동료 승무원과 함께 내가 있는 곳으로 다시 왔다. 두 사람은 의심스러운 부분을 해결한 듯 이렇게 말했다.

"알아요, 알아요. 보스턴 셀틱스 팀에서 뛰고 계시잖아요."

그러나 이는 절대로 사실이 아니다. 1995~2005년 사이에 내가 NBA에서 뛰었다는 것을 잘 모르는 사람도 있을 테니 이들을 위해 잠깐 설명하겠다. 당시 나는 리그에서 영국의 마이클 조던Michael Jordan으로 알려지며 화제가 되었다(나의 커리어를 알고 있거나 내가 경기하는 모습을 지켜본 사람은 이미 다 아는 이야기일 테니 죄송하다는 말을 전한다). 어쨌든 나는 세 개의 팀에서 뛰었지만 셀틱스 팀에서는 뛴 적이 없었다.

"셀틱스 팀에서 뛴 적은 없는데요. 저는 더 이상 경기를 하지 않습니다. 현재는 심리학자입니다."

두 명의 승무원에게는 예상하지 못했거나 납득하지 못한 대답이었을 수도 있다. 그들은 수줍은 듯 미소를 짓고 어색하게 고개를 끄덕였다. 그들은 나를 프로 운동선수라고 쉽게 생각했다. 심지어 흰머리에 과체중인데도 말이다. 하지만 내가 심리학자라고는 쉽게 상상하지 못했다. 심지어 내가 직접 진지하게 심리학자라고 소개했는데도 믿지 못하는 눈치였다.

두 명의 승무원은 결국 내가 현역 선수가 아니라는 사실을 받아들였다. 하지만 심리학자라는 사실을 받아들였는지는 잘 모르겠다. 어쩌면 '심리학 공부가 취미인 전직 프로 선수'라고 결론지었을 수도 있다. 나름 합리적이고 귀여운 결론일지도 모르겠다. 현재 심리학자라는 내 말은 납득이 안 될 수 있으니 말이다.

　불평을 털어놓거나 내가 짊어진 십자가를 한탄하기 위해 이 이야기를 하는 게 아니다. 나는 충실하고 다양한 삶을 살았다. 하지만 내가 기억하는 모든 날은 거인으로 살아온 시간이라 할 수 있다. 이는 절대로 사라지지 않는 기억이다. 거인으로 살아온 삶의 영향력은 시간이 지나도 줄어들지 않는다. 이는 나의 모든 결정에 반영되며, 사람들이 나를 보는 시각과 내가 사람들과 교류하는 방식에 영향을 미친다.

　사람들은 거인에 익숙하지 않다. 거인은 항상 새롭고 호기심을 느끼게 하며 이상한 행동을 불러일으킨다. 사람들은 밤에 거대한 흑인인 나를 보면 놀라 도망치듯 서둘러 길을 건너거나, 아이들을 자신의 품으로 끌어당긴다. 반대로 통제된 환경에서는 나의 체구가 사람들을 끌어들이는 듯하다. 주로 주목받거나 참여하기보다 보호나 안전을 추구하는 사람들을 끌어들인다. 가게나 회의장에서 사람들은 별 뜻 없이 내 근처에 모여 머문다. 마치 거친 파도를 피해 거대한 바위 뒤로 피하려는 것 같다.

　거인이기 때문에 나는 근본적으로 다른 관점을 지니고 세상에 접근한다. 악수를 할 때 내가 고려하는 것은 성별도 나이도 지위도 심지어 키도 아니다. 나는 "아, 멋진 악수네요."와 "이런, 제 손이 묵사발이 되었네요."라는 두 가지 반응 사이에서 힘을 조절해야 한다.

마치 슈퍼맨처럼, 나는 세상을 골판지로 만든 것이라 생각하며 실수로 찢어버리지 않게 조심해야 한다. 누가 화장실에 가는 길을 물어보더라도 아무 생각 없이 몸을 돌려 가리킬 수 없다. 누군가가 내 사각지대에 있다가 내가 몸을 돌릴 때 부딪히기라도 하면, 그 사람은 엄청난 충격을 감당해야만 한다. 거인들은 평범한 일상 행동에서도 공간을 지나치게 많이 차지하거나, 아무 생각 없이 휘두르는 힘으로 남에게 피해를 줄까 봐 늘 조심해야 한다. 우리가 하는 모든 일은 확대되고, 모든 상호작용에 의미가 부여된다.

거인은 남들과 다른 규칙으로 경기한다

이 책에는 여러분도 거인이라는 사실을 인식하라는 메시지를 담았다. 여러분 중에는 다른 사람보다 더 큰 거인이 있을 수 있다. 누구나 타인에게 거인이거나 거인으로 다가갈 가능성이 있다.

여러분이 작을 때는 알아차리기 어려운 부분일지도 모른다. 하지만 내 관점에서 보면 여러분 대부분이 거인이거나 거인이 될 수 있다. 붐비는 공간에서 높은 시선으로 내려다보면 사람들이 서로 부딪히며 움직이는 모습이 눈에 띈다. 고등학생 시절 과학 시간을 생각해보자. 현미경으로 보면 작은 입자가 서로 튕겨나가는 모습을 관찰할 수 있다. 나에게는 여러분이 그렇게 보인다. 인간 모습의 미립자가 움직이는 것처럼 말이다. 작은 사람들이 휴대폰을 들고 윙윙거리며 이어폰을 귀에 꽂은 채 서로 스쳐 지나간다. 사람들은 길모퉁이를 돌 때 서로 부딪치지 않으려고 애쓴다. "이런, 죄송해요. 실례합니다." 실수로 부딪치더라도 다친 사람은 없다. 최악의 경우라도 커피가 약간 쏟아진 정도다.

만일 내가 조심성 없이 행동하면 몸집이 작은 여러분은 대부분 나의 힘에 밀려 머리 위의 짐칸으로 날아갈 수도 있다. 반대로 몸집이 작으면 자신도 모르게 누군가에게 신체적인 해를 끼칠 가능성이 낮다. 현재 자기가 있는 공간에서 누군가에게 피해를 끼칠까 봐 늘 신경을 곤두세울 필요도 없다. 그 결과 여러분은 자신이 행사하는 영향력을 과소평가하기 쉽다. 작다는 것은 일종의 게으름을 조장한다. 여러분도 어떤 맥락에서는 나와 다름없는 거인이라는 사실을 깜빡하도록 만드는 게으름이 생겨나는 것이다.

자신이 거인이라는 사실을 잠시라도 잊으면 끔찍한 결과가 생길 수 있다. 몇 년 전에 여동생 뮤리얼과 그녀의 친구들이 모인 맨체스터에서 함께 새해 연휴를 보냈다. 우리는 맨체스터 '동성애자 마을'의 중심부에 해당하는 커널스트리트의 나이트클럽에 가게 되었고 뮤리얼의 친구들은 즉시 댄스 플로어로 향했다. 춤에 소질이 없는 나는 언제나처럼 그냥 뒤에 서 있었다. 하지만 뮤리얼과 친구들 중에는 나처럼 쭈뼛거리거나 가만히 있으려는 사람이 없었다. 그들은 내가 부러워할 만큼 자신감을 가지고 자유를 만끽하며 우아한 몸짓으로 춤을 췄다. 그날 밤, 뮤리얼은 댄스 플로어를 장악했다. 완전히 불타오르고 있었다. 아니, 클럽 전체가 불타오르는 듯한 분위기였다. 정말 대단했다.

나에게 힘들고 외로운 한 해였다. 그래도 그곳에 서 있으니 모든 것이 녹아 없어지는 듯했다. 불편한 순간이 페이지가 넘어가듯 지나가면서 더 좋은 날들에 자리를 내주었다. 자정이 가까워지면서 사람들의 열기가 고조되었고, 나는 마치 피부가 녹아내리는 듯한 기분을 느꼈다. 그때, 내가 새로 태어나는 순간이 찾아왔다.

한 해가 불과 몇 분 남지 않은 절정의 순간에 DJ가 잭슨 파이브The Jackson 5의 전설적인 곡 〈Can You Feel It〉을 틀었다. 〈Can You Feel It〉은 나를 무대 위로 올라가게 할 만한 노래였다. 클럽에 이 곡이 울려 퍼지기 시작하자 나는 댄스 플로어로 올라갔다.

그 순간은 아름답고 절박하게 느껴졌다. 뮤리얼과 그의 친구들은 내가 같이 춤을 추자 기뻐했다. 음악은 최고조에 달했고 즐겁게 춤을 추는 몸들이 한 덩어리처럼 어울려 새로운 가능성이 가득한 새해를 향하고 있었다. 나는 춤추는 사람들 사이에서 카타르시스를 느꼈다. 사람들 속에 나 자신을 맡기고 수줍음에서 벗어났다. 순식간에 땀이 흘렀고, 춤추는 것에 몰입했다(내 춤 실력은 키가 큰 거인 치고는 꽤 괜찮았다!). 일단 시작했으니 끝을 보고 싶었다. 이제 댄스 플로어는 나의 무대가 되었다! 좀 비켜줘, 뮤리얼!

숨을 고른 지 얼마 지나지 않은 것 같은데 뮤리얼이 뒤에서 나를 잡아당기며 어깨를 주먹으로 때리는 것을 느꼈다. 뮤리얼의 쾌활함은 온데간데없고 두려움과 분노가 느껴졌다. 뮤리얼은 소리를 질렀지만 시끄럽게 울리는 음악 때문에 무슨 말을 하는지 알아들을 수 없었다. 뮤리얼은 계속해서 나를 주먹으로 때리며 끌고 갔다. 마침내 뮤리얼은 클럽 반대편에서 춤추지 않고 서 있는 사람들을 가리켰다. 가까이에서 보니 사람들 사이에 무릎을 꿇은 한 남자가 코피를 흘리고 있었다. 남자의 코는 정상 위치에서 1센티미터 정도 왼쪽으로 삐뚤어져 있었다. 뮤리얼은 나를 무섭게 노려보며 남자 쪽을 단호하게 가리켰다. 그제야 남자의 망가진 얼굴에 어느 정도 내 책임이 있다는 것을 깨달았다. 혹시 내 팔꿈치와 팔뚝에 피나 어떤 흔적이 남아 있는지 확인했지만 아무것도 없었다. 어떠한 자국도 없었다. 나도 모르게 저 남자에게 피해를 입힐 수 있을 것 같지는 않았지만, 그렇다고 내 탓이 아니라고 부정할 수도 없었다! 나 때문에 남자가 코를 다친 것이다.

"10! 9! 8!"

내가 벌인 끔찍한 일을 되돌아보려고 할 때쯤, DJ가 새해 카운트다운을 시작했다. 절묘한 타이밍이었다!

"7! 6! 5!"

나는 남자에게 사과하기 위해 사람들을 밀치고 나아가려 했으나 그 남자의 친구들은 더는 문제를 일으키고 싶지 않다는 듯 나를 막아섰다. 그들의 옷은 피로 젖어 있었다. 나는 악의가 없었다고 해명하며 남자를 어떻게든 돕게 해달라고 간청했지만, 그들은 나의 미안함이나 도움에 관심이 없었다. 그들은 그저 가능한 한 빨리 클럽에서 빠져나가려고 했다.

"4! 3! 2!"

나는 클럽을 빠져나가는 그들의 머리 위로 소리쳤다. "정말 죄송합니다. 실수였어요!" 남자가 내 말을 들었는지, 못 들었는지는 지금도 잘 모르겠다. 남자는 친구들의 부축을 받으면서 나갔다. 그때 남자가 뒤를 돌아보면서 나와 눈이 마주쳤다. 남자의 시선은 차갑고 공허했다. 남자와 시선이 마주친 것은 불과 몇 초에 불과했으나 그 남자의 눈빛은 내 기억 속에 영원히 남아 있다. 내가 느낀 후회나 고의가 아니라 사고였다는 점은 그에게 아무 의미도 없었다.

"1!!! 해피 뉴 이어!!!"

그 슬프고 무표정한 시선이 자신의 힘을 당연하게 생각하는 모든 부모, 교사, 우등생, 코치, 상사의 마음속까지 파고들 수 있기를 바란다. 나 때문에 그 남자와 친구들은 1998년 새해의 첫 시작을 응급실에서 보냈을 것이다. 내가 거인이라는 것을 잠시 잊고 나 자신을 자유롭게 놔두었다는 사실 자체는 당연하게 받아들여질 수 있다. 하지만 문제는 내가 다른 사람과 똑같이 무심하게 자유를 누릴 수 없다는 점이다. 사실 나는 다른 사람들과 똑같이 행동하면 안 된다. 그리고 다른 사람과의 상호작용을 생각하면 여러분도 무엇이든지 마음대로 해서는 안 된다.

거인들은 남들과 다른 규칙을 따라야 한다. 그들에게는 긴장을 푼다는 말이 쉽게 허용되지 않는다. 우리가 행동하고 말하는 모든 것, 즉 우리와 관련된 모든 것이 확대되고 면밀히 조사되며 해석되면서 주목을 받는다. 휴게실로 걸어가면서 하는 모든 일상적인 대화, 이메일을 쓸 때 사용하는 구두점, 영상 통화 중 얼굴을 찡그리는 순간 전부가 이에 해당된다. 여러분은 그저 한 번 쳐다본 것뿐이지만 누군가의 하루를 즐겁게 할 수도 있고 망칠 수도 있다. 그리고 지위가 높아질수록 더욱 그렇다. 똑같은 행동을 해도 신입 때는 별것 아니지만, 거인이 되면 남들에게 엄청난 영향을 끼친다.

거인의 말은 크게 울리고 메아리치며 영감을 줄 수도 있고, 파괴력을 지닐 수도 있다. 거인이 되면 우리가 하는 모든 행동은 평범하게 넘어가지 않는다. 아주 사소한 행동일지라도 말이다. 그리고 거인이 되는 순간, '마음 놓고 쉴 수 있는 순간'은 없다. 잠시 정신 줄을 놓고 다른 사람의 코를 쳐서 다치게 하면, 고의가 아니었다는 변명도 통하지 않는다. 거인은 자신의 자리를 마음대로 고를 수 없다.

거인의 힘에는 책임이 따른다

거인들도 상황이 달라지기를 바란다. 어린 시절에도 나는 키가 거인처럼 컸다. 그때 나는 찰스 도지슨Charles Dodgson이 루이스 캐럴Lewis

Carrol이라는 필명으로 쓴 책《이상한 나라의 앨리스》에 나오는 '나를 마셔Drink Me'라고 쓰인 물약과 '나를 먹어Eat Me'라고 쓰인 케이크에 환상을 품었다(사실 나는 당시에 각종 케이크에 환상을 품고 있었다). 먹으면 몸집이 커지는 '나를 먹어' 케이크는 먹으면 몸집이 작아지는 '나를 마셔' 물약과 함께 먹으면 원하는 대로 거인이 될 수도 있고, 눈에 띄지 않을 정도로 작아질 수도 있기 때문에 특히 관심이 많았다.

많은 리더가 자신은 새로운 생각을 하고 있다고 착각한다. 그러나 변화하는 것은 마법의 힘을 빌려 변신하는 것처럼 쉬운 일이 아니다. 많은 리더가 좋은 소식을 전하기도 전에 혹은 그림자 속에서 묵묵히 일한 사람이 주목을 받기도 전에 먼저 케이크를 먹는다. 그리고 상황이 꼬이거나 그 상황을 풀고 싶을 때 신비한 물약을 마신다. 또는 너무 바빠서 개인적인 교류에 에너지를 쏟을 수 없을 때 그 물약을 마시기도 한다. 리더는 끝없이 나오는 신비한 물약과 케이크에 힘입어 자신감을 얻으며 자신이 킹메이커와 평범한 사람을 오갈 수 있다는 착각 속에 빠져 행동한다. 사실은 절대 일어날 수 없는 일인데 말이다.

자기가 되고 싶을 때만 거인이 될 수는 없다. 거인이 되는 것은 분명 장점이 있기에 될 수 있다면 무척 좋을 것이다. 많은 사람이 권력만 가지고 있어도 꽤 멋지다고 느낀다. 이들은 거인이 되면 연봉과 직함이 더 높아지고 더 많은 자원을 갖게 되기 때문에 모든 것이 탄탄대로일 것이라 생각한다.

하지만 영화 〈스파이더맨〉에 나오는 벤 삼촌이 경고했듯이, 커다란 힘에는 그만큼 책임이 따른다. 거인이 되었을 때 져야 하는 책임은 결코 만만치 않다. 아침에 출근을 시작하는 순간부터 주변을 신경 쓰며 조심해야 한다. 사람들은 가장 중요한 순간과 그때 맺게 될 상호작용을 예측하고 준비할 수 있다고 믿는 경향이 있다. 이 순간이 예측한 속도로 다가올 것이라 생각하기 때문이다. 심지어 달력에 아주 일찍부터 표시해놓은 적도 있을 것이다. 그리고 만반의 준비를 하고 있고, 그 순간이 중요하다는 것을 알고 있기 때문에 때가 오면 침착하게 대처하고 스스로 놀랄 만큼 교과서적인 답변을 할 것이라고 생각한다.

하지만 이는 헛소리에 불과하다. 현실은 그렇게 작동하지 않는다. 가장 중요한 상호작용은 대부분 생각지도 못하게 일어나며, 어떤 상호작용이 가장 중요한 결과를 가져올지는 알 수 없다. 여러분이 살아온 인생과 쌓아온 커리어를 떠올려보자. 그러면 무슨 뜻인지 알 것이다. 우리에게 영감을 주고 지금의 나를 만든 멘토나 상사를 생각해보자. 영업 회의 연설 또는 연례 성과 평가와 같은 공식적이고 익숙한 상황에서 멘토나 상사가 이룬 성과에 대해 먼저 생각하는 경우는 거의 없다. 우리가 기억하는 것은 매 순간 혹은 예기치 못한 갈등 상황에서 이들이 나를 어떻게 대했는지다.

이 책이 전하려는 정신은 매 순간을 중요한 순간처럼 여기라는 것이다. 그리고 인생에서 영향력 있는 순간은 준비할 수 없다는 사실을 인정하라는 것이다. 왜냐하면 사람들은 그러한 순간이 다가오는 것을 거의 볼 수 없기 때문이다. 만약 여러분이 이를 받아들이지 못하고 거인처럼 생각하지 않는다면, 더 이상 이 책을 읽을 필요가 없을지도 모른다. 약속의 기본 전제는 정직함, 전문성, 경험, 인맥에 힘입어 여러분이 강력한 존재, 즉 거인으로 보인다는 사실을 인정하는 것이기 때문이다. 그리고 거인에게는 행동 지침이나 성과 목표에서 다루는 것 이상의 책임과 요구 사항이 주어진다.

거인은 항상 분위기를 만들어가지만 절대로 분위기를 지배해서는 안 된다. 대부분의 직장에서 리더는 주로 직접 보고를 주고받고 폭넓은 인맥을 형성하는 활발한 교류를 선호한다. 하지만 '약속 모델'에서 리더는 계획적이든 즉흥적이든 모든 상호작용에서 자신의 스타일을 상대에 맞춰 조정해야 한다. 이는 특정한 개인을 특정한 공간과 시간에 참여시키기 위한 것이다.

《거인의 약속》은 각 리더의 우산 아래에서 생생하게 경험할 수 있는 특정한 삶의 유형을 알려줄 것이다. 이는 사람을 그 자체로, 즉 '평범한 개인'으로 바라보겠다는 다짐이다. 사람은 복잡한 존재이며 조립 라인에서 쉽게 교체할 수 있는 존재가 아니다. 많은 사람 중에서 '그 누구'가 되는 것은 결코 우연이 아니다. 우리는 단지 체크 박스에 다양성을 표시하는 연습을 하는 게 아니라, 성공을 위한 전략을 세우기 위해 사람마다 가지고 있는 차이점과 특이점을 인식하고 보존하는 데 집중해야 한다. 사람은 집단이 자신을 완전히 포용하면 집단이 추구하는 목표에 초점을 맞춰 모든 노력을 동원한다. 이때는 일하면서 의심이나 두려움에 사로잡히지 않는다.

하지만 이는 일방통행이 아니다. 무료이거나 쉽게 가는 길을 제공하지도 않는다. 의식 있고 효과적인 리더십은 일종의 혜택을 주고받는 관계와 비슷하다. 리더가 되면 우리는 직원들에게 변치 않는 약속을 하고 지속적으로 살아 있는 경험을 제공하기 위한 기준을 세운다. 그 대가로 리더는 직원들이 업무에 헌신하고 동료와의 관계에 집중하기를 바란다. 이는 신뢰와 비판을 적절히 공유하고, 건설적인 의견을 내놓으며, 중간 관리자들에게 비판적인 피드백을 제공하고, 그들이 최대한의 능력을 발휘하도록 고취하기 위해서다. 우리가 인정 많고 일관되며 분명한 방향을 제시해주기만 한다면, 이 모든 것을 기대할 수 있다.

리더십이란 업무에 관한 요구 사항뿐 아니라 우리가 내세우는 독특한 도전을 통해 사람들을 지원하고 발전시키겠다는 약속이다. 그들이 이러한 요구와 과제를 충족했는지의 여부는 결과만으로 알 수 없다. 우리는 리더로서 직원의 노력, 과정, 근면함뿐만 아니라 그들이 보여주는 배움, 적응, 성장, 나아가 문화를 함께 지켜나가겠다는 의지를 제대로 평가하겠다고 약속해야 한다.

제목에서 알 수 있듯이 이 책은 약속들의 모음이다. 가장 가까운 동료에게 하는 약속도 있고, 회사 전체의 약속도 있다. 하지만 시작은 여러분이 스스로에게 하는 약속에서부터 출발할 것이다.

이 책에 나오는 그 어떤 약속도 여러분 자신만을 위한 것은 아니다. 심지어 여러분이 가장 소중하게 생각하는 집단에 관한 약속조차도 말이다. 물론 그 약속들이 여러분을 향하고 있긴 하다. 하지만 리더십이란 결코 리더의 필요나 욕망, 리더에게 영향을 미치는 외부 압력에 관한 것이 아니다. 사실, 리더십은 리더에 관한 것이 아니라 리더가 용기와 영감을 주어 성장시키는 사람들, 그리고 때로는 리더의 결정으로 상처 입고 쓰러지는 사람들에 관한 것이다.

이 책에서 나는 계속 '리더'들을 언급할 것이다. 그러나 리더십은 인사 관리자나 고위 임원에게만 해당되는 배타적인 영역이 아니다. 리더십은 어떤 지위에 있든 조직에 있는 사람이라면 누구나 가질 수 있다. 노력과 감정적인 에너지를 투자하려는 사람이라면, 자신의 영향력을 극대화하고 주변 환경을 만들어가기 위해 적극적인 역할을 할 마음이 있는 사람이라면, 누구나 리더십에 다가갈 수 있다. 왜냐하면 이런 사람들에게는 리더십의 약속이 지나치게 심오하거나 이해하기 어려운 게 아니기 때문이다. 여러분의 능력 밖의 것을 요구하지는 않을 것이다. 그러나 이 약속들이 거인들에 의해 지켜진다면 엄청난 영향을 미칠 수 있다. 반대로 리더십의 약속이 깨지면 파괴적인 충격을 미치게 된다.

어린 시절, 어머니로부터 "찍은 도끼는 잊어도 찍힌 나무는 기억한다."라는 아프리카 속담을 들은 적이 있다. 여러분이 이 책을 읽으면서 거인이 되었다는 새로운 삶을 받아들일 때 명심해야 할 속담이다. 여러분이 가장 큰 도끼인지 가장 작은 도끼인지를 따지느라 시간을 보내는 것은 근본적으로 시간 낭비일 뿐이다. 작은 도끼도 나무를 쓰러뜨릴 수 있다. 이를 생각하면 우리는 모두 신중하게 조심하며 행동해야 할 책임이 있다.

The Promises of Giants

1장

약속한다,
나 자신을 비판적으로 바라보되
잔인하게 바라보지는 않겠다고

마지막으로 길을 잃은 적이 언제인가? '도대체 나는 어디에 있고 어디로 어떻게 가야 할까?'라고 진정으로 방향을 잃은 채 궁금해했던 때 말이다. 자동차가 고장 나 도로에 세운 뒤 글러브 박스 안에 보관하고 있던 도로 지도책을 뒤졌던 때일 수도 있고, 낯선 거리를 헤매다가 표지판에 적힌 이름을 가까이 보려고 목을 길게 빼던 때일 수도 있다. 특히 실제 도로 지도책을 사용한 경험이 있을 정도로 나이가 들었다면 길을 잃은 경험은 더욱 오래되었을 것이다. 요즘은 그런 상황이라면 스마트폰에서 눈을 떼지 않고 고개를 숙이고 있을 가능성이 더 높다. 스마트폰을 계속 충전하기만 하면 절대 길을 잃지 않을 것이다. 스마트폰이 항상 길을 안내해주니 말이다.

사람들은 내비게이션 앱이 가장 빨리 갈 수 있는 지름길을 안내해주기 때문에 중요하다고 생각한다. 또한 어떠한 노력이나 입력을 하지 않아도 내가 지구상에서 어디에 있는지 정확히 알려주기 때문에 진정 천재적이라고 생각한다. 지금 나는 어디에 있을까? 종이로 된 지도는 목적지로 가는 모든 길을 보여줄 것이다. 하지만 여러분이 어디에서 출발해야 할지 모른다면 종이로 된 지도는 아무 쓸모가 없다. 앞으로 나아가려면 현재 위치를 아는 것이 중요하다.

마찬가지로 스스로를 객관적으로 잘 아는 것이야말로 리더가 될 수 있는 여러분의 잠재력을 실현하는 데 중요한 첫걸음이다. 자신이 누구인지, 어디서부터 시작하는지 정확하게 파악하지 않고서는 성장할 수 없다. 이러한 방향을 제시해주는 앱도 없다. 인플루언서, 기부자, 동료, 가족, 친구, 리더로서 최고의 모습을 찾기 위해서는 끊임없는 노력과 자기 성찰이 필요하다. 지금은 익숙하고 편안한 환경에 있을지라도 그 환경은 빠르게 변할 수 있기 때문이다. 정치, 문화, 경제 지형은 우리 모두에게 영향을 미칠 정도로 빠른 속도로 변화하고 있다. 눈을 제대로 뜬 사람이라면 우리의 직업과 일터가 얼마나 극적으로 변했는지 보일 것이다. 심지어 사라진 것도 많다. 여러분에게도 이런 상황이 일어난다면 자기 자신을 완전히 이해하는 능력이 있어야 앞으로 나아갈 수 있다.

내가 살면서 처음으로 자기 성찰의 힘을 배운 것은 나의 어머니 웬디 아메이치 Wendy Amaechi로부터였다. 세 아이를 둔 싱글맘이자 영국 북부에서 여러 가정의 건강을 돌보는 의사였던 어머니는 두 가지 역할을 똑 부러지게 하면서 말과 행동으로 '거인의 약속'을 지켰다. 그리고 어머니로부터 얻은 교훈은 새롭고 예상치 못한 방법으로 계속해서 나에게 영감을 주고 있다. 마치 지혜와 박애를 상징하는 작은 부활절 달걀이 간절하게 필요할 때마다 나의 의식 속에 떠오르는 것처럼 말이다. 프로농구로 진로를 정하고, 심리학 분야에서 일할 수 있도록 기초를 다지는 데 도움을 준 사람도 어머니였다.

나는 1987년, 열여섯에 농구를 시작했다. 작은 전문대학 체육관에서 기본기를 기르고 규칙을 배웠다. 덩치 큰 흑인 아이가 스포츠, 특히 농구에 끌릴 것이라는 예상은 꽤 자연스럽지만, 내 경우에는 전혀 예상치 못한 일이었다. 나는 스포츠에 대해 아무것도 모르고 관심도 없는 괴짜였다. 늦은 나이에 우연히 스포츠 경기에 입문하게 되었지만, 일단 입문하자 나의 신체적인 장점에 힘입어 잠재력을 알아보기까지는 그리 오래 걸리지 않았다.

사실 농구 자체를 좋아한 것은 아니었다. 오히려 농구를 그리 좋아한 적이 없다. 하지만 체육관에서 보낸 처음 몇 주 동안 나를 칭찬하고 믿어주면서 같은 팀에서 함께 뛰고 싶어 하는 동료들 덕분에 경기가 즐거웠고, 그 기분에 푹 빠졌다. 그전까지 나의 큰 키는 고립감과 당혹감을 느끼게 하는 약점으로 작용했다. 그런데 갑자기 큰 키가 자산이 된 것이다. 오히려 키가 큰 나를 남다르게 보면서 잠재력을 믿어주는 사람들을 만나게 되었다. 그러면서 남보다 큰 키가 나에게 실질적으로 가치 있는 것이 되었다. 나를 비웃지 않고 진정으로 함께 웃어줄 사람들, 지금까지 한 번도 경험해보지 못한 방식으로 경기할 수 있도록 이끌어주고 실패를 이겨낼 수 있도록 지지해준 사람들과 연결된 것이다. 그것이 농구의 첫 번째 매력이었다.

연습 첫날, NBA에 대해 배웠다. 비록 그때는 그것이 전미농구협회를 의미하는 약자인지도 몰랐지만 말이다. 그러나 나는 NBA가 내가 매일 경험한 것과는 다른 풍경을 볼 수 있는 곳이라는 것을 알게 되었다. 나에게 NBA는 농구를 하면서 생계를 유지할 수 있는 곳이라는 점에서 중요했다. 당시 NBA는 그 자체로 부자가 되는 길이라는 생각보다는 소속감을 느끼면서 돈을 벌 수 있는 곳으로 다가왔다. TV에서 봤던 1980년대 미국의 햇빛과 영웅들의 모습, 지나가는 사람에게 야유를 퍼붓기보다는 환호하는 군중의 모습이 정말 매력적으로 느껴졌다. 하지만 그때만 해도 낯선 사람들이 나를 응원하고 내 이름이 새겨진 셔츠를 입는다는 생각은 전혀 하지 않았다. 하루 중 많은 시간을 다른 사람의 눈에 띄지 않기를 바라며 보내던 나는 밝은 빛과 소속감을 얻으려면 어느 정도 유명해지는 것 정도는 참을 수 있다고 생각했다. 그래도 농구가 그 자체로 끝이 아니라는 사실은 절대 잊지 않았다. 농구는 내가 어린 시절 진정으로 꿈꿨던 경제적인 안정과 심리학자로서의 진로에 다가가는 길을 열어주는 과정이었다.

어릴 때부터 사람이 생각하고 행동하는 방식이나 심리학에 관심이 많았고, 어머니는 나의 이러한 성향을 이해해주었다. 하지만 농구에 대한 관심이 높아지고 나서 내 상상력의 끝에 무엇이 있는지에 대해서는 어머니께 말하지 않았다. 어머니는 내가 체육관에서 시간을 보내고 있다는 사실을 알았지만, 일시적인 관심이라고 생각했다. 어쩌면 늘 외롭고 몸집도 통통한 아들이 운동을 하면서 마침내 '친구'를 만날 수 있을지도 모른다는 생각에 안도했을지도 모른다. 어떻게 어머니가 대학 진학을 1년 앞둔, 그리고 농구공을 잡은 지 몇 달밖에 안 된 수줍은 책벌레 아들이 NBA 진출을 꿈꾸고 있다고 생각했겠는가? 심지어 어머니는 NBA가 무엇인지조차 몰랐다.

어둠 속에서 내 영혼을 알아보는 자기 성찰의 힘

나는 어머니에게 의도적이고 극적인 방식을 사용해 이러한 의사를 전달했다. 어머니는 매일 밤 잠들기 전에 어느 시골 마을을 배경으로 법정 사건과 시련을 다룬 BBC 장수 라디오 드라마 〈아처스The Archers〉를 듣곤 했다. 의논해야 할 중요한 문제가 있을 때 흔히 하듯, 그날도 나는 어머니 가까이에 있는 창가에 서서 고향 스톡포트를 가로지르는 빅토리아식 철도 고가교 쪽을 바라봤다. 창밖에서 인근 사무실 주차장의 불빛이 비치자 어두운 어머니의 방이 호박색이 되었다. 내 옆모습에 비친 역광이 우울하고 심각한 연극적 효과를 만들어 냈기에 나는 이 장소를 좋아했다. 심호흡을 한 후 입을 열었다.

"엄마…. 내가 어느 대학에 가고 싶은지 잘 모르겠어."

어머니는 굳이 서둘러 대답하지 않았다. 한동안 방 안은 라디오에서 나오는 양들의 울음소리만 가득했다. 마침내 어머니가 대답했지만 그리 큰 열의는 느껴지지 않았다.

"글쎄…. 맨체스터대학이 있긴 한데."

'그렇지, 맨체스터대학. 집에서 가깝고 좋지. 엄마 말을 계속 들어보자.'

나는 홀로 생각하며 아무 말도 하지 않았다.

"그리고 리버풀대학도 있어. 리즈대학도 있고. 버밍엄대학도."

'그래, 아주 좋은 학교들이기는 하지.'

하지만 여전히 나는 아무 말도 하지 않았다.

'내가 얼마나 괴로운지 엄마에게 침묵으로 표현하자. 내가 아무 말없이 창문만 바라보는 이유가 무엇인지 엄마가 알아채도록 해야지.'

"런던의 대학도 있어. 런던에는 선택지가 많지."

'그래, 런던. 계속 들려오는 아일랜드공화국군 IRA(20세기에 아일랜드의 독립을 위해 영국에 맞서 싸운 아일랜드 무장 조직—옮긴이)의 폭탄 테러 소식이 조금 무섭기는 하지만… 그래, 런던이 있지. 엄마, 계속해봐.'

그러나 어머니는 더 이상 말을 잇지 않았다. 나는 여전히 창가에서 보이는 풍경에서 시선을 옮기지 않았다. 라디오에서 흘러나오는 양들의 울음소리가 다시 방을 메우는 유일한 소리가 되었다. 어머니는 런던의 대학 이야기를 끝으로 더는 아무 말도 하지 않았다.

지금 돌이켜보면, 어머니는 내가 용기를 내어 무언가를 말할 수 있도록 시간을 벌어주기 위해 이런저런 제안을 하며 내 기분을 맞춰주었던 것 같다.

"하지만 엄마…."

마음을 가다듬은 나는 어머니 쪽으로 돌아섰다. 극적인 효과를 주기 위해 다시 아무 말도 하지 않았다.

"나는 대학을 어느 나라로 가고 싶은 건지 잘 모르겠어."

내가 해냈다! 방 안의 분위기는 즉시 바뀌었다. 어머니는 침대에서 몸을 움직여 라디오를 껐다. 어머니의 관심을 끄는 데 성공한 것이다. 이제 본론을 꺼낼 때가 되었다.

"NBA에서 뛸 수 있게 미국에 있는 대학에 가고 싶어. NBA, 그러니까 전미농구협회. NBA는 세계 최고의 농구 선수들이 뛰는 곳이야."

대충 알고 있다는 인상을 주지 않으려고 나도 모르게 NBA에 대해 명확히 설명했다. 엄마와 나는 앉아서 NBA에 관한 이야기를 했다. 그 순간은 영원처럼 느껴졌지만 실은 1초나 2초밖에 되지 않았다. 엄마는 내가 말을 끝냈다고 생각했는지 일어나 앉아 내 눈을 뚫어져라 바라봤다.

"만만치 않은 일 같구나. 어떻게 해나갈 거니?"

어머니는 절제의 여왕답게 아주 간단명료하게 말했다. 나는 분명한 사실부터 짚고 넘어갔다. 나는 흑인이고 키는 203센티미터였으며 아직도 자라고 있었다. 지금까지 내가 살아온 세계는 스톡포트를 벗어나지 않았기에 나만큼 키가 큰 사람을 본 적이 없었다. 그래서 내 타고난 피부색과 큰 키만으로도 빠르게 남들보다 앞서갈 수 있을 것이라고 생각했다. 나 자신을 '검은 유니콘'이라고 생각했기에 인기가 많을 것이라고 확신했다.

"먼저 미국에서 고등학교 1학년을 보낼까 해."

내가 제안했다. 유니콘도 실력을 키워야 한다. 그리고 현실적인 성격이라 현재의 내가 미국에서 경쟁을 치르기에는 어느 정도 뒤처져 있을 것이라 예상은 하고 있었다. 하지만 고등학교에서 1년 동안 경기를 하면 극복하지 못할 것도 없으리라 생각했다!

"그리고 장학금을 받아서 일류 대학에 갈 거야. 그러면 드래프트에 선발되겠지. 흔히 NBA 드래프트라고 해. 그렇게만 되면 돈을 많이 벌 수 있을 거야."

빈틈없는 계획이었다. 자신감이 생긴 나는 그럴듯한 말을 하면서 어머니를 설득해갔다.

"돈을 많이 벌면 엄마에게 새집을 사줄 거야!"

여기에 반박할 사람이 어디 있겠는가? 그러나 어머니는 시큰둥했다. 감동하지도 않았고, 표정에 아무런 감정도 나타나지 않았다. 나는 어머니에게서 굳이 어떤 반응을 간절히 바라는 것처럼 보이지 않으려고 애썼다. 돌아서서 창밖을 바라보며 이번에는 스톡포트 경기장에서 맞은편 끝에 있는 사무실 밀집 공간으로 시선을 돌렸다.

"아들?"

'응? 뭐? 응?!'

"어둠 속에서 네 영혼을 알아볼 수 있겠니?"

어둠 속에서 내 영혼을 알아볼 수 있을까? 묘한 말이다. 나는 며칠 동안 이 순간을 조율하기 위해 준비했다. 그리고 이제 그럴듯한 계획의 힘을 빌려 내 야망을 드러냈다. 그런데 어머니는 어둠 속의 내 영혼에 대해 물었다. 갑자기 왜 이런 질문을 하는 것일까? 어머니와 나는 무신론자 아니던가? 어머니의 반응에 그처럼 당황한 적은 없었다. 그런데 내가 대답을 하기도 전에 어머니가 말을 이었다.

"평범한 일을 하고 싶어 하는 사람은 강물에 빠진 막대기 같은 이들이야. 높은 곳에서 던져진 후 갈대 사이에 잠시 갇히거나 둑으로 쓸려가기도 하는 막대기 말이야. 하지만 결국 이 모든 막대기는 하나같이 바다로 갈 운명이지. 하지만 너는 특별한 목적지를 선택했어. 그렇기 때문에 그저 우연이나 운명에 의존해 쓸려가지는 않을 거야. 비범한 일을 하고 싶어 하는 사람은… 자신이 진정 누구인지 완벽하게 알아야 해. 대부분의 사람은 자신의 겉모습만 볼 줄 알아. 진정한 자기 자신을 묘사할 수 있을 정도로 자기 분석을 할 줄 모르지. 너는 어둠 속에서 네 영혼을 알아볼 수 있겠니?"

이제 나는 어머니의 말에 귀를 기울였다. 어머니의 침대 곁으로 가서 넋을 잃고 어머니가 들려주는 이야기를 들었다. 어머니가 나에게 들려준 이야기는 평범한 일이 아닌 비범한 일을 성취하려는 사람에게 필요한 자기 성찰의 힘에 관한 것이었다.

"나에게 너 자신을 묘사해봐. 너는 누구니?"

어머니가 하고 싶은 말을 다 한 후 나에게 던진 질문이었다. 나처럼 똑똑한 아이라면 매우 쉽게 답할 수 있어야 했다. 매일 책과 생각에 파묻혀 몇 시간씩을 보낸 나였다. 나름 나의 지성과 성적에 자부심을 느끼고 있었다. 하지만 어머니의 질문에 의미 있는 대답을 찾지 못했다. 흑인, 큰 키, 영국인, 학생, 아들 같은 나에 관한 가장 기본적인 신체적 특징과 생물학적 특징을 나열했으나 어머니가 찾던 대답은 그런 것이 아니었다.

"그런 건 전부 잊자. 그런 특징을 활용할 수 없다면 어떻게 될까?"

그때의 어머니도 지금의 나도 그런 기본적인 특징이 개인의 정체성에서 중요하지 않다고 말하려는 것은 아니다. 하지만 직업, 나이, 출신 국가, 성별처럼 안전하고 명백한 영역 내에서 자기 분석을 시작하고 끝내는 것은 안일한 일이다. 이러한 기본적인 특징에만 집중하면 우리 자신을 과소평가하게 된다. 이런 외적인 특징만 보면 개개인의 개성이 없어지고 경험의 미묘함이 사라지기 때문이다. 결국 자신이 지닌 기본적인 특징이 서로 영향을 미쳐 만들어진 독특한 특징을 놓치고, 더 큰 성찰에 다가가지 못하게 된다. 그래서 어머니는 나 자신에 대해 더 깊이 생각하라고 조언했다. 그 후 며칠 동안 어머니는 나에게 질문을 퍼부었다.

"보통 너는 어떤 상태니? 아니면 보통 어떤 기분이니? 극단적인 감정을 경험하면 어떻게 될까? 어떤 때에 마음이 평화롭니? 이런 일이 얼마나 자주 일어나니? 어떤 때에 마음이 불안하니? 무엇 때문에 기쁘고 마음이 들뜨니? 네가 피하는 상호작용은 어떤 종류니? 특별한 것을 추구하는 사람이 잘못된 길로 가는 건 대부분 자신을 제대로 보지 못하고 자기 파괴를 하기 때문이야. 경쟁 때문이 아니란다."

고민해볼 가치가 있는 매우 귀중한 교훈이었다. 나는 내가 가려고 한 목적지와 내가 이루고자 하는 모든 것을 계획했었다. 하지만 순서가 잘못됐던 것이다. 나 자신을 먼저 파악해야 했다. 내가 어디서 출발하는지를 알아야 했다. 내 성격에서 어떤 부분이 나의 꿈을 이루는 데 방해가 되는지 생각하지 않았다. 이를테면 내가 게으른 성격에 파이를 즐겨 먹으며 평소에 어떻게든 육체적인 노력을 피했다는 불편한 진실을 외면한 것이다.

내가 파이를 좋아하는 것은 새로운 사실이 아니었다. 하지만 어머니는 내가 계획한 목표를 이루는 데 방해가 되는 안 좋은 습관을 진지하고 체계적으로 마주볼 수 있도록 나를 이끌어주었다. NBA 선수의 평균 체지방은 약 4~8퍼센트 정도지만 나는 이보다 체질량 지수가 높았다. 그렇다면 어떻게 해야 할까? 표준 체지방 범위가 되기 위해 어떤 노력이 필요한지 생각한 적이 있는가? 강한 식탐을 극복해야겠다는 마음을 굳게 먹은 적이 있는가? 그러기 위해서는 일주일에 파이 몇 개를 먹지 않고 참아야 할까?

나 자신이 게으르다는 사실을 알게 된 일은 나에게 놀라운 발견이었다. 어머니는 나를 잘 알고 있으니 별로 놀라운 일이 아니었겠지만, 나는 한 번도 스스로를 그렇게 생각해본 적이 없었다. 나는 농구를 한 몇 개월을 제외하면 특별히 활동적인 생활을 한 적이 없었다. 책벌레였으니 말이다. SF 소설에 몰입하며 시간을 보내는 것 외에는 딱히 좋아하는 일이 없었다. 하지만 생각해보니 SF 소설에 대한 애정도 내가 매우 지적이며 독서광이라는 자부심을 느끼게 해줄 뿐, 그 이상의 의미는 없었다. 솔직히 책을 좋아하는 것만큼이나 편한 자세로 책을 보며 몸을 움직이지 않는 것도 아주 좋아했다. 이 부분을 인정해야 했다. 몸을 웅크린 채 TV를 보고 파이를 먹으며 공상에 잠기면 그야말로 행복했다.

지금도 그렇다. 나는 원래 게으르다. 따로 노력을 하지 않으면 가능한 한 신체 에너지를 적게 쓰려고 한다. 일찌감치 나 자신에 대해 이해할 필요가 있었다. 왜냐하면 이는 세계 수준의 목표와 맞지 않았기 때문이다. 어머니가 나에게 이러한 단점을 탐구하라고 한 것은 나의 꿈을 만류하기 위해서가 아니었다. 오히려 나 자신을 객관적으로 바라볼 수 있게 하려고 한 것이다. 나의 식탐과 게으름은 갑자기 사라질 수 있는 것이 아니기에 무시할 수 없는 부분이었다. 따라서 내가 원하는 것을 이루기 위해서는 이러한 단점을 고칠 수 있는 지속적인 전략을 만들어야 했다.

비판적이고 객관적이며 다정하게 자신을 바라보라

다행히 어머니 덕분에 자기 성찰을 할 수 있게 되었다. 보통 어린 아이와 청소년은 자기 성찰을 할 기회가 없다. 대신 우리 사회는 표준화된 테스트를 통해 아이와 청소년에게 그들이 무엇을 잘하는지 알려준다. 스스로 무엇을 가치 있게 생각하는지, 자기가 진정 누구인지에 관해서는 질문하지 않는다. 그보다는 이다음에 커서 무슨 일을 하고 싶냐고 질문한다. "커서 무엇을 하고 싶니? 크면 뭐가 되고 싶니?" 우리 사회는 아이와 청소년에게 앞으로 어떤 사람이 되고 싶냐고 묻기만 할 뿐, 정작 너는 어떤 사람이냐고 묻지는 않는다.

자기 성찰을 위해 깊이 고민하지 않고 이를 일상적으로 실천하지 않는다면, 훌륭한 리더가 될 수 없을 것이다. 적어도 내가 진정으로 중요하다고 여기는 위대함의 기준에 맞는 리더는 될 수 없을 것이다. 타인의 감정을 읽고, 자신의 감정을 표현하며, 지적 호기심이 있고, 적응력이 있으며, 주변 사람들과 자연스럽게 연결되고 같이 어울릴 수 있는 훌륭한 리더가 되려면 자기 성찰은 무시할 수 없는 중요한 요소다. 자기 성찰은 내면의 목소리를 날카롭게 갈고닦는 숫돌과 같기에 신뢰할 수 있어야 한다. 그렇게 갈고닦은 내면의 목소리는 자기 분야에서 활동하는 동안 중요한 피드백을 제공해줄 것이다. 물론 동료, 부하 직원, 상사도 중요한 피드백을 해줄 수 있지만, 지위가 더 높아질수록 도움이 되는 외부 피드백을 받기가 어려워진다.

그렇다고 해서 주변 사람들에게서 통찰을 얻지 말라는 뜻은 아니다. 당연히 주변 사람들에게 의견을 구해야 한다. 관점이 다른 동료와 경험을 공유하거나, 그 동료라면 이 상황에서 어떻게 대처했을 것 같은지 물어보는 식으로 말이다. 가급적 직접 같이 일하는 사람보다는 집단 밖에 있는 사람에게 물어보는 게 좋다. 또한 '리버스 멘토reverse mentor'를 찾는 것도 추천한다. 리버스 멘토란 경험이 적은 팀원 혹은 특정 관심 분야에 관한 피드백을 제공할 수 있는 직속 부하 직원 같은 사람을 말한다. 정기적으로 15분 정도 점검하는 시간을 가지고 필요한 사항을 솔직하게 말하라.

"저는 훌륭한 리더가 되고 싶다는 포부를 가지고 있습니다. 그런 제가 현재 어떤 위치에 있을까요? 저에게 결점이 있다는 것을 알고 있습니다. 그러한 결점이 어떨 때 나타날까요? 그리고 그것을 어떻게 바꿀 수 있을까요?"

귀에 거슬리는 말을 들을 수도 있기 때문에 이렇게 솔직하게 말하려면 어느 정도 용기가 필요하다. 하지만 동료들이 모든 것을 솔직하게 말해주지는 않는다. 좋든 싫든 애매하게 말해줄 때가 있을 것이다.

그래서 자신을 비판적이고 객관적이며 다정하게 바라보겠다는 첫 번째 약속이 꼭 필요하다. 이는 자신의 강점과 약점을 정직하고 실용적으로 평가하겠다는 뜻이다. 자신의 장단점을 정확하게 모르면 자신만의 여정에서 출발지와 목적지가 불분명해지고 엉뚱한 방향으로 나아가게 될 것이다.

분명히 자기 파괴적이고 다른 사람에게 피해를 주는 결점을 가지고 있음에도 정작 자신은 그 사실을 모르는 사람이 있다. 이런 사람을 어렵지 않게 떠올릴 수 있을 것이다. 지나치게 고집이 세고 자신만의 망상에 빠진 사람은 자기가 가진 작은 장점이나 기술을 최고이자 완전한 것으로 과대평가하곤 한다. 이 중에는 나름 좋은 의도를 가진 사람도 있겠지만, 정말로 자신이 뛰어나다고 믿으며 허풍이 심한 사람도 있을 수 있다. 이런 사람에게는 반박하기도 힘들다. 그렇지만 사실 이런 사람은 소수다.

이보다 더 흔한 유형은 지나치게 자신에게 엄격하고, 스스로를 비판하며, 자신의 장점과 성취 경험이 얼마나 대단한지 잘 모르는 사람이다. 많은 사람이 손익계산서에서 쉽게 수치화되거나 구체적인 목표를 달성했다고 칭찬받는 것 외에는 자신이 가진 장점을 평가하는 데 어려움을 겪는다. 우리 사회에서는 잘 활용하면 장점이 될 수 있는 개인적 성과라도 당장의 일터와 무관해 보이면 무시하는 경향이 있다. 예를 들어 소녀 가장이면서 학교에 다니는 어른스러운 학생이 뒤늦게 직장에 들어간다면, 그것만으로도 충분히 놀랍고 의미 있는 성과라고 할 수 있다. 만약 그가 목표한 지점에 도달하기 위해 보여준 끈기와 주도성을 인정하고 존중하지 않는다면, 자신을 작은 존재로 제한하게 된다. 그리고 이는 과도한 자신감만큼이나 자신에게 해로울 수 있다.

자기 자신을 과소평가하는 것은 기업 문화가 만들어낸 불행한 일이라고 할 수 있다. 요즘에는 이처럼 자신을 과소평가하는 '가면 증후군'이 널리 논의되고 있다. 가면 증후군이란 자신이 지금의 자리를 차지할 자격이 없다는 느낌, 자신이 실제로는 실력이 없다고 생각하는 느낌, 언제든 주변 사람에게 자신의 실체를 들켜 폭로될 것이라는 느낌에 사로잡혀 스스로가 사기꾼처럼 주변을 속이고 있다고 생각하는 것을 말한다. 이는 단순히 하나의 병리학으로 생각되기도 하지만, 사실은 그렇지 않다.

가면 증후군은 소심하거나 단호함이 부족해서 겪는 고통이 아니다. 오히려 대부분의 직장이나 사회에 널리 퍼져 있는 총체적인 압력의 물결 앞에서 자연스럽게 나타나는 반응이다. 같은 압력의 물결이라고 해도 어떤 사람에게는 난기류처럼 요동치며 다가오지만, 또 어떤 사람에게는 날개를 펄럭이게 도와주는 바람처럼 느껴질 수도 있다.

조직이 선호하는 리더십 스타일은 조직의 꼭대기인 윗선에서 정해진다. 그리고 전통적으로 조직의 꼭대기는 다들 비슷비슷한 리더의 이미지를 가지고 있다. 그들은 대부분 백인에 이성애자다. 이뿐만이 아니다. 전통적인 리더들은 인종과 성별에 관계없이 대체로 권위적이고, 사람들 위에 군림하려고 하며, 사고가 경직되어 있다. 이러한 스타일은 조직 내에서 일하는 사람들에게 영향을 미치며, 사람들은 자신에게 조직의 꼭대기에 걸맞은 특징이 없다고 느끼면 자연스럽게 가면 증후군에 빠진다. 자신이 절대로 리더에 어울리지 않는 사람이라고 느끼는 것이다. 결국 스스로 자격이 없는 왕좌를 탐내는 존재라고 생각하게 된다.

가면 증후군에서 벗어나는 피드백 방법

가면 증후군으로 나타나는 피해는 복합적이다. 진정으로 양심적이고 고용주와 직원 모두를 위해 일하는 방법을 고민하는 리더의 자격을 갖춘 사람이, 가면 증후군 탓에 커리어에서 가장 중요한 시기에 능력을 제대로 발휘하지 못하고 걸러질 수 있기 때문이다. 이런 사람이 처음으로 리더십을 발휘하는 위치에 올랐을 때 주변 사람들에게 제대로 지지를 받지 못하면 가면 증후군에 희생될 가능성이 크다. 그리고 그 사람의 빈 자리는 승진을 해도 자신의 능력이 부족하지 않다고 생각하는 동료가 채울 것이다. 이러한 성향의 동료는 권력을 부여받아 지도가가 되는 것이야말로 자신의 타고난 운명이라고 믿기 때문에 가면 증후군에 시달릴 가능성이 적다. 이런 성향의 사람은 효과적으로 경영하는 일, 평가하는 일, 다른 사람과 연결되는 일에 크게 신경 쓰지 않을지도 모른다. 왜냐하면 이들은 고위급 리더들의 일반적인 특징을 이미 가지고 있기에, 스스로 가장 중요한 조건을 이미 충족했다고 생각하기 때문이다. 오히려 이들은 시스템을 활용해서 편하게 승진을 향해 나아간다.

리더가 될 수 있는 조건에 부합하지 않을수록 가면 증후군에 걸리기 쉽다. 여성, 소수민족, 성소수자 등은 대부분 직장에서 높은 자리로 올라가기 힘들 것이다. 카리스마 넘치고 관심을 한 몸에 받는 리더의 그늘에 있는 내향적인 백인 남성도 마찬가지다. 이러한 위치에 있는 사람은 자연스럽게 의문을 품을 것이다.

'나는 조용하고 생각이 많은 편이야. 그런데 이 회사에서 리더 위치에 있는 사람은 하나같이 사교적이고 수천 명의 청중 앞에서도 편하게 말하는 듯해. 이런 곳에서 내가 어떻게 커나갈 수 있지?'

만일 여러분이 고전적인 리더십에 필요한 특징을 지니고 있지 않은 사람이라면, 어떻게 자신 있게 리더쉽을 발휘할 수 있겠는가? 만약 여러분이 리처드 브랜슨 Richard Branson(영국 버진그룹 회장 - 옮긴이) 같은 유형이 아니라면? 천재적인 능력을 발휘하는 스티브 잡스 Steve Jobs 같은 유형이 아니라면? 무서울 정도로 과감하고 단순한 도널드 트럼프 Donald Trump 같은 유형이 아니라면? 직장뿐만 아니라 사회 전체가 지배적인 리더십 스타일에 큰 영향을 받는다는 사실을 우리 모두 알고 있다. 트럼프가 대통령으로 취임한 뒤 일주일만 지나도 버락 오바마 Barack Obama 같은 인물이 대통령이 될 수 있던 때를 상상하기가 힘들어진다. 심지어 트럼프에 반대하던 사람도 점점 트럼프의 말투와 전략을 취해야 한다고 느낀다.

가면 증후군을 느껴본 적이 없는 사람은 가면 증후군에 걸릴 수 있는 사람을 보호할 책임이 있다. 이 가면 증후군이 널리 퍼지도록 방치한다면 지나치게 자기 비판적이고 자신의 장점을 보지 못하는 리더가 만들어질 것이다. 가면 증후군에 빠진 리더는 끊임없이 자신을 비판하고 자신이 가진 단점에 집착한다. 결국 이러한 리더는 신경질적인 성격이 되고, 주변 사람도 신경질적으로 변한다. 그야말로 악순환이 일어나는 셈이다. 리더가 자신을 지나치게 과소평가하거나 자신 없는 태도를 보이면 사람들에게 믿음을 주지 못한다.

또한 가면 증후군에 걸리면 판단력이 흐려진다. 늘 자기 자신을 의심하는 사람은 마음이 불안정하기 마련이다. 가면 증후군에 걸린 사람은 자기가 일을 못한다고 울부짖는 것으로 그치지 않고, 스스로를 분수에 맞지 않는 자리를 차지한 사기꾼이라고 생각한다. 능력이 없는 것도 문제인데 심지어 능력 있는 척을 한다고 생각하는 것이다. 좋은 리더가 될 수 있었을 사람이 가면 증후군에 걸리면 계속 소심하게 고민하고 걱정만 하다가 일이 끝난다. 결국 이런 사람은 중요한 결정, 도전적인 대화, 고도의 능력을 발휘해야 하는 모든 상황에서 스스로 물러서게 된다. 새로운 사람을 고용하거나, 제대로 성과를 내지 못했거나, 누군가를 승진시킬지 평가하는 일은 책임이 따르기 때문에 누구에게나 두려울 수 있다. 하지만 가면 증후군에 걸린 사람은 이런 순간에 기꺼이 책임을 지기보다는 물러나거나 아예 이런 순간을 만들지 않으려고 한다.

가면 증후군은 본질적으로 머릿속에서 왜곡된 피드백을 보내는 고약한 목소리와 같다. 만일 자신을 제대로 이해하지 못한다면 어떻게 대처해야 할지 몰라 당황하고 말 것이다. 또한 진실과 허구를 구분하는 관점을 가질 수 없을 것이다. 2015년, 공화당 상원의원 짐 인오프Jim Inhofe는 실험실의 지식인들이 주장하는 지구 온난화에 관한 문제 제기에 반박하고자 상원실에 눈덩이를 가져온 것으로 유명하다. 지구 온난화가 일어나지 않았다고 주장하며 눈덩이를 증거로 내세운 것이다. 기후 변화와 날씨의 차이를 이해하지 못하는 사람에게는 눈덩이가 지구 온난화를 부정할 수 있는 합리적인 증거가 될 것이다. 하지만 기후 변화와 날씨가 다르다는 기본적인 인식을 가진 사람에게는 그 눈덩이가 그저 우스꽝스러운 묘기에 불과할 것이다. 눈덩이는 무시해도 좋을 정도로 결함투성이의 증거지만, 자세히 알아보지 않거나 지식이 없는 사람에게는 그럴듯한 효과를 주는 무기로 보일 수 있다.

가면 증후군도 이 눈덩이처럼 결함투성이의 증거다. 자신을 잘 모르고 자신이 가진 능력과 경험을 과소평가한다면 터무니없는 증거라도 치명적일 수 있다. 충분히 열심히 노력했으면서도 '이런 기회는 나에게 과분해.'라고 생각하면서 말이다. 반면 스스로 열심히 노력해 성공했고 능력을 길렀다는 자신감을 가질 수 있다면 의심의 목소리에 쉽게 대항할 수 있다.

가면 증후군 때문에 자신감이 없어지고 스스로를 자꾸 의심하며 혼란스러울 때 자신에게 해보면 좋은 일곱 가지 질문이 있다. 나는 이 질문들을 '효과적인 피드백 모델'이라고 부르며, 다양한 상황에 유용하게 적용할 수 있는 도구로 소개하고 있다. 또한 다른 사람들에게 피드백을 해주기 전에 참고하면 좋은 체크리스트를 제공하기도 한다. 자기 성찰을 하다 보면 머릿속에서 들리는 목소리에 휘둘려 잔인할 정도로 자신을 비판할 수도 있고, 근거 없는 자신감에 취해 지나치게 자신을 정당화할 수도 있다. 두 경우 모두 객관적이지 않기에 조심해야 한다. 다음 일곱 가지 질문을 자신에게 해보면 마음속의 허세는 물론, 가면 증후군도 억제될 것이다.

효과적인 피드백 모델

1. 피드백을 하는 이유는 무엇인가?
피드백은 무엇을 목표로 하는가? 순수하게 더 나은 결과를 위해 피드백을 하는 것인가? 피드백이 실수를 피하는 데 도움이 되는가? 피드백을 하는 이유가 형식적이거나 모호하다면 가치 있는 피드백이 아니므로 의심의 눈초리로 봐야 한다.

2. 상황에 맞는 피드백인가?

과거, 현재, 미래를 전반적으로 고려하는 피드백인가? 관련된 모든 요소와 통제할 수 없는 외부의 힘을 반영하고 있는가? 실제로는 이미 유사한 일을 해냈음에도, 스스로 어떤 일을 할 수 없다고 설득하고 있지는 않은가?

3. 피드백을 통해 이익을 얻는 사람은 누구인가?

당신에게 사기꾼이라고 말하는 목소리가 실제로 당신에게 도움을 주는 피드백을 전달하는가? 아니면 그 누구에게도 도움이 되지 않는가? 단지 다른 사람들의 눈에 당신이 어떻게 비칠 것인지 생각하는 바를 반영하는 것은 아닌가? 확실하게 이익을 얻는 사람이 없다면 이는 잘못된 피드백이다. 이익을 보는 사람이 피드백을 하는 사람이라면 그야말로 끔찍한 피드백이다.

4. 지금 도움이 되는 피드백인가?

가치와 통찰력을 지닌 피드백인가, 아니면 철 지난 피드백인가? 지금 꼭 필요하고 도움이 되는 피드백인가, 아니면 이미 해결되었거나 더는 기억할 필요가 없는 과거의 흔적을 가진 피드백인가?

5. 진정한 피드백인가?

다섯 번째 질문의 의도가 간단해 보일 수도 있다. 그러나 이 질문은 피드백의 내용이 검증 가능하고 정확한지를 따지는 것이다. 아니면 추측에 근거한 피드백인가? 피드백에는 추측이 포함되면 안 된다.

6. 잔인한 피드백인가?

어쩌면 일곱 가지 중에서 가장 중요한 질문일지도 모른다. 피드백이 본의 아니게 잔인한가? 또는 일부러 불친절하게 이루어지는 피드백인가? 이런 질문을 하는 이유가 있다. 피드백의 내용이나 방식이 잔인하다면 좋은 피드백이 아닐 수 있기 때문이다. 때에 따라서는 사람들이 듣고 싶어 하지 않는 내용이라도 효과적인 피드백이 될 수 있고, 듣기 힘든 뼈아픈 내용의 피드백이라도 성장에 도움이 될 수도 있다. 하지만 오로지 잔인하기만 한 피드백이라면 상황 개선에 전혀 도움이 되지 않는다.

7. 공유되는 피드백인가?

피드백의 기초가 되는 근거가 정보를 나누는 관련 동료들 사이에서 공유된 의견인가? 자기 자신을 평가하든 다른 사람을 평가하든 간에 여러분의 목소리가 홀로 있어서는 안 된다. 머릿속에서 자기 자신을 쓰레기라고 외치는 목소리가 들리는데, 주변 사람은 나를 믿어준다고 말하고 있지는 않은가? 피드백이 한 사람의 감정이나 신념을 주로 반영할 경우, 그 피드백의 대상보다 피드백을 주는 사람에 대해 더 많은 것을 말해줄 가능성이 높다.

'효과적인 피드백 모델'은 다른 사람에게 피드백을 줄 때도 활용할 수 있다. 이 모델을 자기 자신에게 적용하면, 혼란 속에서 의미를 추출하고 진실과 허구를 분리하는 데 도움을 준다. 이 일곱 가지 질문을 통해 내면의 비판자가 끊임없이 보내는 메시지를 명확하게 이해하고 맥락을 파악할 수 있게 될 것이다. 또한 왜곡된 생각이 부정적인 행동으로 이어지지 않도록 하는 데도 도움이 되며, 자기 자신을 더 완전하게 이해하고 바라보도록 격려해줄 것이다.

만약 자기 성찰을 싫어하거나 자기 분석을 할 의지가 약하다면 거인의 약속을 지키기 힘들 것이다. 단지 흐름에 몸을 맡기는 것만으로는 목적지에 도달할 수 없다. 언제나 자신의 현재 모습을 정확히 이해하겠다는 맹세를 해야 한다. 자기 자신에 대해 칭찬하든 비판하든 객관적이고 상세하며 진실되고 정확히 하겠다고 약속해야 한다.

나의 자기 분석 여정은 어머니와의 대화를 통해 시작되었다. 당시에는 자기 분석이라는 것이 알려지지 않았고, 사람들이 자기 분석을 중요하게 생각한 지는 몇 년 되지 않았다. 하지만 어머니가 돌아가신 후에도, NBA에서 뛰고 심리학자가 된 이후에 내 회사를 차리겠다는 목표를 이룬 후에도 나의 자기 분석 여정은 계속되었다. 내가 마지막 숨을 거둘 때까지 자기 분석은 계속될 것이다. 자기 분석은 즐거운 일이기 때문에 늘 감사하다는 마음이 든다. 자기 성찰은 필요한 행위지만, 이것이 부담스럽거나 반복적인 괴로움처럼 느껴져서는 안 된다. 자기 성찰이란, 익숙한 책을 다시 읽고 완전히 알고 있다고 생각했던 페이지에서 새로운 통찰력이나 표현을 발견하는 것과 같다.

어둠 속에서 자기 영혼을 찾는 일은 한 번으로 끝나지 않는다. 그것은 평생에 걸쳐 추구해야 하는 일이다. 지금 바로 시작하면 된다!

어둠 속의 영혼

다른 사람이 여러분의 외모를 볼 수 없거나, 여러분의 인맥이나 직함 같은 정체성을 모른다고 해보자. 이럴 때 다른 사람에게 '나는 이런 사람이다.'라고 단번에 어필하면서 자신을 묘사할 수 있는 고유의 특징이 있는가?

여러분의 성별, 성적 지향, 인종 같은 기본적인 배경이나 형제, 어머니 같은 가족관계 또는 직업이나 취미를 전혀 언급하지 않는다고 해보자. 그리고 비슷한 상황에 있는 사람과 여러분을 비교하거나, 여러분이 좋아하고 싫어하는 것을 나열하지 않는다고 해보자. 이 경우에 여러분은 스스로 인정할 수 있는 방식으로 자신을 묘사할 수 있는가?

다음은 '자기 분석'이라는 여정을 시작하는 데 도움이 될 수 있는 질문 목록을 정리한 것이다. 이 질문 목록은 한 시간 안에 할 수 있는 연습이 아니다. 질문에 대답하다 보면 또 다른 질문과 함축적인 의미가 새롭게 나올 수 있다.

일단 몇 가지 질문에 대답해보면 나에 대해 솔직한 생각을 들려줄 사람을 찾고 싶을지도 모른다. 하지만 자신이 진정 누구인지 탐구할 때는 어떤 특정한 사람에게 너무 영향을 받지 않는 것이 좋다. 먼저 자기 스스로 깊이 탐구해보자.

- 평소의 상황이나 기분은 어떤가?
- 사람들과 처음 교류할 때 그들은 어떻게 반응하는가? 시간이 지나면 반응이 달라지는가?
- 주변 사람들에게 어떤 영향을 미치는가? 또는 주변 사람들이 어떻게 생각하고 느끼고 표현하는가?
- 자신의 장점은 무엇인가? (최소 10개를 나열하고 구체적으로 설명해보자)
- 자신의 단점은 무엇인가? (최소 10개를 나열하고 구체적으로 설명해보자)
- 주위 세상과 어떤 방식으로, 어느 정도로 교류하는가? 다른 사람과 연결되는 방식에 어떤 의미가 있는가? (이 질문에 답할 때는 '내향적'이나 '외향적'과 같은 광범위한 범주에 얽매이지 않아야 한다)
- 문제와 도전을 해결하는 방법은 무엇인가? 그 과정은 어떠한가?
- 극한의 감정을 경험하면 자신에게 어떤 일이 일어나는가?
- 평화로울 때 어떤 기분이 드는가? 평화로운 기분은 얼마나 자주 드는가?
- 어떨 때 가장 마음이 평화로운가?
- 어떤 요소나 경험이 마음을 불편하게 하고 스트레스를 주는가?
- 스트레스를 받으면 어떻게 반응하는가?
- 기쁨을 어떻게 경험하는가?
- 피드백, 칭찬, 모욕을 받으면 어떻게 반응하는가?

- 나의 핵심 신념, 내가 따르는 원칙은 무엇인가? 개인적인 가치관을 적는다면 상위 다섯 가지는 무엇인가?
- 일관성 있게 자신의 가치관대로 살고 있는가?
- 자신의 맹점은 무엇인가? 과거에 실수를 한 적이 있다면 그때의 경험과 상황에 대해 설명해보자.
- 자신에게 실망했던 상황은 언제였는가? 어떤 문제 때문이었는가?

이 외에도 자신에게 할 수 있는 질문은 더 있다. 그러니 '토끼를 따라가듯' 두려워하지 말고 어떤 대답이라도 좋으니 쫓아가서 더 많은 어려운 질문과 마주하자.

2장

약속한다,
성공을 위해
완전히 헌신하겠다고

성공에 관한 글을 쓸 때면 괴물이나 위선자처럼 보이기 쉽다. 우리는 그렇게 할 수 있다는 이유만으로 잔인하거나 무례한 '승자'들을 종종 볼 수 있다. 언젠가 강연에서 훗날 나의 조직과 경쟁할 수 없을 정도로 철저하게 경쟁자를 물리치고 싶다고 말한 적이 있는데, 이것이 경쟁자들에게 재앙을 불러오겠다는 말은 아니었다. 우리 조직이 해당 분야에서 1등이 되도록 최선을 다해 철저하고 부지런하게 일하겠다는 다짐에 가까운 말이었다. 대부분의 상황에서 성공하기 위해 누군가를 물리쳐야 할 필요는 없다.

물론 여러분이 성공을 위해 헌신적으로 노력하는 것은 분명하다. 어쨌든 여러분은 자기계발, 성공적인 인간관계, 조직에서의 성공을 다룬 책을 읽고 있으니 말이다. 책을 읽는 데는 시간이 걸리고, 시간을 쓴다는 것은 그것에 헌신한다는 의미다. 논리적으로 따져보면 이 책을 읽고 있는 여러분은 이미 성공에 헌신하는 셈이다.

분명히 말하자면 이 책에서 말하는 성공과 승리란 자신의 목표를 완전히 이루는 것이라고 정의할 수 있다. 여기서 말하는 목표는 좋게 말하면 고귀한 의도를 지닌 것이며, 그렇지 않더라도 최소한 다른 사람에게 피해를 끼치지 않도록 설계된 것이다.

나에게 성공은 큰 그림을 그리는 일이다. 생생하고 장기적인 개인적·조직적 목표에 헌신하는 것이며, 성공이 이루어졌을 때 어떤 모습일지 명확하고 분명하게 이해하는 것이다.

내가 명확하게 이해하고 있는 성공에 관한 일곱 가지 원칙은 다음과 같다.

1. 착한 사람이 반드시 꼴찌를 하는 것은 아니다. 여기서 착한 사람이란 유쾌하고, 사려 깊고, 양심적이고, 윤리적이고, 공정하고, 정직한 사람을 말한다.
2. 성공은 잔인함을 필요로 하지 않는다.
3. 성공은 상대적이다.
4. 성공은 명확하고 생생하며 구체적인 비전을 필요로 한다.
5. 성공은 타협을 필요로 한다.
6. 성공은 제로섬 게임이 아니다. 성공하기 위해 굳이 다른 사람을 파괴할 필요는 없다.
7. 성공은 작은 것에서 나온다. 하지만 사람들은 종종 결정적인 순간만을 기다린다.

이번 2장에서는 이 일곱 가지 원칙을 하나씩 살펴보려고 한다.

성공의 일곱 가지 원칙

1. 착한 사람이 반드시 꼴찌를 하는 것은 아니다

큰 명성을 누리고 권력을 차지한 것처럼 보이는 이기주의자가 많아서 그런지는 모르겠지만, 사람들은 이기적으로 살아야 성공할 가능성이 높다고 생각한다. 여기서 작동되는 삼단논법은 다음과 같다.

- 성공한 사람은 하나같이 불쾌한 이기주의자다.
- 커다란 성취를 하지 못한 사람은 착하다.
- 따라서 이기적인 사람이 되어야 무엇인가를 성취할 수 있다.

억지로 따뜻하고 유쾌하며 부드러운 사람이 될 필요는 없지만, 그렇다고 굳이 이기적인 사람이 될 필요도 없다. 이기적인 사람이 승리하는 경우가 있기는 해도, 꼭 이기적인 사람이 승리한다는 보장은 없다.

사람들은 착하면 꼴찌를 한다고 생각한다. 물론 계획도, 기술도, 리더십도, 인맥도 없이 착하기만 한 사람은 꼴찌를 한다. 하지만 이기적인 사람도 계획이 없으면 꼴찌를 하는 것은 마찬가지다. 그런데 이기적인 사람은 동료를 만들고 그 관계를 유지하기 더 힘들 뿐 아니라, 동료들이 세운 전략에 진심을 다해 기여하지도 않는다.

'착하다'라는 표현에 대해 좀 더 이야기해야 할 것 같다. 미리 밝히지만 나는 '착하다'는 표현을 그리 좋아하지 않는다. 이 책을 읽으면서 여기에 나오는 제안과 아이디어를 보고 고개를 끄덕이며 이렇게 생각할지도 모른다.

'정말 착한 생각이네. 선한 의도가 느껴져. 나도 해봐야지!'

예컨대 책상에 앉아 일하고 있는 여러분에게 누군가가 다가와 이야기를 하거나 질문을 하면 의자를 완전히 그 사람 방향으로 돌려 대화하라고 제안할 수 있다. 조금 다르지만, 화상 회의에서도 컴퓨터를 볼 때 화면만 보는 것이 아니라 상대방이 차지하는 공간을 함께 보면 무언가 다른 것이 눈에 들어온다. 성공하려면 동료들과 진정으로 함께 어울릴 필요가 있다. 다시 말해, 동료에게 반응하고 있다는 것을 보여주기 위해 상대방이 있는 곳으로 의자를 돌리거나 고개를 돌릴 필요가 있다는 뜻이다. 동료와 대화할 때 이메일이나 스프레드시트를 작성하면서 어중간하게 고개를 돌리거나 멍하니 쳐다보기만 해서는 안 된다. 완전히 고개를 돌려 대화에 적극적으로 참여해야 한다.

이 글을 읽고 이렇게 생각할지도 모르겠다.

'그래, 정말 좋은 조언이야. 우리가 모두 노력해서 온전히 서로에게 집중한다면 정말 큰 차이를 만들 수 있을 거야. 대화할 때 의자의 방향을 완전히 돌리는 것은 정말 착한 행동이지. 마음에 들어. 우리 모두 착하게 지내길 바라는 이 부드러운 거인이 정말 좋은 제안을 하고 있어. 우리는 착해져야 해.'

하지만 이렇게 생각해서는 안 된다. 이런 생각이 싹튼다면 당장 그 싹을 잘라야 한다. '착하다'라는 단어와 개념은 성공이 걸린 상황에서는 거의 가치가 없기 때문이다.

어머니는 나에게 '착하다'라는 단어를 쓰지 못하게 했다. 어머니가 우리 형제들에게 했던 말이 있다. 누군가의 긍정적인 행동을 바탕으로 한 호의적인 방식을 뜻하는 표현이라면 '착하다'보다는 좀 더 사려 깊고 섬세하며 의미 있는 표현으로 대체해야 한다는 것이다. 만일 누군가가 진정으로 따뜻하고 좋은 일을 했을 때 여러분이 그에게 할 수 있는 최선의 말이 '착하다'뿐이라면, 그 사람이 한 일을 이해하지 못했거나 원래의 의도와 관계없다고 생각하거나 그리 중요하지 않은 것이라 생각한다고 할 수 있다. 어른들이 명절에 선물을 받고 "고마워요. 좋네요."라고만 말한다면, 사실 여기에 숨은 뜻은 '이 선물은 나에게 별 의미가 없습니다. 이따 헤어지면 이 선물을 다시 원래대로 포장해 좀 더 마음에 들어 할 사람에게 줄 것입니다.'라는 의미인 것과 마찬가지다.

일반적으로 '착하다'는 트로이의 목마와 비슷한 표현이다. 원래의 의도를 숨기고 이와 반대되는 말을 할 때 쓰는 표현이기 때문이다. 형식적인 칭찬에 사용되지 않는 "착하네요."라는 말은 일반적으로 경멸, 실망, 조롱, 무시와 같은 의미를 담고 있다.

사람들이 사용하는 트로이의 목마 같은 표현은 꽤 많고 쉽게 알아볼 수 있다. 예를 들어 누군가가 아무렇지도 않게 '그런데' 혹은 '한

가지 더'라는 말을 덧붙인다면, 그 뒤에는 가장 중요한 이야기를 한다는 뜻이다. 대화를 하는 동안 조금 전까지만 해도 눈치채지 못한 중요한 내용을 듣게 될 것이다.

'흥미롭다'는 말? 사실은 재미없다는 뜻이다. "생각 좀 해보겠습니다."는 사실 '감사합니다. 하지만 이미 생각해봤고 답을 알고 있습니다.'라는 뜻이다.

그리고 아마도 가장 뻔하면서도 널리 퍼진 표현이 바로 "외람된 말씀이지만"이다. 이제는 아무도 이 말을 진심으로 받아들이지 않는다. 당신이 달콤하게 미소를 짓든, 진지하게 눈썹을 찌푸리든 상관없다. 모두가 안다. "외람된 말씀이지만"이란 말은 사실상 이렇게 말하는 것과 같다. "예의를 유지하며 당신 같은 멍청이를 최대한 무시하는 태도로 드리는 말씀입니다."

"좋네요."라는 표현은 누군가로부터 예상보다 덜 마음에 드는 선물을 받았을 때, 아니면 더 나쁘게는 그가 나를 대놓고 무시하고 있다고 느껴질 때 예의상 하는 말일 수 있다. 이는 희미한 칭찬으로 상대를 교묘히 깎아내리는 표현이다. 또한, 공개적으로 험담하고 싶지는 않지만 달리 표현할 말이 없을 때 마지못해 형식적으로 누군가를 묘사하며 쓰이기도 한다. 밝고 명랑한 표현처럼 보이지만, 사실은 "이제 이 얘기 그만하고 끝내죠."라는 의미를 담고 있기도 하다.

더 중요한 내용이 있다. '좋다'라는 표현이 지닌 피상적인 의미가 생산성, 성과, 성공에 관한 지표와 연관된다는 사실을 증명하는 연구는 하나도 없다. 따라서 우리가 사용하는 언어에서 '좋다'라는 표현을 완전히 없애야 한다고 생각한다. 진부한 표현인 데다 피상적이고 지속성이 없기 때문이다. 힘든 시기에는 '좋음'이란 가장 먼저 잘려나가는 군더더기다. '있으면 좋은 것'으로 간주되는 계획과 우선순위는 평상시라면 '있으면 좋은 것' 목록에서 편안히 자리 잡고 있을 것이다. 하지만 혼란이 닥치는 순간 '있으면 좋은 것'들이 가장 먼저 창문 밖으로 던져진다는 사실을 우리는 알고 있다.

현대 사회는 끊임없는 혼란의 연속이다. 비즈니스는 변화하고 있으며 규칙과 표준도 마찬가지다. 예상치 못한 경쟁자들이 등장하고, 사회적·정치적 불안정성이 분명하게 드러나고 있다. 이미 경험했듯이 코로나19 팬데믹처럼 세계를 휩쓰는 위기는 우리 몸과 마음의 건강을 해칠 수 있다. 이런 환경에서 그저 '있으면 좋은 것'은 버림받을 때까지 엄지손가락을 만지작거리며 대기실에 앉아 있기만 할 것이다. 위기가 오면 산소처럼 반드시 필요한 것은 따로 있다.

만일 의자의 방향을 상대방 쪽으로 돌리는 일이 굳이 하지 않아도 손해를 보지 않을 정도로 '좋은' 것이라고 생각되면, 이후에는 아무도 상대방을 위해 의자의 방향을 돌리지 않을 것이다. 하지만 내가 의자의 방향을 돌리라고 말하는 이유는 어떤 상황에서든 승리하기 위해 꼭 필요한 행동이기 때문이다. 이는 포괄성, 협업, 마음챙김이라는 가치를 이야기할 때도 필요하다. 단지 '착한' 사람이 되기 위해 '좋은' 행동을 하라는 뜻이 아니다. 이러한 행동은 오직 성공하기 위해 필요한 전략이며, 자기 자신과 주변 사람을 최고의 상태로 만드는 전략이다. 거인의 약속은 21세기의 성과가 이루어낸 특권이다. 이것이야말로 새롭고 혼란스러운 상황 속에서 개인과 조직의 성공을 위해 반드시 필요한 조건이자 요소다.

나는 온화하고 부드러운 심리학자가 아니다. 나의 X(구 트위터)를 팔로우하는 사람이라면 내가 '착하다'라는 개념에서 벗어나는 사람이라는 사실을 알 것이다. 나는 무지한 글이나 악플을 용납하지 않는다. 내가 오랫동안 반복해서 게시해온 글이 하나 있다.

사람이 신념을 가지면 명백한 거짓말도 공공연한 진실로 바뀌는 세상에서 명심해야 할 것이 있다. 의견을 사실로 내세우는 것은 의견보다 사실을 우선시하는 것보다 훨씬 더 오만하다.

요즘 어리석음과 편협함이 고개를 들면 부아가 일어 참을 수가 없다. 결국 내가 선택하는 것은 '차단'이다. 잘못된 정보와 헛소리, 이를 퍼뜨리는 사람을 드러내 제거해야 한다. 왜곡된 정보가 확산되면 세상에 끼치는 피해가 어마어마할 게 분명하기 때문이다.

'착하다'라는 표현은 평범하고 성의가 없으며 가식적이다. 성공은 '착하다'라는 우유부단한 토대에서는 만들어지지 않는다.

2. 성공은 잔인함을 필요로 하지 않는다

'성공은 잔인함을 필요로 하지 않는다. 성공은 잔인함을 필요로 하지 않는다. 성공은 잔인함을 필요로 하지 않는다.'

이 말은 주문처럼 외워야 한다. 성공은 잔인함을 필요로 하지 않으며, 잔인해진다고 해서 더 성공하는 것은 아니다. 성공한 사람이 되고 싶다고 해서 괴물이 될 필요는 없으며, 성공이 사람을 괴물로 만드는 것도 아니다. 다만 인간적인 예의를 무시하는 태도나 단순한 노력이 부족한 모습을 드러낼 가능성이 높아지는 것뿐이다.

하지만 그렇다고 해서 성공한 사람이 어려운 대화나 도전을 요구하는 결정에 상처를 입지도 않고 뒤로 물러나지도 않는다는 뜻은 아니다. 성공하기 위해 다른 사람에게 해를 끼치거나, 자신의 결정이 타인에게 미치는 영향을 무시할 필요가 없다는 뜻이다. 우리는 흔히 비판적인 피드백이 잔인해야 한다고 생각한다(피드백에 관해서는 이후에 더 자세히 다룰 것이다). 하지만 실제로는 그렇지 않다.

잔인한 피드백은 피드백이 아니다.

가장 사려 깊은 비판이라도 듣는 사람에게는 상처가 될 수 있다. 비판이 굳이 잔인해야 할 필요는 없다. 잔인한 비판은 선택의 문제다. 즉 피드백을 생각하는 과정에서 상대를 전혀 생각하지 않았거나 처음부터 악의적인 피드백을 하려고 마음먹은 것이다.

3. 성공은 상대적이다

성공은 스스로에게 지속적으로 의미가 있어야 한다. 현재 놀라운 업적을 달성한 많은 기업가도 자신의 능력을 증명하기 전에는 비웃음을 당했을 수 있다. 또한 자신이 바라는 모습대로 엄청난 성공을 이룬 사람도 외부에서는 유명인으로 인정받지 못할 수도 있다.

하지만 성공을 한 가지 특별한 기준으로만 보면 핵심을 놓치게 된다. 자기 자신과 주변 사람에게 즐거움을 가져다주는 것을 목표로 할 때, 그 결과가 성공과 승리로 이어질 수 있다는 삶의 핵심 말이다.

사람마다 살아가는 방식이 다르고, 살면서 얻는 특권과 이점도 다르다. 우리는 서로 다른 신체적·심리적·감정적 특징을 가지고 있고, 서로 다른 지리적·사회정치적·경제적 배경을 가지고 있다. 따라서 우리가 생각하는 성공은 다른 사람이 생각하는 성공과 다를 수밖에 없다. 이러한 차이 때문에 성공을 이루기 위해 떠나는 여정의 거리도 다르다. 이를 이해하지 못하고 단순히 비슷한 선에서 비교할 수는 없다.

승리나 성공에 대한 평가는 다른 사람의 기준에 맞추면 안 된다. 자신의 상황에 맞춰 자신만의 성공을 그려야 한다. 또한 성공의 기준은 도전적이어야 한다. 불가능한 꿈처럼 보일 수도 있겠지만, 그게 오히려 좋다. 단, 그것이 다른 사람의 꿈이 되어서는 안 된다. 자신의 성공을 이루는 것도 충분히 어려운데, 자신의 성취를 다른 사람의 것으로 만들어 더 어렵고 덜 보람된 인생을 살 필요는 없다.

4. 성공은 명확하고 생생하며 구체적인 비전을 필요로 한다

명확하고 생생하며 구체적인 성공의 비전을 가지는 것은 매우 중요하다.

개인 차원에서는 건강하지 않은 습관을 찾아내 고치는 것, 진정한 의미의 팀원으로서 적극적으로 협력하는 것, 원하는 직업을 얻기 위해 필요한 기술이나 능력을 개발하는 것이라 할 수 있다.

조직 차원에서 성공은 이익과 손실로 측정될 수도 있지만, 지속 가능한 조직 성과를 뒷받침하는 인적 요인들, 예를 들면 직원 참여도와 경험의 질과도 긴밀하게 연결된다.

어떤 것이든 쓸모 있는 목표를 선택하는 것도 중요하지만, 그 목표를 성공시키기 위해 완전히 헌신하겠다고 다짐하는 것도 중요하다. 이러한 기준으로 정의된 성공이 이 책에 포함된 모든 것을 이끄는 원동력이기 때문이다.

이것만이라도 알아두자. 자신이 세운 목표가 구체적이거나 숫자로 표현되는 것이라면, 그 목표를 성공적으로 이루기 위해서는 정한 숫자 이상의 것을 해내야 할 것이다.

SF 소설에는 '미래 역사future history'라는 개념이 있다. 미래 역사란 SF 소설 작가들이 미래를 설득력 있게 그리고자 적절한 표현으로 만들어낸 모습을 가리킨다. 이후 이어질 장에서 이에 대해 다루려고 한다. 또한 훈련이 미진하고 피곤이 쌓일 때 성공으로 향하는 미래의 그림을 그리는 법에 대해서도 다룰 것이다.

5. 성공은 타협을 필요로 한다

이것은 내가 배웠던 교훈 중 가장 뼈아픈 것일지도 모른다. 나의 본업에서 성공은 종종 타협을 의미하며, 나는 과거에 이 교훈을 놓친 적이 있다.

몇 년 전에 동료들과 함께 큰돈을 들여 디지털 학습 플랫폼을 구축했다. 직장에서 일상적으로 하는 행동을 폭넓게 이해하는 데 도움을 주는 플랫폼이었다. 이 플랫폼은 일반적으로 초기 단계에 생겨나는 버그와 결함을 제외하면 꽤 훌륭했으며, 다양한 멀티미디어, 쌍방향 소통, 화려한 색감, 고객 환경에 맞춤 교육을 제공할 수 있는 시스템을 갖추고 있었다. 심지어 재미있기까지 했다. 학습법의 규칙을 따르면서도 클릭과 퀴즈만 반복하는 지루함을 탈피했다.

하지만 아무도 이를 원하지 않았다. 우리 나름대로 이상적인 것을 만들었으나 사람들이 원하는 방향은 아니었다. 사람들은 더 익숙하고, 자세한 설명이 있으며, 사용 시간이 적게 드는 플랫폼을 원할 뿐이었다. 그런데 우리는 코끼리를 한입에 다 먹으려고 했다. 아무리 플랫폼이 성공적으로 실행된다고 해도 우리의 취향이 모든 사람의 취향과 일치하는 것은 아니다. 이 점을 깜빡했던 것이다.

이제는 더 잘 안다. 결과를 얻고 싶다면 불완전하더라도 개입을 허용하는 것이 전략적인 측면에서 더 낫다. 비록 초기 개입이 내가 원하는 만큼 효과적이지도, 즐겁지도 않아서 괴롭더라도 말이다.

나에게는 결점이 많은데 그중 하나는 내가 옳다고 인정받으려는 태도다. 나는 사람들로부터 내가 옳다는 것을 인정받을 때 기분이 좋다. 그래서 나에게 자극과 정보를 주는 통찰을 지닌 사람들과 많은 시간을 보내면서, 대부분의 경우에 옳고자 한다.

하지만 이제는 우리가 장기적인 게임을 하고 있다는 사실을 알고 있다. 영원하지는 않더라도 기나긴 게임이다. 그래서 매일 근시안적인 사람들, 비타협적인 도전들, 어려운 결정들을 접할 때면 스스로 한 가지 질문을 던진다.

'이기고 싶은 것인가, 아니면 옳다고 인정받고 싶은 것인가?'

명확하게 말해 이는 다음과 같은 의미다.

'(기나긴 게임에서) 이기고 싶은 것인가. 아니면 (지금 당장) 옳다고 인정받고 싶은 것인가?'

이는 나와 우리 팀의 언어에 깊이 뿌리박혀 있는 질문이기에 도전적인 생각을 할 때 바로 떠오른다.

나는 성장과 발전을 원하는 고객들을 지도하며 많은 대화를 나눈다. 이처럼 성취감이 높은 사람들은 대부분 앞서 나가는 데 필요한 기술력을 갖췄으나, 종종 이 중요한 질문을 놓치는 일이 많다.

이 타협의 맥락에서는 모두가 두 가지를 이해해야 한다. 바로 '자본'과 '체면'이다.

우리 모두 인맥과 평판이라는 자본을 축적하는 방법을 알아야 한다. 이는 의사결정에 영향을 끼치거나 기존의 관습과 규범에 반대할 여지를 주는 무형의 자산이다. 또한 그 자본을 얻는 방법, 그 자본을 계속 유용하게 활용하는 방법, 그 자본의 유효 기간을 의식하는 방법, 그 자본을 현명하게 사용하는 시기를 이해해야 한다.

또한 '체면을 내려놓을 때'가 언제인지도 알아야 한다. 단순히 실수를 했을 때만 체면을 내려놓는 것이 아니라는 점을 이해해야 한다. 예를 들어 말하고 싶은 것을 참거나 부당한 비난을 반박 없이 받아들여야 하는 순간도 있다. 이때 우리는 전략적으로 체면을 내려놓을 수 있어야 한다. 옳다는 것을 주장할 기회가 절대로 피하고 싶은 결과로 이어질 때는 입을 다물어야 한다. 또는 무의미한 반항으로 영원히 배제될 위험을 감수하기보다는 나중에 기회를 엿보기 위해 해당 순간에는 다소 열등한 전략이나 접근을 지지해야 할 수도 있다.

지금 내 말이 《군주론》의 저자 니콜라 마키아벨리_{Niccolò Machiavelli}의 주장처럼 들릴 수도 있지만 그렇게 냉소적일 필요는 없다. 단지 모든 사람이 바둑을 두는 곳에서 혼자 오목을 두려고 한다면, 결국 아무 데도 통하지 않는 길로 들어가는 것과 같다는 주장을 하고 있는 것이다.

물론 절대로 깨서는 안 되는 개인적인 원칙들이 있다. 다행히 우리 대부분은 이러한 원칙을 깨야 하는 순간을 자주 경험하지 않는다. 비록 결정이 분명해 보이는 상황에서도 우리에게는 대부분 타협할 수 있는 여지가 있다. 부양가족 같은 내부 조건과 부채나 경기 붕괴 같은 외부 조건이 선택의 범위에 영향을 미친다. 이 때문에 '(기나긴 게임에서) 이기고 싶은 것인가, 아니면 (지금 당장) 옳다고 인정받고 싶은 것인가?'라는 질문이 더욱 중요해진다. 우리가 사는 세상은 끝 없는 타협으로 이루어져 있다. 이는 우리 대부분이 마주한 불편한 진실이다.

6. 성공은 제로섬 게임이 아니다

성공하기 위해 굳이 다른 사람을 파괴할 필요는 없다. 물론 자원 이 한정된 분야도 있고, 공급에 비해 지원자가 너무 많은 분야도 있 다. 그렇기 때문에 좁게 바라보면 마치 나의 성공과 다른 사람의 몰 락이 동의어처럼 느껴질 수 있다.

이런 생각을 하도록 부추겨온 집단이 있다. 이 집단은 역사적으 로 같은 목표를 추구하는 사람들끼리 경쟁을 붙여, 임금 하락에서 피고용자 보호막 철폐에 이르기까지 모든 것을 뒤에서 조종했다.

하지만 나는 경쟁자를 분석하는 일이 중요하다고 생각한다. 같은 목표를 가지고 있는 다른 사람이 자기계발을 위해 무엇을 하고 있는 지 이해하면 유용한 아이디어나 통찰력을 얻을 수 있다. 스포츠의 세계든 비즈니스의 세계든 간에, 통제할 수 있는 것은 통제하고 매 번 배우는 자세를 유지하며 개인의 탁월함에 집중하는 것이 계속해 서 성공으로 향하는 길이다.

7. 성공은 작은 것에서 나온다

우리 조직에는 OB1s~obi-wans~라는 일련의 행동 가이드가 있다. 그 중 하나는 작은 것을 대하는 태도에 관한 것이다. 이는 지루하고 하찮아 보이며 쓸모없어 보이는 일도 열심히 하라는 주문이다.

흔히 작고 사소해 보이는 행동은 주목받지 못한다. 매우 중요하고 어려운 일을 하기 위한 과정에 있는 일이 아니라면, 눈에 띄지 않는 행동은 유령 취급을 받는다.

하지만 작은 것을 무시하면 성공하기 힘들다. 중요하고 기억에 남는 순간만을 성공이라고 생각하면 특정한 순간만이 성공의 이유라고 착각하게 된다. 이러한 착각은 알게 모르게 이후의 행보에도 잘못된 영향을 끼칠 수 있다. 우리의 두뇌는 '내가 성공하거나 실패하기 전에 큰일이 일어났다면 그것이 성공이나 실패의 원인'이라고 단정하는 방식으로 생각할 때가 많다.

스포츠, 정치, 비즈니스, 자선사업, 공공 분야에서 크게 성공한 사람들과 대화를 나누면서 알게 된 사실이 있다. 성공한 사람들이 중요하게 기억하는 과거의 순간을 깊이 파고들면 의외로 평범해 보이는 작은 결정과 행동이 핵심적인 역할을 했다는 것이다.

기억이 말해주는 것과는 달리 '결정적인 순간'은 없다. 모든 일에 세세하게 관심을 기울이고 집중하며 노력하면 지속적으로 성공을 이룰 수 있다. 이 점을 항상 떠올리면 중요한 세부 사항에 쉽게 초점을 맞출 수 있다.

'모든 것이 달라진 순간'을 떠올리는 것도 좋지만, 새로운 길을 개척할 때는 오지 않은 미래를 위해 에너지를 절약하기보다 매번 사려 깊고 활기차게 해나갈 수 있는 것이 무엇인지를 생각하는 편이 좋다. 나는 하루의 일과를 'T' 자 그림 안에 넣는다. 언제 결과를 이루었는지, 중요한 단계를 언제 놓쳤는지, 결과를 달성하기 위해 우리 팀과 함께 무엇을 했는지 정확히 알 수 있도록 항목마다 세부 사항을 포함해 모든 작업 과정을 기록한다.

거인의 약속은 '소프트 스킬(공감, 소통 리더십, 시간 관리 등 직무 외적으로 역량을 발휘하는 데 필요한 사회적·정서적 능력을 의미한다—편집자)'이나 '좋은 사람이 되는 일'에 관한 것이 아니다. 내가 만나본 많은 고객은 극단적인 표현을 사용하며 성공을 이야기한다. 하지만 힘든 상황이 닥치면 자신이 거둔 성공을 미화할 의도가 없었다는 듯 행동한다. 그들은 성공하기 위해 최선을 다해 헌신했다고 확신하지만, 사실 편안함을 유지할 수 있거나 자신의 세계관과 잘 맞는 범위 안에서만 최선을 다해 헌신했을 뿐이다.

나중에 자세히 살펴보겠지만, 여러분이 이루었으면 하고 바라는 성공의 유형은 불편함을 요구한다. 비유하자면 타고난 파이 애호가에게 파이가 없는 삶을 감수하라고 하는 것이다. 즉 단기적인 만족이나 빠르고 쉬운 보상보다 장기적인 보상을 우선시하는 것이다. 자칫 안일해질 수 있는 일상적인 감각을 매일 극복해야 한다.

이러한 유형의 성공을 이루려면 모든 종류의 이익을 인식해야 한다. 가시적인 성과 향상에 따른 이익을 넘어, 작고 일상적인 이익의 중요성도 인식해야 한다. 사람들은 점진적인 향상에 대해 선별적으로 인식한다. 1퍼센트의 효율성을 높여주는 생산 작업 방식에 집착하고, 운동선수의 기록을 몇 초 줄여주는 훈련 방식이나 장비의 발전에 감탄한다. 하지만 재미없거나 시간이 없어도 지속적으로 사람들에게 관심을 기울이는 것과 같은 단순한 행동으로 생기는 이익은 그저 있으면 좋은 정도로 하찮게 생각한다. 잠시 멈추고 의자의 방향을 돌려보자. 즉각 엄청난 이익이 있어서가 아니라, 건전한 조직을 위한 의미 있고 장기적인 투자를 하기 위해서 말이다.

사람들은 노력을 별로 하지 않아도 조금이나마 이익을 얻을 때 좋아한다. 속도를 높여주는 특수 수영복을 입거나, 직원들의 에너지를 높이고자 과일을 서비스로 내어주는 회사를 생각해보면 된다. 반면 새로운 동료들의 이름을 기억해 일할 기분을 높여주는 것처럼 시간과 에너지를 의미 있게 투자하는 사람은 별로 주목받지 못한다.

성공하겠다는 맹세는 필요한 감정적 에너지와 지적 에너지를 사용하겠다는 약속이다. 리더는 다른 사람보다 시간과 에너지를 더 많이 써야 한다. 여기서는 감정적인 에너지가 유일하게 가치 있는 화폐 역할을 한다. 조직에 투자하거나 기초 시설을 변경하는 것만으로는 성공할 수 없다. 그런 것들은 산발적이고, 결과가 늦게 나타나며, 효과가 미미하고, 종종 당신의 통제 범위를 벗어나기 때문이다.

승리하려면 다루고 싶지 않은 구석구석의 먼지까지 포함해서 자신이 통제할 수 있는 것은 전부 주의 깊게 다루어야 한다. 하기 싫은 일을 많이 해야 하고, 원하지 않는 방식으로도 시간을 보내야 한다. 만약 이것들에 헌신할 수 없으면 진정으로 승리가 절실하지 않은 것이다. 이런 마음이라면 이 책을 계속 읽을 필요가 없다. 거인의 약속은 좋은 사람이 되겠다는 약속도 아니고, '있으면 좋은 것'에 대한 약속도 아니다. 거인의 약속은 자기 자신과 주변 사람에게 의미 있는 것을 이루기 위해 도전 정신을 발휘하고 자신의 규칙에 따라 승리하는 일이다.

The Promises of Giants

약속한다,
대담함과 취약함을 지닌
사람이 되겠다고

대담함과 취약함은 얼핏 어울리지 않는 조합이라고 생각할 수 있다. 하지만 사실 대담함과 취약함은 서로 보완하기도 하고 자극을 주기도 하는 완벽한 한 쌍이다. 대담함과 취약함 중 어느 한쪽에라도 마음을 여는 것은 벅차고 두려운 일일 수 있지만, 함께라면 변화를 만들어낼 수 있다. 여러분은 대담함과 취약함이 열어주는 가능성을 모두 받아들였으면 좋겠다.

살면서 얼마나 많은 시간을 허비했는지 생각해보자. 얼마나 많은 기회가 왔다가 사라졌는가? 고민하고 미루느라 얼마나 많은 에너지가 소비되었는가? 막연한 불안감과 두려움에 갇혀 자신의 가능성에 얼마나 많은 한계를 두었는가?

여섯 살쯤 되었을 때, 나는 어머니의 손에 이끌려 가파르고 높은 미끄럼틀이 있는 놀이터에 가곤 했다. 어린 나에게 그 미끄럼틀은 경사가 90도로 떨어지는 낭떠러지처럼 보였다. 나는 탈까 말까 고민하며 미끄럼틀 위에 앉아 있었다. 뒤에서는 다른 아이들이 계속 와서 차례를 기다렸고, 결국 나는 수줍게 뒤로 물러섰다. 그렇게 그날 나의 미끄럼틀 이야기는 막을 내렸다. 강한 중력에 끌려 미끄럼틀 아래로 떨어질 것 같아서 너무 무서웠다.

이 미끄럼틀 이야기가 어떻게 끝났을 것 같은가? 아마 예상하긴 어렵지 않을 것이다. 어느 날, 어머니의 손길에 밀려 마침내 두려움을 극복하고 미끄럼틀을 타고 내려갔다. 난생처음 느껴보는 엄청난 스릴이었다. 신나고 아드레날린이 솟구치던 기분이 지금도 생생하게 기억난다. 다시 올라가 몇 번이고 미끄럼틀을 타고 싶다는 생각이 들었다. 신나는 만큼 후회되는 기분도 들었다. 미끄럼틀을 타기까지 거의 1년, 그러니까 인생의 6분의 1을 허비했기 때문이다. 미끄럼틀을 처음 타는 것이 두려워 탈지 말지 망설이다가 시간을 보낸 것이다. 하지만 실제로 미끄럼틀을 타보니 대단했다. 게다가 나는 계속 자라고 있었다. 미끄럼틀에서 신나는 스릴을 즐길 수 있는 시간은 지나가고 있는데, 나는 이제야 시작하고 있었던 것이다.

우리 대부분은 이와 비슷한 경험을 해본 적이 있기에 두려움을 극복했을 때 솟아오르는 감정이 익숙할 것이다. 이때 대담함을 드러내고 취약함을 받아들일 수 있으면 좋은 것이 따라온다는 교훈을 얻을 수 있다. 막상 시도해보면 '아, 그렇게 나쁘지 않네. 일단 해봐야 한다는 교훈을 얻었어.'라는 안도의 감정을 모두 느껴봤을 것이다. 하지만 또 새로운 상황을 맞닥뜨리면 이 교훈을 다시 배워야 하는 경우가 많다. 아마 다음번에 다른 종류의 미끄럼틀을 타는 여정을 맞닥뜨리면 우리는 또다시 망설일 것이다. 또 다른 새로운 도전과 마주하면 이전의 경험이나 느낌과는 다르게 접근할 수밖에 없다.

도전했을 때 느꼈던 성취감을 기억하고 있거나 막강한 힘과 지식을 갖추고 있어도, 사람들은 새로운 도전을 주저한다. 대담해지려면 노력이 필요하고, 실수는 항상 두렵기 때문이다. 취약함을 받아들이는 것도 쉽지 않은 일이다. 그렇기 때문에 대담함과 취약함을 동시에 지니겠다는 약속은 지키기 어렵다. 그래도 우리는 이런 마음을 가져야 한다. 도전과 마주했을 때는 대담해져야 한다. 동시에 실패로 인한 손해를 감수하기 위해 자신의 취약함을 인정해야 한다. 그래야 새로운 가능성이 열리기 때문이다.

그런데 아마 많은 사람이 대담하라는 말을 취약하라는 말보다 더 매력적으로 생각할 것이다. 일반적으로 대담함은 용기를 연상시켜 긍정적인 의미로 통하는 반면, 취약함은 약점이나 용기 부족을 연상시키기 때문이다. 하지만 대담함과 취약함의 조합은 매우 강력하며, 각각 홀로 있을 때보다 함께할 때 더 큰 효과를 낸다.

예를 들어 위험으로 가득한 삶에 헌신하는 소방관으로 살겠다는 의지를 가지는 것은 대담한 결정이다. 그러나 소방관을 진정 영웅으로 만드는 것은, 그들이 인간으로서의 한계를 받아들이고 다가올 수 있는 위험을 알고서도 앞으로 나아간다는 사실 때문이다. 소방관은 자신도 인간이기 때문에 불에 탈 수 있다는 것을 알고 있지만, 이러한 취약함을 현실적으로 바라보고 만반의 준비를 하기에 불 속에 뛰어들 수 있다.

대담함만 있으면 무모해지기 쉽다. 대담함은 대단한 목표를 향해 나아가는 추진력이 되기도 하지만, 과하면 의미 없는 목표만을 좇는 망상으로 빠질 수도 있다. 반대로 취약함만 있으면 소심해진다. 야심의 수위가 낮아지고 지나치게 안전을 추구해서 쉽게 이룰 수 있는 목표에만 초점을 맞추기 때문이다.

하지만 대담함과 취약함이 결합하면 변화를 일으키는 동력을 만들어낸다. 이런 사람은 감정이나 심리적인 면에서든, 직업이나 경제적인 면에서든 상처받을 가능성을 고려하면서도 자아와 마음의 소리에 귀를 기울인다. 그래서 쉽지 않아도 꼭 원하는 방향으로 나아가되 무책임하게 행동하지는 않는다.

이 '중용의 길'은 대담한 야망을 배제하지 않는다. 단지 예견 가능한 함정을 피하면서 자신에게 부과된 책임을 다할 수 있도록 현실적인 계획을 필요로 할 뿐이다. 궁극적으로 이는 목표를 달성할 가능성을 높여주고, 더욱 높은 경지에 도달할 기회를 제공한다.

원하는 것을 대담하고 명확하게 기록하라

때때로 우리가 마주해야 하는 취약함은 실패의 위험이 아니라 조롱일 때가 있다. 우리의 능력, 헌신, 재능이 대단하지 않다는 조롱말이다.

리그에서 뛰던 시절, 농구 캠프에서 아이들을 지도하곤 했다. 우리 팀의 시합이 시작될 때 같은 팀인 아이들에게 이런 질문을 했다.

"자, 이제 서로를 알게 되었으니 누가 W/NBA(WNBA와 NBA의 합성어로, 미국 남녀 프로농구 리그를 함께 아우르는 표현 — 옮긴이)에서 뛰고 싶은지 말해보자."

우리 팀의 한 아이가 머리 위로 높이 손을 들었다. 아이의 얼굴에는 뿌듯하고 자신만만한 미소가 퍼져 있었다. 물론 그 아이는 다른 아이들에게 비웃음을 살 수도 있었다. 실제로 자신감 없는 모습을 보이기 싫어 마지못해 반쯤 손을 든 아이들이 당당하게 손을 든 그 아이를 비웃기도 했다.

나는 그 아이들에게 누가 먼저 손을 들었느냐가 아니라, 누가 확실하게 손을 들었느냐가 중요하다는 이야기를 하고 싶었다. 여러분에게도 마찬가지다.

당당하게 번쩍 손을 드는 사람은 도전을 조롱하는 동료들의 비웃음에도 아랑곳하지 않는다. 이들은 W/NBA에서 뛰는 것이 결코 쉬운 일이 아니라는 사실을 알아도 기회를 보고 용기를 낸 것이다. 동료들의 조롱이 있어도 대담하게 나아가기 때문에 주변의 비웃음이 목표를 달성하는 데 장애물이 되지 않는다.

그 당시에 손을 번쩍 들었던 아이들 중 일부가 훗날 WNBA와 NBA 경기장을 빛냈다는 사실은 무척 기분 좋은 일이다. 그들은 개인적인 어려움과 비웃음을 극복하고 뛰어난 성과를 이루었다. 이런 사람들을 조롱했던 아이들이 무언가를 느끼길 바랄 뿐이다.

나는 지금까지 농구를 비롯한 내가 이룬 모든 것에 대해 원하는 것을 솔직하게 표현했다. 동료들에게는 터무니없는 소리로 들렸겠지만 아랑곳 않고 내가 하고 싶은 것이 무엇인지 말했다. 졸업 앨범의 인용란에 NBA에서 뛰고 챔피언십에서 우승해 돈을 많이 벌 것

| 나의 고등학교 졸업 앨범 |

존 아메이치
1981~1989년

주소 : 윈체스터 드라이브 70
　　　히튼 노리스
　　　스톡포트
　　　체셔 Sk4 2NN

야망 : 미국의 NBA 챔피언 팀에서
　　　경기하고 돈을 많이 버는 것

이라는 나의 계획을 구체적으로 쓰기도 했다.

나는 학교생활 내내 눈에 띄지 않으려고 노력했으면서도, 졸업 앨범에는 눈에 띄는 야망을 적은 이유를 두 가지로 설명한다. 졸업 앨범은 내가 이제 학교를 떠날 것을 의미하는 신호였고, 졸업 앨범에 쓴 글은 시간이 지나면 언젠가 희미해질 것이라고 생각했기 때문이다. 하지만 돌이켜보면 내가 품은 대담한 야심을 어딘가에 공개적으로 적고 싶었다. 그렇게 구체적으로 흔적을 남기지 않으면 위험을 극복할 의지도, 신중하게 생각할 의지도, 자극을 받을 의지도 생기지 않기 때문이다.

졸업 앨범에 적은 글은 확실히 어린아이 같은 목표였고, 다른 사람의 눈에는 터무니없이 보였을 것이다. 영국은 그때까지 NBA에 선수를 보낸 전력이 없었고, 내가 최초가 될 기미는 보이지 않았다. 열일곱 살 동료들 사이에서 내가 가장 주목을 받은 경기가 있었다. 오랜 역사를 자랑하는 로열 앨버트 홀에서 열린 경기였다. 벤치에서 나와 3분 내내 뛰었는데 0점을 기록했고, 어설픈 반칙을 한 번 저질렀다. 이 시점에는 내가 언젠가 영국농구리그(이하 BBL)에서 뛰겠다고 자신 있게 선언하는 것조차도 대담한 일이었을 것이다. 하지만 그렇게 한다고 해서 취약해지지는 않았을 것이다. 내가 BBL에서 뛰겠다고 다짐하는 글을 적더라도 깜짝 놀라는 사람은 거의 없었을 테니 말이다. 나는 매우 키가 크고 잠재력이 있었다. 영국의 작은 프로 리그에서 뛰고 싶다는 꿈이 그리 황당하게 들리지는 않았을 것이다.

하지만 나는 더 큰 야망을 가졌다. 일단 NBA를 알게 된 순간, 그곳이 나의 목적지가 되었고, 점점 그 목표에 집착하게 되었다. 당시에는 해외 농구 경기를 중계하는 TV 방송이 드물었는데, 보스턴 셀틱스와 로스앤젤레스 레이커스의 큰 경기는 항상 방영되었다. 매사추세츠주 보스턴에서 태어난 나는 영국으로 이주하기 전에 미국에서 잠깐 어린 시절을 보냈기 때문에, 이 경기에서 보스턴 셀틱스를 응원했다. 경기가 방영되지 않으면 상상력을 발휘해 라이벌 팀과의 경기를 내가 원하는 이야기로 만들어보기도 했다. 상상 속에서 셀틱스의 래리 버드Larry Bird는 더블팀을 유도했고, 나는 골대 아래에 있었다. 2점은 거뜬히 얻을 것 같았다. 레이커스의 A.C. 그린A.C. Green과 카림 압둘 자바Kareem Abdul Jabbar와 골밑에서 몸을 부딪쳤고, 우리 팀의 케빈 맥헤일Kevin McHale은 하이파이브를 하면서 나와 교체해 들어와 경기를 뛰었다. 내 손에서는 농구공의 가죽 냄새가 났다.

정말 생생했다. 공상이라는 생각이 들지 않을 정도였다. 나라고 세계 최고의 농구 선수 300명 안에 들지 말라는 법은 없었다. 말도 안 되는 소리라고? 그럴 수 있다. 하지만 불가능한 것도 아니었다.

다만 큰 걸림돌이 있었다. 나의 기술력에는 한계가 있었고, 게임을 전략적으로 분석하는 지식이 부족했다. 하지만 기술력과 지식은 시간이 지나면 얻을 수 있다. 나의 거대한 몸집이 꿈꾸던 성공의 기회를 높여준다는 것도 알고 있었다. 그리고 중요한 것이 있었다. 바로 내가 품은 야심을 지지해주고 나의 여정에 도움을 줄 내 편의 사람들이었다.

자신이 품은 목표를 다른 사람과 신중하고 전략적인 방식으로 공유하면 잠재적인 지지자와 연결될 수 있다. 그들은 내가 가는 길에 확신이 서지 않고 결심이 흔들릴 때 도움이 된다. 농구 용어로 설명하자면 자신이 시도하는 일이 '레이업 슛'처럼 쉬운 일이 아니며, 그렇기 때문에 때때로 도움이 필요하다는 사실을 솔직하게 공유하는 것이다.

졸업 앨범에 그 말을 적었을 때, 나는 내가 원하는 바를 명확하고 영구적인 방식으로 남긴 셈이었다. 동시에 다른 사람들을 내가 걸어갈 여정에 함께하도록 초대하고 있었다. 만약 자신을 표현하지 않고, 대담해지려고 하지 않으며, 자신의 의도를 명확하게 보여주지 않는다면 어떻게 될까? 우리가 끌어들이고 싶은 사람이 나에게 적절한 도움을 줄 수 없을 것이다. 사람들은 도전적인 목표를 추구하는 여정에 합류할 때 자신이 어디에 가치가 있고 필요한 존재가 될지 알고 싶어 한다. 또한 여러분의 맹점을 개선하는 순간이 언제인지도 알고 싶어 한다. 만약 여러분에게 취약함이 없는 것처럼 보인다면, 여러분의 도전에 기여하기도 힘들고 보람도 줄어들 것이다. 취약함이 없다고 자처하는 자를 따르는 사람들은 자신이 도와줄 것이 거의 없다는 것을 알기에 아무것도 요구받지 않을 것이라 생각하고 그냥 따라오는 것일 수도 있다.

리더십의 관점에서, 사람들은 아무리 어려운 도전을 앞두고 있어도 취약함이 전혀 없는 리더를 따르고 싶어 하지 않는다. 무적의 리더를 따르려는 이들은 그저 리더가 개척한 길을 따라 뒤에서 걷고 있을 뿐이다. 이렇게 뒤에서 따르기만 하는 사람은 과제와 도전에 함께 참여하지 않으며, 통찰력이나 지혜를 제공할 수 없다. 그룹이 앞으로 나아가려면 통찰력이나 지혜가 필요한데 말이다. 수동적으로 따라오는 사람은 인간 빨판상어와 같다. 이들은 그저 리더에게서 놀이기구와 공짜 음식을 쉽게 얻기 위해 찰싹 붙어 있을 뿐이다.

진정한 지지자 그룹을 만든다는 것은 어떤 뜻일까? 각자 맡은 역할이 있다는 뜻이다. 큰 역할이든 작은 역할이든 참여한 모든 사람이 성공적인 목표 달성을 위해 각기 필요한 존재다. 한 사람이라도 없으면 성공할 가능성이 줄어든다. 본질적으로 진정한 그룹 안에서는 멤버들이 리더를 지속적으로 지지하고 리더와 함께 도전적으로 투자한다. 리더를 단순히 따라가는 멤버들만 있다면 도전적인 투자는 존재할 수 없다.

나의 가장 든든한 지원군은 당연히 어머니였다. 어머니는 대담한 목표라면 그에 어울리는 세밀한 실행 계획이 필요하다는 것을 알았다. 그러면서 단계마다 나에게 필요한 것이 무엇인지 정했는데, 공통적으로 두 가지가 필요했다. 첫째 체육관에서 시간을 보내야 했고, 둘째 먹고 싶은 음식을 무조건 먹지 말고 자제해야 했다. 그런데 이 두 가지를 실천하기 전에 가장 먼저 할 일이 있었다. 편지 쓰기였다. 정말로 많은 편지를 써야 했다.

계획을 세우고 얼마 지나지 않아 어머니와 함께 버스를 타고 런던에 있는 미국 대사관으로 갔다. 영국과 미국 복수국적자였던 나는 그곳에서 미국 여권을 갱신하고 유학에 관한 정보를 수집했다. 그때 미국 정부 장학 재단 풀브라이트 위원회 사무실에서 미국에 있는 모든 고등학교의 주소가 적힌 책자를 판매 중이었다. 아직 인터넷을 사용하지 않던 시대였기 때문에 매우 귀한 자료였다. 어머니는 집으로 가는 버스를 타면서 그 책이 지금까지 우리가 산 책 중 가장 비싸게 구입한 책이라고 말했다.

NBA로 가려면 스포츠와 학업을 병행할 수 있는 전미대학체육협회NCAA 디비전 I 단계의 학교에 다녀야 했다. 그런데 이 학교들은 전액 장학금을 받는 것이 아니라면 등록금을 감당할 수 없었다. 하지만 나의 학업 성적과 운동 실적으로는 장학금을 받을 자격이 되지 않았다. 나는 영국에서 고등학교까지 마쳤음에도 경기 능력을 키우고 대학 입시 담당자들의 눈에 띄기 위해서 미국의 고등학교를 1년 더 다녀야 한다고 판단했다. 그래서 미국 대사관에서 미국 고등학교 목록이 정리된 책을 산 것이다. 나는 종이 한 무더기와 봉투 한 뭉치를 모아 편지를 쓰기 시작했다.

존경하는 코치 선생님, 제 이름은 존 아메이치입니다. 나이는 열일곱 살이고 키는 206센티미터입니다. 영국인이고 흑인입니다. 저는 NBA에서 농구하는 꿈을 펼칠 곳을 찾고 있습니다.

이 외에도 학업 성적과 내가 소속된 경기 팀에 대한 몇 가지 세부 사항을 적었다. 하지만 본질적으로는 나를 꼭 선발해달라는 간절한 호소를 담았다. 실제로 수백 번, 아니 수천 번이고 쓰고 또 썼던 간절한 호소였다. 어머니에게 책, 종이, 봉투, 우편 부치는 데 필요한 물건들을 받았지만, 편지를 써서 접고 봉투에 넣어 붙이는 일은 온전히 나 혼자서 했다.

이 작업은 몇 달 동안 계속되었고, 나는 바다에서 바다까지 편지를 보냈다. 나에게 미국은 항상 태양이 빛나는 하나의 대륙으로 다가왔다. 미국의 어떤 주에 있느냐는 별 의미가 없었기 때문에 고등학교 목록이 소개된 책을 아무 페이지나 펼쳐서 이름이 마음에 드는 곳 위주로 학교를 고르기 시작했다.

몇 가지 예외는 있었다. 여러 기사에서 엘리트 농구 프로그램에 대해 읽은 적이 있기 때문에 처음부터 목표로 한 학교는 따로 있었다. 메릴랜드주의 라이벌 팀인 디마타고등학교와 던바고등학교, 뉴저지주에 있는 세인트루이스 카디널스고등학교였다. 이 학교의 코치들에게 보낼 편지에는 엄마 몰래 반송 봉투를 동봉했다(그때는 영국 우편 도장이 찍힌 봉투가 미국의 코치들에게 아무 의미도 없으리라는 사실을 미처 몰랐다).

나는 편지들을 뭉텅이로 보내야 했다. 일찍부터 체계적이고 동기부여가 되는 경험을 쉽게 한 셈이다. 편지를 쓰고, 편지지를 접고, 편지를 봉투에 넣어 부치는 단조로움에는 낭만이 있었다. 나는 목적을 지닌 젊은 애송이였다. 영웅이 되는 여정을 앞두고 단순한 일부터 천천히 하는 애송이 말이다. 이는 영화 제작자들이 포착할 만한 장면이었다. 체육관에서 땀을 흘리며 운동하고 꼼꼼하게 정리된 편지 더미를 오가며 기계처럼 보내는 어린 나이의 학생을 조명하는 장면 말이다. '노력하는 중.' 편지를 쓰고, 편지지를 접어 봉투에 넣고, 부치고…. 영광이 앞에 있다.

그러나 몇 주가 지나도 단 한 통의 답장도 없자 나의 낭만은 점점 희미해졌다. 같은 내용의 편지를 쓰고 있었지만 점점 편지의 내용이 젊은 영웅의 글이 아니라 벌거벗은 바보의 글처럼 느껴졌다. 나의 편지가 코치들의 비웃음을 사 게시판에 붙여지고 팀, 학교, 나아가 온 지역사회가 보면서 차례로 비웃음거리가 되는 장면을 상상했다. "미국에서 농구를 할 수 있다고 생각하는 이 딱하고 한심한 아이 좀 봐!" 나는 3000곳의 미국 고등학교 게시판에 매달려 놀림감이 되고 있었다. 무려 3000개의 학교에서!

하도 편지를 많이 보내서 답장이 쇄도할 것이라 기대했으나 그런 일은 일어나지 않았다. 그나마 온 답장은 세 통이었다. 첫 번째 답장은 '연락해주서서 감사합니다. 무척 야심 찬 행동이 아닌가요? 행운을 빌지만 좋은 답을 드리진 못하겠군요.'라는 내용의 예의 바른 거절 편지였다.

두 번째 답장 역시 거절하는 내용이었다. 코치는 짧은 문구로 분명히 거절 의사를 밝혔다. 아직도 문구가 한 자 한 자 다 기억난다.

'우리 주에서 가장 많은 우승 기록을 세운 학교로서'라는 문구로 시작하는 답장에는 '외국인 인재'의 도움 따위는 필요 없다는 뜻이 담겨 있었다. 알겠습니다, 코치님. 간단히 안 된다고 거절해도 충분한데. 심지어 아무런 답장을 주지 않아도 상관없겠지만, 요점은 알겠습니다. 감사합니다.

세 번째 답장은 나에게 필요한 것이었다. 오하이오주 털리도에 있는 세인트존스 예수회 고등학교의 코치에게서 온 답장이었다. 코치의 이름은 에드 하인츠셀Ed Heintshel이었다. 영국의 코치들과 인연을 맺고 있던 하인츠셀 코치는 내 편지를 받은 후 나름 나에 대해 알아보며 내가 간절하다는 것을 알아차렸고, 한번 기회를 줘도 괜찮지 않을까 하고 생각했다. 당시에는 전혀 몰랐지만 내 평생의 동료를 발견한 순간이었다. 하인츠셀 코치는 나를 미국으로 데려와 엘리트 수준의 경기를 치를 수 있게 준비하도록 도와주었다. 그는 지금까지도 친구로 남아 있다.

사족이지만, 나는 하인츠셀 코치가 은퇴했을 때 내가 졸업한 고등학교 체육관에서 열리는 은퇴식에 가려고 런던에서 톨레도까지 12시간 동안 비행기를 타고 갔다. 그 정도의 시간도 내가 그를 얼마나 아끼는지 보여주기에는 부족했다. 그에게 알려주고 싶었다. 그가 없었다면 지금의 나 혹은 선수로서의 나는 없었다는 사실을 깨달았다고 말이다.

때로는 취약함이 내 편을 만든다

졸업 앨범과 편지 더미의 추억을 다시 떠올리는 데는 이유가 있다. 내가 하고 싶은 일을 반복적으로 솔직하고 대담하게, 그러면서도 명확한 글로 표현해 좋은 결과를 얻었다고 확신하기 때문이다. 그 덕분에 여러 사람을 만났고, 기회를 얻었으며, 목표를 향한 결심을 더욱 다지게 되었다. 학교가 끝나면 같이 놀러 가자는 친구들에게 미안하지만 일이 있다고 거절했다. 그때마다 나는 NBA에 진출하려면 체육관에 가서 연습해야 한다며 나의 대의에 충실했다. 친구들이 눈을 흘겨도 아랑곳하지 않았다. 오히려 거기서 더욱 동기를 얻었다. 많은 사람이 황당하다는 듯 웃고 놀리는 동안, 나는 운 좋게도 호기심 가득한 친구 무리를 발견했다. 이 중 몇 명은 지금까지도 가장 친한 친구로 남아 있다. 이 친구들은 눈을 흘기는 대신 나를 지지해주었고, 나에게 약속을 지키라고 힘을 불어넣어 주었다.

대담함과 취약함을 함께 지니는 것은 공개적인 의사 표현처럼 간단할 수 있다.

'이것이 내가 계획한 목표다. 아직 정확히 어떻게 해야 할지 모를 수도 있다. 하지만 이 목표가 이루어져야 한다는 것이 중요하므로 나는 내가 할 수 있는 일을 할 것이다.'

이는 어떻게 실현할 것인지 방법을 알기도 전에 의도를 드러내는 일이다. 연구를 통해 알 수 있는 사실이 있다. 바로 가능한 한 많은 사람에게 목표를 구체적이고 객관적으로 알리면 더욱 책임감을 느끼게 된다는 사실이다. 목표를 세우고 이를 모니터링하는 작업은 미래의 목표 달성과 관련이 있다. 목표를 공개하면 향후 목표를 달성할 가능성이 높아졌다.[1]

물론 목표를 말한다고 해서 반드시 목표에 도달하는 것은 아니다. 아무리 일부 전문가가 사탕발림을 해도 '말하는 것'과 '실제'는 같지 않다. 하지만 처음으로 새로운 여정을 떠난다는 사실 자체가 강렬하고 만족스러울 수는 있다. 대담함과 취약함을 지니는 데는 목표를 완전하게 그리는 큰 틀은 필요하지 않아도 신중함과 책임감이 필요하다. 목표를 말하는 것은 가볍게 새해 결심을 알리는 것과도 다르고, 소셜 미디어에 빠르게 올리는 포스팅과도 다르다.

방금 착즙기를 샀다. 여름까지 9킬로그램 감량! #해수욕장

좋아요. 행복해 보이는 이모티콘. 영감을 주는 사진. 더 많아지는 좋아요. '할 수 있어!' 주먹을 부딪치는 이모티콘. 계속해서 더 많아지는 좋아요. 즉각 오는 피드백은 놀라움을 안겨준다. 실제 9킬로그램을 감량하는 것보다도 훨씬 기분이 좋다.

하지만 여기에는 위험이 도사리고 있다. 지지와 칭찬을 받으면 마치 내가 무언가를 이룬 것 같은 착각이 들기 때문이다. 더 노력하지

않고 현실에 안주할 수도 있다. '좋아요'로 시야가 흐려져 당장 해야 하는 복잡한 일을 소홀히 할 수도 있다.

이러한 위험을 줄이려면 대담하고 도전적인 목표를 세운 뒤 여기에 필요한 지지와 책임이 무엇인지 분명하게 이해해야 한다. 그리고 자신의 취약함을 알고 신중해야 한다. 지금의 목표를 달성하기 위해 처음으로 떠올린 생각을 공유하자. 착즙기를 사는 것만으로는 부족하다. 다른 사람에게 어떻게 살 빼는 데 성공했는지 물어보자. 성공한 사람에게 모니터링을 해달라고 하면 책임감이 생긴다. 나와 비슷한 목표를 이미 달성한 사람에게 솔직하게 말해보자. 상황이나 분야가 달라도 상관없다. 나보다 더 먼 길을 가는 사람을 찾고, 그들이 제공하는 어떤 피드백도 대담하게 받아들이자.

자신을 멋지게 보이려는 욕망도 버려야 한다. 바보 같거나, 결점이 있거나, 자격이 없거나, 철없이 기뻐하는 모습을 감추고자 하는 욕망 말이다. 그 욕망은 당신의 야망을 뒤로 숨기는 이유가 되니 없애야 한다. 하지만 그렇다고 해서 항상 모든 것을 다 공개하라는 뜻은 아니다.

발가벗겨지고 감정이 날것 그대로 나타날 정도로 민낯을 보여주지는 말자. 다만 그 순간에 적절하게 행동하며 사람답게 굴어야 한다. '냉정한 리더'라는 잘못된 이상은 여러분을 감정도 없고 약점도 없는 무적의 로봇처럼 보이게 할 것이다. 그러면 사람들이 경험하는 불확실성, 걱정, 행복을 여러분은 절대로 알 수 없을 것이다.

성공한 사람이 슈퍼맨 같다는 생각이 들 때도 있다. 하지만 우리 대부분은 그렇지 않다. 만일 여러분이 슈퍼맨처럼 보인다면 현실적으로 여러분에게 공감할 수 있는 사람은 극소수다. 이 극소수의 사람은 망설이는 추종자가 된다. 개인적으로 추구하는 목표와 조직 전략이 극심한 혼란기에 접어들면 당연히 불안과 걱정이 늘어난다. 강한 리더는 이런 기분이 들 때 스스로 인정할 줄 안다. 만약 리더가 자신을 드러내지 못하고 실제 상황을 숨기면 주변 사람들의 불안은 더 커지고, 자신들이 느끼는 감정이 잘못된 것이라 여기게 된다.

취약함을 받아들이면 감정을 미리 인식할 수 있다. 이는 리더에게 꼭 필요한 기술이다. 취약함을 갖도록 연습하다 보면, 주변 사람에게 미칠 영향을 예측하면서 상황에 접근할 수 있다. 거기서부터 감정과 상황에 대한 이해를 활용해 모두를 편안하게 해주는 전략을 개발할 수 있다. 적어도 사람들이 자신이 느끼는 것을 정상이라고 생각하게 한다. 취약함을 지니는 연습을 하면 어려운 시기나 위기에 다른 사람들에게 이런 메시지를 전할 수 있다.

여러분이 느끼는 불안감은 누구나 느끼는 지극히 정상적인 것입니다. 여기 제 자신에 대한 몇 가지 통찰과 경험 그리고 감정을 다스리는 데 도움이 되는 기본적인 도구가 있습니다. 여러분과 마찬가지로 저에게도 걱정이 있습니다. 그 걱정에 대해 생각하고 그것을 중심으로 계획을 세웠습니다. 우리가 함께 걱정을 극복하고 앞으로 나아갈 수 있는 방법입니다.

자신의 취약함을 표현하면 다른 사람들과 연결될 수 있다. 그들도 내 걱정에 공감하며 자신을 개발하려고 한다. 예를 들어 여성 리더에게 분명한 편견이 있는 세상에서 미래에 리더가 될 여성은 자신에게 공감하는 여성들로부터 귀한 교훈을 들으며 배운다. 앞으로 하려는 도전과 현재 하는 걱정은 정상이라는 공감을 얻는다. 그리고 가면 증후군을 어떻게 극복했는지, 여성에게 불리한 직장 내 기준을 어떻게 극복했는지 등의 실질적인 통찰력을 얻는다. 이런 문제는 서로 경험을 공유하며 해결할 수 있다.

취약함을 인정하면 변화를 받아들이기도 쉽다

2장에서도 언급했지만 이러한 약속은 '있으면 좋은 것' 정도의 부수적인 것이 아니다. 발전과 변화를 위해서는 대담함과 취약함이 꼭 필요하다. 컨설팅을 시작했을 때, 나는 좋은 단체가 더욱 발전할 수 있도록 동기를 부여하는 것이 가장 큰 도전이라고 생각했다. 이는 나름 논리적으로 보였으나, 기존의 상태가 '좋으면' 변화를 일으키기 어렵다는 사실이 드러났다. 기존의 상태가 나빠도 변화를 일으키기 힘든 것은 마찬가지다. 어떤 조건이라도 6개월 이상 유지되면 관성이 생긴다. 그때는 이 조건이 좋은지 나쁜지, 끔찍한지 대단한지는 그리 중요하지 않다. 변화의 불안정성과 그로 인해 요구되는 과도

기적 작업은 대개 가장 우울한 현상 유지보다도 덜 매력적으로 여겨진다.

특정 연령대의 사람들은 정부, 기업, 예배 장소, 대학과 같은 기관이 신성하며 오래 존재할 것이라는 믿음 속에서 자랐다. 영국에서는 사람들이 이런 기관들을 '스톤헨지'처럼 바라봤다. 영원히 서 있을 역사적 기념물이자 숭배할 존재로 여긴 것이다. 변화를 받아들여 적극적으로 추구할 뜻이 없는 기관들은 정말로 스톤헨지처럼 될 수 있다. 스톤헨지는 놀라운 대상이지만 변화가 없어 우울한 대상이기도 하다. 스톤헨지는 소수의 전문가 집단만이 관심을 갖고 조사하는 대상이다. 늘 그 자리에 있기에 몇 미터 떨어진 고속도로를 매일 지나가는 운전자들에게는 무감각한 존재가 되었다. 조만간 스톤헨지 아래에 터널이 뚫릴 예정이다. 그러면 이제 주변을 지나가는 사람도 없어 아무도 그것을 볼 수 없을지도 모른다.

위기와 혼란을 헤쳐 나가는 것은 불굴의 의지를 지닌 사람이 아니다. 이는 1963년 루이지애나주립대학의 경영학 교수 레온 메긴슨 Leon Megginson이 언급한 내용이기도 하다. 메긴슨 교수는 찰스 다윈 Charles Darwin의 《종의 기원》을 언급하면서 이렇게 썼다.

살아남는 종은 가장 머리가 좋은 종이 아니다. 가장 강한 종도 아니다. 살아남는 종은 변화하는 환경에 가장 잘 적응할 수 있는 종이다.

이것이 바로 인간이 지금까지 살아남은 이유다. 수천만 년 전, 에베레스트산 크기의 거대한 운석이 지구로 접근했다. 지구에 충돌하기 30분 전까지도 눈에 보이지 않을 만큼 빠른 속도였다. 이 운석이 충돌하자 지구에 사는 생명체의 80퍼센트가 멸종했다. 충돌로 생긴 먼지가 가라앉자 현재 조류의 조상에 해당하는 공룡을 제외한 나머지 공룡이 모두 사라져버렸다. 잔해 속에서 살아남아 등장한 것은 작은 포유류들이었다. 한때 지구를 지배하던 1차 포식자들이 갑자기 사라지자 그 틈을 이용할 수 있었던 것이다. 시간이 지나면서 작은 포유류들은 변화한 환경 속에서 적응하며 계속 살아남아 진화했다.

물론 공룡들은 멸종을 예상하지 못했다. 마찬가지로 한 왕조의 붕괴와 파멸로 이어지는 하루하루는 그 왕조가 오랫동안 성공하고 지배할 때의 하루하루와 구별할 수 없다. 적들은 마지막까지도 발각되어 제기될까 봐 공포에 떨었다. 경계는 이미 오래전부터 뚜렷하게 정해져 있었고, 규범이 정해지면 이를 마음에 들지 않아 하던 사람도 어쩔 수 없이 받아들이게 된다. 체제에 반대하는 사람은 거의 힘이 없다. 반체제 인사들은 쫓기거나 밀려나는 파리 신세가 된다. 제국은 몰락하기 전까지는 굳건하며, 번영과 질서가 하루의 일과를 지배한다.

적어도 지금 우리가 마주하고 있는 위기는 지구와 충돌한 운석보다는 덜 급박하고 덜 파괴적이다. 하지만 그래도 경계해야 한다! 메긴슨 교수가 우리 모두 '변화하는 환경'에 적응해야 한다고 글을 쓴 것은 그리 오래전 일이 아니다. 하지만 1963년에는 메긴슨 교수를 포함한 그 누구도 지금처럼 사회변화가 빠르고 복잡해지리라고는 상상하기 힘들었을 것이다.

이제는 관성에 의존해 순항할 때가 아니다. 역사와 전통에 의존하는 것으로 충분하다고 생각할 때도 아니다. 전통이 잘 작동하면 우리는 과거를 기준으로 삼게 된다. 구성원들이 공유하는 가치와 목적을 자극하며 문화의 토대를 만든다. 그러나 전통이 제대로 작동하지 않으면 움직이지 않는 닻이 된다. 대담한 시도를 가로막는 장벽이 되고, 우리의 취약함을 보지 못하게 가리는 베일이 된다. 그러면 과거에 사로잡혀 변화를 거부하게 된다.

하지만 전통은 목발처럼 사용될 수도 있다. 이때는 전통이 비슷한 배경과 경험을 나누는 구성원을 보호하고 동질성을 키운다. 현재와 미래를 위해 움직이려면 언제든 전통을 새롭게 검토할 수 있어야 한다. 지도층과 모든 구성원이 긍정적으로 발전할 수 있도록 전통도 개정될 수 있어야 한다.

거인의 약속은 오늘과 다른 내일을 향해 달려가겠다는 약속이다. 이 약속은 우리의 야망에 대해 대담해지고, 우리와 동반자들 모두 취약함을 인정해야 이룰 수 있다.

위험이 도사리고 두렵게 느껴질 수 있는 약속이지만, 이 약속이 지켜질 때 받을 수 있는 보상은 엄청나다. 꿈을 부끄럽게 생각하지 않는 어린아이처럼 용기와 열정을 가지고 살아갈 수 있다면 우리의 창의력, 혁신, 책임감, 공감, 회복탄력성은 한층 높아질 것이다. 반대로 현상을 유지하고 싶다는 유혹에 빠지거나 앞으로 나아가는 것에 두려움을 느낀다면 스톤헨지처럼 항상 그 자리에 머물게 될 것이다. 길 가장자리에 벗어나 천천히 늙어갈 것이고, 세상이 변화하며 지나갈 때 우리가 과연 맞는 길을 가는 것인지 의문이 들 것이다.

실전 연습

어떤 야망을 품고 있는가?

사람마다 품고 있는 야망은 다르다. 현재 하는 사업에 안주하는 사람이 있는가 하면, 일이나 삶에서 변화를 생각하는 사람도 있을 것이다. 미래에 대한 새로운 계획을 세우고 있는 사람도 있을 것이다. 이들 중 어느 무리에 속하든 여러분에게는 도전하고 싶은 새로운 과제가 있을 것이다.

그렇다면 질문해보겠다. 여러분의 위대한 도전은 무엇인가? 대담하게 나아가고 싶은 다음 목표는 무엇인가? 1장에 나온 실전 연습 '어둠 속의 영혼'을 통해 여러분 자신을 잘 이해하기 시작했을 것이다. 따라서 지금이야말로 여러분이 어떤 사람인지 이해한 것을 활용할 때다. 이를 통해 여정과 도착지 모두에서 목적과 성취감을 줄 수 있는 목표나 야망이 무엇인지 알아갈 수 있을 것이다. 5년 단위로 계획을 세울 필요는 없지만, 정말로 변화하고 싶다는 마음을 대담하게 품으며, 자신의 취약한 부분을 알아야 한다.

내가 꿈꿔온 목표와 야망에 대해 생각해보자. 그것들이 실현 가능한 목표에 대해 무엇을 말해줄 수 있을까? 연인, 친구, 동료들과 미래에 대해 나눈 이야기를 생각해보자. 그 안에서 대담한 목표로 발전할 수 있는 주제를 발견할 수 있는가?

약속한다,
편견에 사로잡히지 않고
신중하게 행동하겠다고

먼저 이 이야기를 하지 않고는 넘어갈 수 없을 것 같다. 최근에 우리
는 불평등에 대해 민감해졌다. 불평등을 전혀 경험해보지 않은 사람
도 있지만, 여전히 불평등에 맞서 싸우는 사람도 있다. 가장 잘 알려
진 예를 들어보겠다. 2020년 미네소타주 미니애폴리스에서 조지 플
로이드George Floyd가 살해된 사건이 일어났다. 이 사건은 전 세계 60여
개국에 분노를 불러일으켰고, 반인종주의 시위와 격렬한 감정 분출
로 이어졌다.

　나는 우리 팀과 함께 소수 인종을 포함한 모든 사람을 위해 실질
적이고 전략적이며 평등한 접근법을 만들고 있다. 이를 위해 우리
팀은 기업과 비영리 조직에서 많은 작업을 하고 있다. 물론 이 책은
우리 팀의 작업을 소개하는 입문서가 아니지만, 이번 4장에서는 우
리가 지닌 편견과 이를 극복할 방안에 대해 다루어보겠다. 성별, 피
부색 등 겉으로 보이는 정체성이 아니라 인성을 기반으로 다른 사람

과 진정한 관계를 맺고 싶다면 조심해야 할 점은 무엇인지 광범위하게 알아보려고 한다.

이 세상에서 성공하고 싶은가? 자신의 성공뿐만 아니라 집단의 생존에 꼭 필요한 해결책을 만들고 싶은가? 그렇다면 나와 아주 다른 사람과도 살아가고 일하며 협력하는 법을 배워야 한다. 우리는 조직의 일원이자 개인으로서 편견에 맞설 수 있는 효과적인 방법이 필요하다. 또한 우리를 계속 실패하게 만드는 방법을 피해야 하고, 다른 정체성을 지닌 사람과 어울리기 위한 기술과 역량을 개발하지 않으려는 사람들을 멀리해야 한다.

잠시 발을 심하게 다쳤다고 상상해보자. 차 문에 부딪쳤을 수도 있고, 무거운 것을 발에 떨어뜨렸을 수도 있다. 어떤 경우든 발이 부어서 멍이 들고 통증이 심해서 뼈가 부러진 것 같다는 생각이 든다. 아픈 발을 이끌고 병원으로 가 조용한 검사실로 안내를 받는다.

또렷이 이 모든 장면을 하나하나 상상해보자. 대기실에서 금속 테이블 앞에 앉는다. 별로 관심은 없지만 아픔을 잠시 잊기 위해 신문을 뒤적인다. 몸을 움직일 때마다 엉덩이 밑에 깔아둔 일회용 종이가 바스락거리며 소리를 낸다. 마침내 의사가 손에 파일을 들고 문밖으로 나온다. 이제 의사는 여러분을 진찰하고 치료할 준비가 되어 있다. 회복의 길이 머지않았다. 그 진료실 입구와 의사를 상상해보자. 의사의 눈을 바라보자. 누가 보이는가?

만일 여성이 보인다면, 나는 당신이 여성이거나 편견에 대항하는 교육을 받은 사람이라고 생각할 것이다. 이 이야기는 그런 것이 아니다. 나는 '무의식적 편견'이라는 헛소리를 믿지 않으며, 우리 회사는 그런 논리를 팔지 않을 것이다. '무의식'은 존재한다. '편견'도 존재한다. '아몬드 과자'가 존재하고 '자전거'가 존재하는 것처럼 말이다. 그러나 '무의식적 편견'은 '아몬드 과자 자전거'가 존재하지 않는 것처럼 존재하지 않는다. 솔직히 말해서 조직들이 실제 행동과 경향을 다루지 않고, 이 허구적인 개념에 집중하는 것은 정말 터무니없는 일이다. 무의식적 편견 교육은 그야말로 헛소리이며, 직장에서 해로운 방해 요소가 되었다. 어쩌면 내가 시대를 너무 앞서 나간 것일 수도 있다.

다시 다친 발을 상상해보자. 이제 아픈 발의 치료를 받게 될 것이다. 다시 한번 담당 의사를 상상해보자. 여러분 자신이나 조상들이 저지른 죄가 마음에 걸려서 의사를 바꾸고 싶다면 자유롭게 바꿔도 좋다. 여성 의사, 흑인 남성 의사, 휠체어를 탄 흑인 여성 의사 등 소수자의 모습을 한 의사를 상상해보자. 물론 급진적인 상상일 것이다. 하지만 일단 마음속으로 선택한 이미지의 의사에게 다친 발을 진지하게 진찰받는다고 상상해보자. 의사가 다친 부위를 조심스럽게 누른다. "여기가 아프세요? 여기는 어떠세요?"라고 질문한 다음 메모를 하고 진지하게 고개를 끄덕인다. 엑스레이 촬영이 빠르게 이루어진다. 발은 여전히 욱신거리지만 실력 있는 의사에게 진찰을 받고 있다는 생각에 안심이 된다. 마침내 의사는 필요한 모든 정보를 모았고, 여러분이 의심했던 것을 확인해준다.

"발뼈가 부러진 것 같습니다. 꽤 심하게 부러졌어요. 잠시 기다려주세요. 돌아와서 발을 이전처럼 고쳐드릴 테니까요."

의사가 밖으로 나갔다가 검은색 신발 상자처럼 보이는 것을 가지고 돌아온다. 신발 상자가 옆에 놓일 때 약간 당황스러울 수도 있다. 왜냐하면 정면에 빨간색 나이키 로고가 보이기 때문이다. 무슨 일이지? 의사는 극적인 분위기를 높이기 위해 약간 뜸을 들이다가 상자 뚜껑을 열고는 종이 포장지를 풀어 대단한 것처럼 보여준다.

"에어 조던 I , 기억나세요? 조던의 사인이 최초로 들어간 운동화죠. 고전적인 빨간색과 검은색이 어우러진 색상이에요. 1985년에 출시된 조던의 시그니처 운동화입니다. 당시 소매가는 단돈 65달러였는데 요즘에는 찾기 힘든 희귀 상품이 되었죠. 상징적인 운동화입니다. 어떻게 생각하십니까?"

여러분은 이렇게 말할 것이다. "어… 좋네요. 그런데…." 그때 의사가 말을 잇는다.

"이 디자인은 농구화뿐만 아니라 신발 산업 전체를 혁신했어요. 이 신발이 나온 후로는 우리 발도 예전 같지 않아 보인다니까요. 광고와 브랜딩에서도 혁신을 일으켰죠. 자, 어서요! 한번 신어보세요."

어쨌든 의사의 지시니까 여러분은 신발을 신어본다. 퉁퉁 부은 발을 운동화 한쪽에 쑤셔 넣고 나머지 멀쩡한 발을 다른 한쪽에 미끄러지듯 넣는다. 어쩌면 여러분은 운동화 디자인이 마음에 들 수도 있고, 광대에게나 어울릴 운동화라고 생각할 수도 있다. 그러나 여러 분이 가장 크게 보이는 반응은 혼란일 것이다.

"어떻습니까? 잘 맞나요? 빨간색과 검은색의 조화가 부담스럽다면 검은색도 있습니다."

"아뇨, 아뇨, 그게 아닙니다. 색깔은 괜찮습니다. 크기도 잘 맞고요."

"그래요, 환자분에게 잘 어울리기는 합니다. 앞으로 3개월 동안 매일 이 운동화를 신어야 부러진 발이 완전히 치료될 겁니다."

의사가 감탄하듯 웃으며 대답한다. 의사의 권위에 의문을 제기하기는 힘들지만 이쯤에서 여러분은 이런 질문을 해야 한다.

"그러니까 1980년대 중반에 만들어진 이 농구화를 신어야 한다는 건데, 이 농구화만 신으면 부러진 발이 나을까요?"

의사가 최종 메모를 하며 강조한다.

"100만 달러짜리 신발을 신는 기분일 겁니다. 정말 잘 어울리네요."

"그래요. 하지만 어떻게 농구화가 발을 낫게 해준다는 거죠? 아직 여기가 아픈데 이 농구화만 신으면 어떻게 뼈가 다시 붙는지 모르겠습니다. 제가 이 농구화를 계속 신기 전에 선생님께서 뭔가 해주실 것이 있습니까?"

"아뇨, 운동화만 신으면 낫습니다. 곧 나을 겁니다."

"어떻게 그럴 수 있죠? 어떤 원리로 치료가 되는 건가요?"

"그건 말씀드릴 수 없습니다. 발이 부러진 환자 90퍼센트에게 에어 조던을 처방했다는 말씀만 드릴 수 있습니다. 그러니 걱정 안 하셔도 됩니다."

"알겠습니다. 그런데 운동화를 신은 환자들은 더 나아졌습니까? 운동화가 부러진 발을 치료했습니까? 결과가 나왔나요?"

의사는 대답이 없다. 그저 어깨를 으쓱하고 진료 결과 서류를 건넨 후 내가 진료실을 나갈 때 행운을 빈다고 말할 뿐이다.

이것이 바로 무의식적 편견 교육의 본질이다. 호박에 줄 긋는다고 수박이 되는 게 아닌데 말이다. 무의식적 편견 교육은 '편견'과 '배제'라는 실제 문제 앞에서 사용할 수 있는 전략적이거나 체계적인 접근법이 아니다. 하지만 그럴싸한 겉모습을 하고 있다. 마치 배려해 주는 것처럼 느껴지고, 빠르게 대규모로 적용할 수 있는 방식이며, 그 점이 주된 장점이다. 얼마나 효과가 있는지는 모르지만 말이다.

편견을 인식하는 것이 문제인 상황에서는 교육에 가치가 있다. 그러나 대부분의 직장에서 문제는 편견을 인식하는 것이 아니다. 무의식적 편견이든 아니든 중요하지 않다. 문제는 이런 편견에서 생기는 행동이다. 편견에서 생겨난 잘못된 행동이 적절하게 다루어지지 않는다면, 무의식적 편견 교육은 부러진 발을 새 운동화로 치료하는 것만큼 역효과를 낳는다.

누구나 무의식적 편견을 가지고 있다

유니버시티칼리지런던의 건강 심리학 교수이자 행동변화센터의 센터장인 수전 미키Susan Michie는 행동 변화 분야의 어머니로 통한다. 미키 박사의 연구 보고서를 읽으면 개인의 행동뿐만 아니라 기관이 공표하고 심지어 용인하는 행동이 연구의 핵심이라는 것을 알 수 있다. 우리 조직은 미키 박사의 연구에서 행동 변화를 이루는 네 가지 요소에 집중하고 있다.

1. **지식**　　현재 교육에서 모두가 말하는 '인식'. 필수적이지만 충분하지 않음
2. **능력**　　사람들이 효과적으로 상호작용하고, 개입할 수 있도록 지원하며, 개인 간 상호작용에서 경계를 유지하고, 다른 사람도 같은 일을 할 수 있도록 돕는 기술과 도구
3. **기회**　　능력을 활용할 수 있는 적절한 순간에 접근하도록 기회를 창출
4. **동기부여**　일관되게 잘 행동할 수 있도록 지속적으로 동기를 구축

다행히 나는 지금까지 인종차별적인 생각이나 동성애 혐오적인 생각에 상처를 입은 적이 없다. 하지만 모든 사람이 그렇지는 않을 것이다. 많은 이가 직접 마주하거나 간접적으로 경험하는 여러 행동 때문에 상처받곤 한다. 비록 그 행동이 우리가 관여하지 않거나 신

경 쓰지 않는 것일지라도 말이다.

의사를 떠올릴 때 본능적으로 남성을 생각한다고 해서 중대한 죄악이라거나 특이한 일은 아니다. 어머니는 의사였으나 의사 생활 내내 '여의사'라고 불렸다. 현재 나는 아홉 개의 병원과 2만 9000명의 직원과 임상의가 있는 병원 신탁회사의 이사로 있다. 이곳에는 최고로 재능 있는 외과의사들이 많다. 그런데도 나 역시 대화를 할 때 누군가가 '의사' 이야기를 꺼내면 '남자'를 떠올린다. 이런 선입견은 어떻게 해야 할까? 이보다 더 중요한 질문도 있다. 선입견으로 무엇을 해서는 안 되는가?

나는 가급적 내가 하는 말이나 행동에서 선입견을 보이지 않으려고 애쓴다. 누구나 편견을 가지고 있다. 편견이 있다는 것이 떳떳한 일은 아니더라도 지나치게 죄책감을 가질 일도 아니다. 백인이라고 해서, 남성이나 이성애자라고 해서 미안함을 느낄 필요도 없다. 그래 봐야 그 누구에게도 좋지 않다.

다만 여러분이 백인, 남성, 이성애자의 범주에 속한다면 그 타고난 특권이 자신의 세계관에 어떤 영향을 미치는지 인식하고 이해하는 것이 중요하다. 특권의 개념은 종종 오해를 받고 지나치게 개인에 초점이 맞춰질 때가 많다. 부자가 되거나 불편함 없는 삶을 사는 것이 특권은 아니다. 특권은 유리한 위치를 차지할 수 있는 특정한 정체성으로 태어나는 것이다. 사람들은 자신이 이러한 특권을 가지고 있을 때는 그것을 당연하게 여긴다. 특권은 누리지 못할 때야 그

빈자리가 크게 느껴지기 때문이다.

연구에 따르면, 똑같이 가난한 백인이더라도 남성이 여성보다 인생에서 유리한 조건을 가질 가능성이 더 크다고 한다. 만일 백인 남성이 더 나은 미래를 누린다면, (물론 개인의 노력 덕도 있겠지만) 자신이 백인 남성이 아니었을 경우 누리지 못할 행운도 있다고 인정할 필요가 있다.

나는 선의를 지닌 백인 중산층 남성들이 특권에 대한 논의를 다루며 겪는 어려움에 공감한다. 이를 인정하는 것은 복잡한 일이며, 잠재적으로 고통스러운 개인적 깨달음과 불필요한 죄책감으로 가득 차 있다는 점도 이해할 만하다. 그러나 이는 모두가 거쳐야 하는 과정이다. 자신이 가진 특권을 인정하지 않고 무시하는 것만으로도 다른 사람에게 실질적인 피해를 입힐 수 있기 때문이다.

또한 편견의 존재를 인정하고 편견이 우리의 행동에 부정적인 영향을 끼치지 못하도록 할 수 있는 모든 일을 해야 한다. 나는 지난 몇 년 동안 고객들이 특정한 정체성을 어떻게 생각하는지, 또 이러한 생각을 스스로 부정하는지에 대해 연구하고자 실험을 진행했다. 왜냐하면 우리가 '무의식적'이라고 부르는 것은 종종 우리가 그렇게 생각하지 않는다고 믿고 싶은 것들이기 때문이다. 그것들은 드러나는 편견보다는 은밀하거나 암묵적인 편견이며, 이러한 구분은 '의식적' 대 '무의식적'이라는 구분보다 훨씬 더 정확하다.

실험에서 참가자들은 흑인, 동성애자, 여성, 트랜스젠더 등 특정 정체성과 연관되는 단어를 90초 동안 메모했다. 그러고 나서 90초 동안 이 같은 정체성에 대해 다른 사람이 가지고 있을 것이라 생각하는 고정관념을 적도록 했다. 우리는 세 개 대륙에서 약 1만 명의 응답자들에게 각각의 정체성에서 연상되는 것을 공유해달라고 요청했다.

- **'성소수자+커뮤니티'라고 하면 떠오르는 주요 단어는 다음과 같다.**
  : 게이, 평등, 레즈비언, 무지개, 자부심, 사랑

- **다른 사람들이 어떻게 생각할지 묻는 질문에는 이런 대답이 나왔다.**
  : 다르다, 게이, 이상하다, 틀렸다, 너무 싫다

- **'여성'에 대해 떠오르는 주요 단어는 다음과 같다.**
  : 강하다, 약하다, 엄마, 잘 돌봐준다, 아름답다, 심지가 굳다

- **다른 사람들이 '여성'에 대해 어떻게 생각하느냐는 질문에는 응답이 확연하게 나빠졌다.**
  : 감성적이다, 나약하다, 엄마, 섹시하다, 짜증, 청소

- **흑인들에 대한 질문에 가장 흔한 대답은 칭찬이지만, 틀에 박힌 칭찬이다.**
  : 강하다, 운동을 잘한다, 아름답다, 당당하다, 스포츠, 음악

- 그러나 다른 사람들이 흑인을 어떻게 생각하는지를 물었을 때 그 대답은 확연히 다르다.

  : 범죄자, 운동선수, 가난한 사람, 게으른 사람, 교육받지 못한 사람, 무서운 사람

특정 정체성에 대해 자신이 생각하는 이미지와 다른 사람들이 생각할 것 같은 이미지는 일관적으로 다르게 나타난다. 그리고 여기에는 명확한 차이가 있다. 자신이 생각하는 이미지는 더 호의적이지만 별 도움이 안 되는 전형적인 모습을 보인다. 반면 다른 사람들이 생각할 것 같은 이미지는 훨씬 더 부정적으로 그려진다.

여기서 일관된 결과는 의문을 불러일으킨다. 수천 명의 사람들이 모두 개인적으로는 긍정적인 이미지를 떠올리면서도 만장일치로 다른 사람들이 부정적인 이미지를 떠올린다고 믿는다면, 그 '다른 사람들'은 누구일까? 응답자들은 자신이 특정 정체성에 대해 부정적인 이미지를 떠올리지 않는다고 주장하지만, 막상 그에 대한 부정적인 이미지를 적어보라고 하면 90초 안에 매우 쉽게 목록을 만들 수 있다. 어떻게 이럴 수가 있을까? 특정 정체성에 대한 부정적인 이미지가 어떤 형태로든 머릿속에 자리 잡고 있지 않았다면, 이렇게 쉽게 떠오르는 것은 거의 불가능하다.

우리는 이 조사를 전 세계의 사무실에서 시행했다. 그 결과 중국의 성별 이미지에서는 약간의 차이가 있었지만, 여러 국가에서 생각하는 이미지들은 거의 비슷했다. 정체성과 연관된 인식은 전 세계적으

로 일관성을 보이며, 이러한 이미지가 계속 존재하면서 편견이 만들어진다. 이러한 편견은 전 세계적으로 '침묵'이라는 형태로 인정된다.

누구나 편견을 가지고 있다. 우리는 편견이 우리의 행동에 부정적인 영향을 미치지 않도록 할 수 있는 모든 것을 해야 한다. 이러한 편견은 우리가 새로운 동료를 만날 때마다 작동할 것이다. 여러 패널이 나오는 토론이나 발표에서 정보를 얻을 때도 영향을 줄 것이다. 기차에서 어디에 앉을지 결정할 때, 프로젝트에 가장 적합한 사람이 누구인지 고민할 때도 이러한 편견이 작동할 것이다. 이것이 우리가 편견을 경계하고, 편견에 맞서겠다고 다짐해야 하는 이유다. 편견은 사라지지 않는다. 그리고 편견이 사람들의 행동에 끼치는 영향은 독이 될 수 있다.

나는 컨벤션 센터나 호텔 연회장에서 열리는 비즈니스 행사에 참여할 때면 환영받는다고 느낀다. 하지만 행사 바깥에서는 나를 맞이하는 사람들의 태도가 복잡해진다. 아마 늦은 밤 한잔하고 돌아오는 길일 수도 있고, 아침에 첫 커피를 사려고 운동복 차림으로 거리를 배회하는 경우일 수도 있다. 행사에서는 나를 반겨줄 법한 사람들이 이때는 눈에 띄게 경계심을 보인다. 내 외모가 그들의 투쟁-도피 반응을 촉발하고, 내가 얼마나 위협적인지 생각하도록 만든다. 그 반응은 순식간에 일어나지만, 나는 그런 장면을 충분히 보았기에 쉽게 알아차릴 수 있다.

'흠, 흑인이군. 정말 덩치가 큰 흑인이야. 덩치 큰 흑인을 보면 무섭고 위험하다는 생각이 들어. 이 잠재적으로 위험할 수 있는 흑인 남자가 주는 두려움을 어떻게 처리할지 알 때까지는 긴장해야만 해.'

'무의식적 편견'이 대략 무엇인지 알기에 여기서 묘사된 반응이 무의식적 편견의 예시가 된다고 생각한다. 그렇다고 이 사람들이 반드시 인종차별주의자는 아닐 것이다. 그렇지 않은가? 사람들이 덩치 큰 흑인을 보고 부정적인 생각이 드는 이유는 수십 년간 사회와 언론이 만들어낸 왜곡된 이미지에 영향을 받았기 때문이다. 그런데 이런 이유가 정말 중요할까? 편견이 어디서 왔으며, 편견이 정말 존재하느냐는 부차적인 문제다. 그보다 중요한 문제는 사람들이 무엇을 하느냐다. 상대방을 두렵게 생각한 이유가 편견에서 나왔다는 사실을 알게 되면 여러분은 의식적으로 어떤 행동을 할까? '안전을 위해서' 덩치 큰 흑인을 피해 길을 건너는 것인가? 막연하게 머릿속에 있는 이미지에 영향을 받아 행동하는 것인가?

매일 우리는 부정적인 속마음을 애써 억누르며 겉으로는 아닌 척 행동한다. 예를 들어 동료가 심각하게 멍청한 생각을 이야기한다고 해보자. 아마 여러분은 속으로 멍청한 말이라고 생각해도 동료를 무시하는 듯한 발언이나 행동은 하지 않을 것이다. 레스토랑에 갔는데 담당 종업원이 너무나 매력적이라고 해보자. 그래도 여러분은 종업원에게 느끼는 욕망을 행동으로 옮기지 않고 담담하게 디저트를 먹을 것이다. 이웃집 아이가 자신이 그린 강아지 그림을 자랑스럽게 보여준다고 해보자. 그런데 그림 속 강아지가 강아지라고 하기 힘들 정도로 아이의 실력이 형편없다. 하지만 그렇다고 해도 여러분은 아이에게 '쓰레기 같은 그림'이라고는 말하지 않을 것이다. 이런 식으로 우리는 수천 가지의 다른 방식으로 속마음과 다르게 행동을 조절한다.

우리는 생각한 모든 것을 말이나 행동으로 옮기지 않는다. 생각한 그대로 말하거나 행동한다면 세상은 서부 개척 시대의 무법지대처럼 혼란스러워질 것이다. 우리는 행동할 때 두뇌에서 내린 명령을 받아들여 인간의 약점, 편견의 가능성, 사회적으로 받아들여지는 품위의 기준, 자신에게 올 이익을 재빨리 따져본다. 원시 시대부터 인간은 이런 식으로 생각하고 반응했다.

무의식적 편견과 그로 인한 행동은 분명 긴밀하게 연결되어 있다. 편견으로 왜곡된 생각은 본질적으로 행동으로 나타날 수밖에 없기 때문에, 우리는 생각에서 편견을 식별하고 감시하는 데 초점을 맞춘다. 그러나 이것은 우리의 생각과 행동을 분리할 수 있다는 사실을 무시한 처사다. 더 나쁜 점은 이것이 나쁜 행동을 용인하게 만든다는 것이다. 만약 생각과 행동의 관계가 고정되어 있고 편견이 섞인 생각이 '무의식적'이라면, 즉 우리의 통제를 벗어난 일이라면, 편견에서 나오는 행동 역시 우리의 통제를 벗어났다고 봐야 할 것이다. 이렇게 생각하면 우리가 할 수 있는 일은 아무것도 없다.

편견 자체가 아니라
편견에서 발생하는 행동이 중요하다

기업이 다양성과 포용성을 가지려고 노력할 때는 개인의 편견을 바로잡기보다 사람들의 행동과 겉으로 보이는 말에 초점을 맞추는 것이 낫다. 이는 미묘한 차이처럼 보일 수 있다. 하지만 우리는 다른 사람의 생각을 감시하는 경찰이 아니다. 직장 동료가 인종차별적인 생각, 성차별적인 생각, 그 외 불순한 생각을 의식적이든 무의식적이든 가지고 있을 수도 있다. 하지만 그렇다고 우리가 동료들의 생각을 일일이 통제할 수는 없다. 동료들의 생각 자체를 바꾸는 것은 우리가 할 일이 아니다. 우리가 할 일은 그 누구도 편견에 영향을 받아 실제로 행동하지 않도록 만드는 것이다. 사람들이 무엇을 말하고 무엇을 하는지, 겉으로 내뱉는 말과 행동에 집중해야 한다. 말과 행동은 관찰할 수 있고, 주의나 제재를 받기도 하며, 보상을 받기도 하는 대상이다. 즉 실제로 피해가 생기는 곳은 말과 행동이다.

개인이 가진 원칙, 신념, 가치, 생각을 하찮게 여기라는 뜻이 아니다. 일단 행동으로만 나타나지 않으면 큰 문제가 되지 않는다는 뜻이다. 조직 문화를 이끄는 것은 동료, 팀장, 리더가 일상에서 보여주는 행동이다. 중요한 것은 행동이다. 행동은 우리가 선택한 결과물이기 때문이다. 행동은 사람들에게 급진적인 영향을 미칠 수 있다.

사람들에게 영감을 주기도 하고, 기운 빠지게 만들기도 한다. 행동에 따라 같은 편도 등을 돌릴 수 있고, 비전을 공유해 서로 다른 사람들을 하나로 뭉치게 할 수도 있다.

내가 열한 살 때 어머니는 내 이름을 바꾸려고 했다. 물론 어머니가 다른 사람의 생각을 의식해서 내 이름을 바꾸려고 한 것은 아니다. 어머니는 사람들이 이다음에 할 행동에 관심을 가졌다. 어머니는 '존 아메이치'라는 이름이 '우즈마 에쿠가 아메이치'라는 이름보다 내가 더 평등한 삶을 살기에 유리한 조건이 되리라는 사실을 알고 있었다. '우즈마 에쿠가 아메이치'는 나의 본명으로, 나이지리아 이름이다. 아름답고 강한 인상을 주는 이름이며, 개인적으로 '존'보다 훨씬 나은 이름이라고 생각한다(다른 수많은 '존'들에게 심심한 사과를 전한다). '존 아메이치'는 백인계 이탈리아 사람이 떠오르는 이름이다. 반대로 '우즈마 에쿠가 아메이치'는 전통 의상을 입고 막 배에서 내린 사람 같다는 인상을 준다. 어머니는 내가 '우즈마'보다는 '존'이라는 이름으로 살 때 학계나 취업 시장에서 더 이점을 가진다는 사실을 알고 있었다. 그래서 어머니는 내 이름을 바꿨다.

다시 한번 말하지만 어머니가 이런 결정을 내린 것은 다른 사람의 반응 때문이 아니다. 언젠가 고용 담당 매니저가 내 본명이 적힌 이력서를 보고 실컷 웃을지도 모른다는 상상 때문에 내 이름을 바꾸기로 한 것은 아니라는 말이다.

"정말 우스운 이름이군! 이 사람은 틀림없이 외국인일 거야!"

내 본명을 사용하면 나올 수 있는 부정적인 반응이다. 하지만 무의식적 편견으로 나올 수 있는 순간적인 반응이 고작 이 정도였다면 굳이 이름을 바꿀 필요는 없었을 것이다. 어머니는 사람들이 내 본명을 보고 무의식적으로 생각한 것을 의식적인 행동으로 표현할까 봐 내심 걱정되었던 것이다. '우즈마'라는 이름이 불량하게 느껴진다며 고용 담당 관리자가 웃으면서 내 이력서를 쓰레기통에 버릴 수도 있다. 어쩌다 채용이 되었다고 해도 동료들이 '우즈마'라는 내 이름을 들을 때마다 시큼해진 우유를 삼키듯 얼굴을 찡그리며 나를 소외시킬 수도 있다. '우즈마'라는 이름을 어떻게 발음하느냐고 묻는 사람들에게 항상 시달릴 수도 있다. 나에 대해 잘 알지도 못하면서 이름부터 보고 나를 판단하는 윗선들로부터 기회조차 얻지 못할 수도 있다.

어머니가 괜한 걱정을 하는 것이 아니었다. 어머니는 편집증적인 성격이 아니다. 실제로 이력서에 큰 차이가 없을 때는 백인이 연상되는 이름을 가진 지원자가 그렇지 않은 지원자보다 50퍼센트 더 많이 연락을 받는다.[1] 백인이 아닌 듯한 이름을 가진 지원자들은 연락을 받기 위해 70~90퍼센트 더 많은 지원서를 작성해야 한다.[2] 많은 연구에 따르면, 흑인들은 이름을 백인 이름처럼 바꿨을 때 지원서에 대한 회신을 2.5배 더 많이 받는다고 한다.[3]

엄청난 힘과 영향력을 가지고 있으면서 편견을 군이 고치지 않으려는 사람들이 있다. 자신이 가진 편견을 경계하지 않으면 본인과 조직 전체에 나쁜 영향을 끼친다.

하지만 우리의 현실은 언행을 다루기보다는 생각을 바꾸는 일에 초점을 맞추고 있다. 이렇게 되면 불평등을 경험하는 사람들의 상황에 실질적인 변화를 일으키기까지 시간이 너무 오래 걸린다. '무의식적 편견'을 받아들이기만 하면, 그 사람 혼자 알아서 노력할 수 있는 무기한의 자유가 주어지는 셈이다. 결국 편견을 극복하려고 생각만 하면서 여전히 잘못된 행동을 하는 사람들에게 면죄부를 주는 효과를 낳는다.

무의식적 편견은 '뿌리 깊은 가정'이라고 더 정확히 설명되어야 한다. 이는 사람들이 자신이 인식할 수 없고 책임질 수 없는 정신의 한 부분을 다루고 있다고 여기지 않도록 하기 위함이다. 자신의 편견이 부모, 고향, 어린 시절의 경험에서 물려받은 숨겨진 산물이라고 믿는 것이 더 쉬운 일이다. 반면 우리가 해야 하는 최선은 이러한 편견의 존재를 인정하고, 그것이 행동으로 드러날 때 사과하는 것이다.

'무의식적 편견은 내 잘못이 아니다', '나도 막기 힘들다', '내가 인정하고 있으니 사람들이 고마워해야 한다'와 같은 반응은 후폭풍만 일으킨다. 이는 행동을 위한 방책이 아니며, 분명 충분하지 않다. 다른 누군가가 당신의 다락방에 쓰레기 더미를 두고 왔더라도, 이제 그것을 책임지고 청소하는 것은 당신의 몫이다. 무의식적 편견 교육은 사람들에게 그러한 책임을 요구하지 않는다. 편견에 따라 행동하지 않겠다는 약속을 지키려면 알아두어야 할 것이 있다. 세상에 변화를 만들고, 혁신을 일으키며, 성공을 지속하는 연대를 만들기 위해서는 마음을 바꾸는 것만으로 충분하지 않다는 것을 인식해야 한다. 우리는 행동을 바꿔야 한다.

조직은 무의식적 편견 교육을 완료한 사람들의 수를 내세우며 효과를 증명하는 자료로 자랑스럽게 인용할 것이다. 하지만 솔직히 말해서 이는 이상한 일이다. 97퍼센트의 직원이 교육에 참여했다면, 물론 이는 좋은 일이다. 하지만 그 교육이 조직의 채용, 유지, 승계, 참여 수치에 어떤 의미 있는 영향을 미치는가? 더 나아진 점이 있는가? 에어 조던 운동화가 부러진 발을 고쳐주는가? 아니면 현재 97퍼센트의 직원들이 억지로 신발을 신고 절뚝거리고 있는 것일까? 조직이 그저 체크 박스만 채우면서 다락방에 있는 쓰레기 더미를 그대로 놔두고 있는 것은 아닐까?

무의식적 편견 교육이 과연 직장에 의미 있는 영향을 미쳤는지에 대해 의문을 제기하는 연구가 늘고 있다. 교육의 대상을 생각하면 당연히 품을 수 있는 의문이다. 예를 들어, 구글은 무의식적 편견 교육에 최소 2억 달러를 투자했다고 한다. 하지만 구글과 같은 거대 기업이 가장 날카롭고 창의력 있는 최고의 인재들을 끌어들인다는 점을 생각하면, 이들은 스스로 편견이 있다는 사실 정도는 인식할 수 있을 만큼 똑똑한 것이 당연하지 않을까? 만약 이 인재들도 마법과도 같은 교육을 통해서야 비로소 평생토록 편견이라는 유령에 사로잡혀 살아왔다는 것을 알게 된다고 생각한다면, 대다수의 평범한 사람을 얼마나 멍청하고 지식이 얕다고 보고 있는 것인가?

물론 미래 지향적인 조직에도 편견에 찬 소수의 사람이 있을 수 있다. 이들은 흑인도 의사가 될 수 있고 여성도 임원이 될 수 있다는 사실을 이제야 깨닫기 시작한 사람이다. 하지만 대부분의 사람은 자신이 편견을 가지고 있다는 사실을 잘 안다. 무의식적 편견 교육을 지지하는 사람들은 교육으로 사람들의 인식이 개선되고 있다고 주장한다. 하지만 인식이 개선된다고 문제가 해결되지는 않으며, 인식이 부족하다는 생각은 애초부터 근거 없는 미신에 불과했다. 앞서 소개한 실험에서 응답자들은 매우 빠른 시간 안에 부정적인 고정관념을 나열할 수 있다는 사실이 밝혀졌다. 대다수의 사람은 사회의 다양성, 불평등, 편견을 이미 잘 이해하고 있는 것이다.

직장에서 편견이 존재한다는 현실을 모르는 사람은 거의 없을 것이다. 오히려 편견이 조직에 미치는 영향을 이해하지만 조직에 대항할 동기가 부족한 사람을 발견할 가능성이 더 크다. 수동적이고 게으른 사람도 보일 것이다. 포용성과 다양성 문제가 자신의 통제 범위를 벗어난 일이라는 생각에 체념하고 있을지도 모른다. 사람들은 자신이 편견으로 인해 직접적인 피해를 받지 않으며, 자신이 편견에 기여하지 않았다고 생각할 때 현재의 상황에 그저 순응해 묻어간다.

편견을 유지해야 성공하는 사람이라면, 현재 상태를 더 적극적으로 보호할 것이다. 커다란 조직마다 불공평한 운동장에서 오히려 이익을 얻는 사람이 있다. 이런 사람에게 포용성과 외부인은 위협이며, 이들의 말과 행동에 있는 편견은 그 위협에 맞서는 무기로 작용한다. 이들은 멍청하지 않으며 오히려 교묘하다. 변화가 일어나지 못하게 조용히 손을 쓰고, 어느 정도 선을 지키면서 교묘하게 편견을 드러내 퍼트린다. 애매한 방식으로 편견을 예방하는 정책을 피해가고, 실행 계획을 약화시키는 데 능숙하다. 이들은 말과 행동을 애매하게 하며, 문제가 되는 발언을 단순히 유머나 농담이었다고 변명한다. 또한 현재 누리는 권력과 특권을 유지하기 위해 수단과 방법을 가리지 않으며, 제재를 받지 않도록 교묘하게 피해 가는 것에 능숙한 달인들이다. 이들의 모든 행동은 의도적으로 이루어지며, 이들은 자신의 행동이 평범한 사람에게 미칠 영향이 무엇인지 정확히 알고 있다.

'무의식적 편견'이라는 개념에 매몰되면 배제와 불평등에 대한 솔직한 평가나 이를 해결하는 데 필요한 전략이 제대로 논의되지 않는다. 이는 악행을 저지르는 사람들에게 은신처를 제공하는 것과 같다. 조직의 리더들은 실제로 변화에 필요한 노력을 기울이지 않으면서도, 마치 변화를 이끌어가는 주체처럼 보이기 위해 무의식적 편견 교육을 활용한다. 이것이 교육이 주는 매력이다. 무의식적 편견 교육은 비교적 낮은 비용으로 널리 실행될 수 있으며, 최소한의 반발로 이루어진다. 교육을 해도 채용하는 계층이 다양해지거나 소수자의 수가 많아지지는 않을 것이다. 하지만 교육은 손쉽게 퍼트릴 수 있는 방식이다. 합리적인 비용으로 짧은 시간에 수만 명의 직원에게 실시할 수 있다. 매해 보고서가 발행되면 교육을 이수한 직원의 비율을 이사회, 투자자, 감사단에게 당당히 보여줄 수 있다. 모두가 등을 두드리며 칭찬해줄 것이다!

하지만 진정한 변화를 이끌고 싶은 리더나 조직원이라면 이런 말도 안 되는 주장에 의존해서는 안 된다. 단순히 '개인적으로 허용되지 않는' 편견의 존재를 인정하는 것보다 훨씬 더 높은 기준이 필요하다. 우리는 매일, 매시간 편견을 경계할 것이라고 약속해야 한다. 조직에서 부적절한 행동을 보이면 이를 제재하는 분명한 방법이 있어야 하며, 조직 내 직원들과 맞서거나 결별하게 되더라도 이러한 제재에 엄격해야 한다. 리더가 변치 않는 열정으로 편향된 행동을 직접 제재하면 사람들은 당분간 조심할 것이다. 무언가를 개선하려면 불편함을 감수해야 한다. 이는 무의식적 편견 교육을 이수하고 당장 이메일로 결과를 받아보고 싶은 강렬한 욕망을 참는 것보다 더 큰 불편함이다.

개개인에 대한 열정적인 호기심을 가져라

우리는 각자 최대한 바람직하게 행동하도록 노력해야 한다. 경계가 느슨해질 때 우리를 지적할 수 있는 다양한 배경의 신뢰할 수 있는 동료들로 주변을 둘러야 한다. 무의식적 편견 교육이 은연중에 퍼트리는, 나 자신도 편견의 피해자라는 수동적인 변명을 거부해야 한다. 그보다는 선의의 무지benign ignorance(악의나 편견 없이 다른 사람이나 상황에 대해 잘 모르는 상태를 가리키는 말—편집자)와 열정적인 호기심으로 편견에 맞서고자 노력해야 한다. 이것이야말로 내가 모든 만남과 상호작용 앞에서 가지려는 마음가짐이다. 만약 내가 당신을 만나게 된다면, 나는 아무것도 가정하지 않을 것이며, 당신에 대한 모든 것을 알고 싶어 할 것이다. 아니면 적어도 당신이 공유하고자 하는 모든 것에 호기심을 가질 것이다.

30대에 애리조나주에서 몇 년을 살았다. 우리 집에서는 사막 풍경이 보였다. 나는 사막의 서쪽 부분이 보이는 곳에 온수 욕조를 놓았다. 일정이 바쁘지 않을 때면 매일 저녁 뜨거운 욕조에 앉아 선인장 너머로 석양을 바라보곤 했다. 정말 장엄하고 경외심을 불러일으키는 광경이었다. 조금만 주의를 기울이면 매일 밤 새로운 무언가를 볼 수 있었다. 코요테와 혹멧돼지들이 뛰어다녔고, 매가 하늘을 날며, 벌새가 여기저기 날아다녔다. 하늘은 태양이 완전히 사라질 때까지 찬란한 변화가 계속되다가, 컴컴해지면 반짝이는 별들이 멋진 쇼를 선보였다.

손님이 우리 집을 찾아오면 같이 이 멋진 풍경을 본다. 그들과 마당에 앉아 몇 시간이고 눈을 크게 뜬 채 하늘을 바라봤다. 첫날 밤을 그렇게 보내면 대부분의 손님은 둘째 날 밤에도 다시 그 풍경을 보고 싫어 했다. 하지만 보통은 한 시간 정도 지나면 새로움의 충격이 사라질 때가 많다. 셋째 날 밤이 되면 하늘의 풍경과 드라마 재방송이 사람들의 관심을 두고 경쟁해야 했다. 자연의 경이로움은 여전히 대단했으나, 사흘째 되는 날 밤에는 사람들이 예상할 수 있는 광경이 되었다. 하지만 이는 사람들이 잘못 생각하는 것이다. 같은 장면이라도 매일 밤 좀 더 주의를 기울이면 새로운 것을 보거나 들을 수 있다.

그렇게 여러 손님과 저녁 시간을 보내면서 사람들을 바라보는 시각이 생겼다. 바로 선의의 무지와 열정적인 호기심의 조합이다. 새롭게 경험하는 모든 상호작용은 새롭게 경험하는 석양과 같다. 좋은 것이든 나쁜 것이든 아무런 기대 없이 경험할 때 가장 후한 평가가 나온다. 다른 사람을 바라볼 때도 좀 더 주의를 기울이면 이미 아는 사람에게서도 항상 새로운 모습이 보인다. 나는 선입견이라는 짐을 문밖에 두고, 적극적으로 사람들에 대해 아무것도 모른다고 믿기로 했다. 그리고 나서 내가 얻을 수 있는 모든 것을 흡수한다. 새로운 사람이 내 영역에 들어오면, 그들이 허락하는 한 많은 것을 배우고 싶다고 분명히 밝힌다. 사람들의 말을 주의 깊게 들으며, 그 말을 소화한다. 그들이 전하는 정보, 즉 광범위한 가정이 아니라 진실한 공개를 바탕으로 상대방을 바라본다.

성장형 사고방식과 함께할 때, 선의의 무지와 열정적인 호기심은 공감의 기초와 이해로 가는 길을 만들어준다. 그것들은 우리가 처음부터 관계를 망치지 않도록 평생 동안 우리 마음속에 형성된 스키마

schema(사람이 세상과 자신에 대해 가지고 있는 지식의 틀이나 개념적 구조를 의미한다 - 편집자)의 영향력을 약화시킨다.

스키마는 우리가 자신과 세상에 관해 배운 것을 분류하고, 이에 따라 반응하도록 우리를 준비시킨다. 스키마가 자극에 대해 미리 프로그래밍된 반응을 제공해 위험에 대비할 수 있는 무기가 되던 시절이 있었다. 예컨대 선사 시대 인류는 큰 이빨과 날카로운 발톱을 가진 동물을 조심하라고 경고하는 스키마를 키웠다. 이는 자기 보존을 위해 꼭 필요한 본능에 속했다. 하지만 세상이 복잡해지고 더 넓은 범위의 사람들과 연결되면서, 스키마는 이전보다 신뢰하기 힘든 무기가 되었다. 스키마에 의존하면 아무 의미도 없는 특성을 부풀려 추측하게 되는 문제가 생긴다. 나는 검은 피부와 잘 다듬어진 하얀 수염을 가지고 있다. 내가 수염을 어느 정도 길게 자라게 놔두면 길을 걸을 때 무슬림 형제들로부터 '알라후 아크바르(신은 가장 위대하다)'라는 인사를 받는다. 하지만 수염을 깨끗이 밀면 이런 인사를 받지 않는다. 언뜻 아주 작고 하찮은 특징처럼 보이지만, 고작 몇 센티미터 더 자란 수염에 근거하여 스키마는 내가 무슬림이라는 신호를 보낸다. 하지만 사실 나는 동성애자이자 무신론자다. 이 경우 스키마가 제대로 작동하지 않았다고 확실하게 말할 수 있다.

스키마는 지름길 역할을 할 수도 있다. 특정한 유형의 사람을 스키마로 단순하게 판단하면 의사 결정을 하기까지 에너지가 훨씬 덜 든다. 하지만 그렇게 함으로써 우리가 무엇을 놓치고 있을까? 이성애자이자 백인 리더인 21~50세 사이의 남성들을 생각해보자. 역사적으로 볼 때, 이 집단이 다른 사람들을 대할 때 가장 자비로운 존재가 아니었다는 점은 쉽게 유추할 수 있다. 최소한 이 집단은 자신들이 유지해온 이점과 혜택을 누려온 집단이라고 말할 수 있다. 하지만 그렇다고 해서 이 집단을 완전히 배제한다면 우리는 뛰어난 인재를 많이 놓치게 될 것이다! 나는 특정 연령의 백인에게서 부정적인 일을 많이 경험했지만, 여기에 속하는 모든 백인을 무조건 부정적으로 보진 않는다. 특정 연령의 백인 남성 중에서도 훌륭한 사람을 알고 있기 때문이다. 그들은 나의 삶에 큰 영향을 미친 사람들이었다. 그들이 특이한 예외였다고 생각하기는 어렵다. 그보다는 모든 사람이 다르고 고유한 개성이 있다고 믿는 것이 더 논리적이다. 그렇기에 사람들을 한 명씩 알아가려는 노력이 필요하다.

오늘날의 일터는 불평등으로 어려움을 겪고 있다. 불평등이 있으면 생산성, 참여, 지속 가능한 성공을 더 나은 방향으로 이끌어갈 기회에 방해가 된다. 하지만 불평등이 한두 번의 무의식적 편견 교육으로 고쳐지지는 않을 것이다. 행동을 해야 한다. 편견도 마찬가지다. 편견이 있다는 사실을 인정하는 것만으로는 안 된다. 편견을 경계하고 행동하겠다는 약속이 필요하다. 이 약속은 남에게 무례하게 굴지 않는 것에서 시작한다. 그리 어렵지 않은 행동이다. 사람들을 공평하게 대하고 이중 잣대를 적용하지 않으면 된다. 불편한 분위기가 만들어지더라도 부적절한 행동을 보면 그것을 지적하라. 이는 그리 어려운 일이 아니다.

이러한 노력을 넘어서, 다른 사람의 가장 큰 잠재력을 발견하기 위해 추가적인 노력을 하라. 동료 한 사람 한 사람을 무한한 잠재력을 가진 존재처럼 대하자. 그들이 잠재력이 없다는 사실을 일관되게 증명하기 전까지는 그래야 한다. 이는 특히 불리한 시스템 안에서 어렵게 살아가는 소수자들을 대할 때 알아야 할 중요한 내용이다. 이렇게 불리한 환경에서 소수자들은 한 번 실수하면 만회할 기회가 없다. 그러다 보니 소수자들은 실수 한 번에 운명이 결정되고, 그들의 서사가 고착되고 만다. 소수자들이 저지른 실수는 개별적인 사건이 아니라 그들의 '특성' 때문에 한계가 있다는 것을 확인하는 사건으로 판단되곤 한다.

고정관념, 편견, 스키마에 빠지면 근거 없는 추측을 하고, 객관적인 관점이 흐려지며, 자신의 행동에 영향을 미치게 된다. 이들을 방치하지 마라. 행동할 때 편견을 경계하고, 선의의 무지와 열정적인 호기심으로 다른 사람을 받아들여라. 실망하지 않을 것이라고 말하지는 않겠다. 그러나 대개 '당신의 관심'이라는 스포트라이트를 받으면, 사람들은 마치 사막의 석양처럼 눈부신 모습을 보여줄 것이다.

차별과 편견을 경계하는 방법

이러한 태도를 가지는 데 도움이 되는 것이 '자기 평가'다. 자신의 관점과 편견을 곰곰이 생각해보고 다른 사람과 상호작용이 잘되었는지 알아보자. 만약 다른 사람과 상호작용이 잘되지 않았다면 그 이유가 무엇인지 알아보자. 이것이 바로 다양한 동료나 친구들로부터 피드백을 받는 것이 중요한 이유다. 주변 사람들이 보기에 당신이 다른 유형의 사람들에게 접근하는 방식에 차이가 있는지 확인하도록 하자.

이번 4장을 통해 편견에 대한 경계를 알아봤다. 편견을 경계하겠다는 자신과의 약속에 집중하는 데 도움이 될 것이다. 다른 사람과 상호작용할 때 몇 가지 실수나 문제를 가지고 일반화하는 편견에 빠지지 않도록 주의해야 한다. 이렇게 하면 다른 사람들과 새롭게 연결될 수 있다. 인맥이나 멘토링을 만들기 위한 프로그램은 굳이 필요 없다. 기존에 아는 사람과도 얼마든지 새로운 관계를 만들 수 있다. 사람은 다 다르기 때문이다. 우리는 동료나 친구들에게서 마음에 드는 점과 존경할 만한 점을 찾을 수 있다. 그 탐색을 우리와 비슷하고 익숙한 사람들 너머로 확장할 수도 있다. 지금까지는 이런 탐구를 위해 그리 많은 시간을 보내지 않았을 수도 있지만, 마음만 있다면 다른 사람의 장점을 잘 볼 수 있을 것이다. 만약 이를 발견하지 못한다면, 당신이 좋아하고 존경하는 장점이 당신과 비슷하고 익숙한 사람들에게 더 많이 존재한다고 가정하며 살아갈 가능성이 크다.

다음 페이지에서 소개하는 기술을 통해 스스로에게 질문해보자. 직장과 사회생활에서 우정을 쌓는 시나리오를 다시 써보는 것이다. 상대가 보여준 것이 무엇이었기에 좋은 동료나 친구가 되고 싶었는지 생각해보자. 당신이 그들에게서 무엇을 보았는지, 그리고 그들이 당신에게서 무엇을 보았는지 물어보자.

적절한 질문 목록이 늘어난다면 사람을 만날 때마다 그들의 장점을 찾아내보자. 기분 좋은 놀라움을 경험하게 될 것이다. 인맥이 더욱 다양해지면서 편견을 방지할 수 있는 또 하나의 도구를 갖추게 될 것이다.

실질적인 자기 평가

시나리오 재생

과거의 상호작용과 대화를 객관적인 제삼자의 입장에서 다시 검토해보자.

• 무엇이 나아졌는가?

• 어떻게 했으면 더 나아졌을까?

• 상호작용에서 무엇을 배울 수 있는가?

동료들에게 피드백 요청

스스로 성찰이 필요한 상호작용에 대해 동료들에게 추가적인 피드백을 요청한다.

동료들에 대한 솔직한 피드백

사람들은 비판적인 피드백이 잔인하다고 여기곤 한다. 하지만 정말로 잔인한 것은 동료에게 피드백을 해주지 않아 자신이 실수한 것을 모르고 그 실수를 계속하도록 방치하는 일이다.

모든 새로운 상호작용에 집중

상호작용과 절차에 익숙해지면 '자동 조종' 상태가 될 수 있다. 바로 이때 실수를 한다. 따라서 모든 상호작용에 명확하게 초점을 맞춰야 한다.

> 역멘토
>
> 편안한 그룹에 안주하지 말고 경험이 적은 팀원들에게 다가가 피드백을 요청하라. 자신을 위해 이들의 특별한 생각과 의견을 듣는 것이다. 특히 여러분이 익숙하지 않은 주제의 경우 이들이 가진 통찰력을 적극적으로 활용해야 한다.
>
> (출처: APS 인텔리전스, 2021)

만약 여러분이 팀이나 조직을 이끌고 있다면 단순히 형식적인 절차를 밟는 교육이 아닌, 사람들이 실제로 겪는 차별 문제를 해결할 수 있도록 몇 가지 방법에 주목해야 한다. 그 방법은 다음과 같다.

• **'인식'이 아닌 '행동 변화'에 집중하기**

조직은 매일 직원들의 행동을 관리한다. 동료들의 존엄성을 보장하는 데 문제가 생겨서는 안 된다.

• **증거 기반 모델을 따르기**

미키 박사와 우리 회사가 사용한 모델처럼, 지식, 역량, 기회, 동기 등 행동 변화를 이루는 모든 요소가 다루어지도록 보장해야 한다.

• 감성적 발판 마련하기

우리 팀이 좋아하는 이 특별한 교육 전략은 이 책에서도 자세히 설명하고 있다. 그 전략을 '감성적 발판 설정'이라고 한다.[4] 감성적 발판 설정은 사람들의 상상력을 자극하고 이를 위해 은유, 시각적 이미지, 스토리텔링을 사용한다. 감성적 발판 설정의 취지는 상대적으로 흥미가 떨어지는 콘텐츠에 대해 감성적인 반응을 자극하려는 노력이다.

• 장기적인 실천 학습 추구하기

실천 학습은 교육이 길어질수록 더 효과적이다. 노출되는 시간이 증가하고, 새로운 아이디어에 장기적으로 노출되며, 다른 감정과 생각을 지닌 사람과의 접촉이 늘어나기 때문이다.

• 의무적으로 참여하기

사람들은 의무적인 훈련을 그리 좋아하지 않을 수도 있으나, 의무적으로 하다 보면 행동이 바뀔 가능성이 더 커진다!

• 내용 선택권 부여하기

사람들에게 학습의 일부분을 이끌 기회를 주면 참여도가 높아진다. 다양성과 포용성 등의 일부 내용을 선택 사항으로 만들어 참가자들이 학습 시간과 내용을 선택할 수 있게 해야 한다.

• 관점을 이해하고 받아들이기

지나치게 단순화하지 않더라도 사람들은 크게 두 부류로 나뉜다. 다른 사람의 상황과 배경을 적극적으로 고려해 자기 입장에서 공감하려는 사람이 있는가 하면, 그렇지 않은 사람(우리가 생각하는 것보다 훨씬 많다)도 있다. 관점 분석은 객관적인 입장을 가질 수 있도록 돕는 콘텐츠로 전자의 그룹을 검증할 수 있고, 후자의 그룹에게는 타인의 입장에서 공감할 수 있는 눈을 가지도록 도와준다.

• 진행 상황 추적하기

학습과 개발 프로그램을 통해서 발전을 위해 필요한 요소를 체계적으로 수집, 분석, 평가하는 것이 중요하다. 이를 위해 프로그램을 만들 때부터 학습 목표(참가자들이 프로그램을 통해 얻고자 하는 것)를 정의하고, 그 목표에 대한 개인과 집단의 진행 상황을 측정해야 한다. 또한 시간이 지남에 따라 추가적인 학습이나 의도하지 않은 결과도 기록할 준비가 되어 있어야 한다.

• 동시에 증폭시키기

독서 동아리부터 토론 그룹, 팀 기반 학습에 이르기까지 다양성과 포용성을 키우는 활동을 적극적으로 해나가면 변화가 더 오랫동안 유지될 수 있다.

The Promises of Giants

5장

약속한다,
변명하지 않으며
불편함을 감수하겠다고

핑계는 얼마든지 쉽게 찾을 수 있다. 혹시라도 당신이 책을 써보려고 시도해본 적이 있다면, 이 점을 누구보다 잘 알고 있을 것이다! 앉아서 책을 쓰려니 바깥 날씨가 참 좋다. 모니터에서 나오는 우중충한 빛과 놀리듯이 깜박이는 커서 앞에서 고생하기보다는 사무실에서 탈출해 햇볕을 쬐고 싶은 마음이 드는 것이 당연하다. 이미 주 5일을 일했는데, 이제 또 책을 써야 한다. 읽고 싶은데 시간이 없어서 아직 읽지 못한 책이 계속 늘어난다. 만나야 할 친구들도 있다. 앞서 이미 고백했지만 나는 원래 게으른 사람이다. 변명은 하지 않겠다. 소파에 누워 이미 여러 번 본 영화 〈어벤져스〉를 몇 시간이고 또 보는 것만으로도 즐겁다.

무엇을 하든 책을 쓰는 것, 나아가 일하는 것보다는 편할지도 모른다. 오해하지 않기를 바란다. 나는 내가 하는 일을 좋아한다. 고객들이 발전하도록 돕는 일이 즐겁다. 특정 분야의 특정 고객들을 대상으로 매우 구체적인 과제를 해결하는 데 도움이 되는 워크숍을 주최하는 일이 좋다. 그리고 다른 조직에 외부 전문가로 들어가 하루의 시간을 알차게 사용하는 법을 알려주고, 조직의 문제에 실용적인 맞춤형 솔루션을 제공하면서 보람을 느낀다. 전부 재미있는 작업이다!

하지만 무엇이든 일로 연결되면 그저 즐겁지만은 않다. 내가 하는 일도 나름의 어려움이 있다. 워크숍을 멋지게 이끌어가려면 적어도 하루 내내 준비해야 한다. 워크숍 전에 해당 조직을 조사하고, 대화형 질문을 작성한 뒤 정리하며, 질문에 대한 답변을 예상해 이를 토대로 다음 단계를 준비하고, 슬라이드와 멀티미디어를 만드는 등 일은 끝이 없다. 지루한 과정이 있는 만만치 않은 양의 일이어서 막상 일을 할 때면 재미있지만은 않다. 그 순간에는 이 일에서 얼른 벗어나기 위해 무엇이든 할 수 있을 정도다.

하지만 어찌 되었든 해야 하는 일이기에 핑계를 대지 않고 끝낸다. 나는 APS라는 컨설턴트 회사를 대표하는 사람이다. 따라서 계획을 세우거나 일을 하거나 아이디어를 내는 것은 중요하다. 내가 일을 하든 우리 팀이 일을 하든 마찬가지다. 절차에서 가장 중요한 부분은 문제 파악과 솔루션 제공이기에 이 작업에 매일 최선을 다하고 있다.

나는 우리 팀이 이 어려운 준비 과정을 해낼 수 있으리라고 믿는다. 게다가 나는 똑똑한 사람이 멋져 보이는 방법을 따른다. 즉, 나보다 더 똑똑한 사람을 고용하는 것이다! 변명처럼 들릴지 몰라도 팀원들에게 만만치 않은 작업과 미묘한 해결책을 찾는 일을 맡기는 데는 이유가 있다. 해야 할 비즈니스와 상대해야 할 고객들이 계속 늘어나기 때문에 나는 다른 곳에 전략적으로 집중해야 한다. 코로나19 팬데믹이 일어나기 전에는 적어도 일주일에 두 번씩 미국과 유럽으로 출장을 다녔다. 지금은 디지털 입지를 다지는 데 주로 시간을 쓴다. 이 책을 쓰는 데도 시간을 쏟아야 한다. 해야 할 일의 목록은 계속 늘어난다.

아마 여러분에게도 일반적으로 사용하는 변명뿐 아니라 특정한 상황에 따라 사용하는 변명 목록이 있을 것이다.

"너무 바빠요."

이는 오래되고 상투적인 핑계다. 요즘 어떠냐는 질문에 바쁨을 숭상하는 것으로 우리의 가치를 드러내는 것이다. 상사가 질문하든, 기차에서 만난 낯선 사람이 질문하든 대답은 항상 "너무 바빠요."다.

우리가 흔히 사용하는 다른 핑계들도 있다.

"저야 그저 하나의 톱니바퀴에 불과하죠."
"관료주의 때문이에요."
"늘 이렇게 해왔어요."
"저는 외향적(내향적)인 사람이라 일이 제 성격에 잘 안 맞네요."

이 변명 중 어떤 것은 사실일 수도 있다. 이때 중요한 것은 마음에 안 들거나 어려운 일을 피하기 위한 변명으로 이런 말들이 사용되어서는 안 된다는 점이다. 위 목록 중 그 어느 것도 타당한 변명이 되지 못한다. 진정한 리더는 이 같은 말을 하지 않는다. 편안함이나 개인적인 이득을 희생할지언정, 진정한 리더는 이러한 핑계를 거부할 것을 약속한다.

직장에서 가장 많이 사용되는 변명은 시간이 부족하다는 것이다. 직장에서 가장 잘 통하는 변명인 데다가, 스케줄이 바빠야 능력 있는 사람처럼 보이기 때문이다. 진정으로 조직에 기여하는 사람이 되려면 정말 바쁘게 움직여야 한다. 하루를 많은 일로 가득 채워야 한다. 다른 사람에게 바쁘게 보여야 한다. 동료에게 얼마나 바쁜지 모르겠다는 말을 마지막으로 들은 때가 언제인가? 여러분이 누군가에게 마지막으로 너무 바쁘다고 말한 때는 언제인가? 누가 더 바쁜지 비교하는 것은 직장에서의 습관으로 자리 잡았다. 한 주가 끝나는 금요일에 엘리베이터를 타면 비슷한 이야기가 들려온다.

"금요일이야."
"응. 금요일이야."
"너무 바빠."
"그래, 너무 바빠."

동료에게 어떻게 지내냐고 물었더니 이런 답을 들었다고 상상해보자.

"나 정말 대단해! 꽤 빠른 속도로 업무를 마무리했고, 받은 이메일은 그때그때 처리하고 있어. 이상적인 워라밸을 실천하고 있다고. 잠은 8시간을 자. 잠자기 30분 전에 책을 읽을 여유도 있어!"

그러면 사람들은 이 동료를 정신 나간 사람으로 볼 것이다. 이보다 더 최악은 동료를 게으르고 할 일이 별로 없으며 야망이 부족한 사람 또는 유능하지 않아서 그렇게 바쁘지 않은 사람으로 보는 것이다.

끊임없이 너무 바쁘다고 느끼는 것, 적어도 바쁘다는 말을 입에 달고 다니는 것은 새로운 규범이 되었다. 이러한 규범이 어디에서 왔는지는 잘 모르겠다. 빅토리아 시대 강제 노역소의 윤리가 이어진 것일까? 아니면 직원들이 시간을 얼마나 효율적으로 활용하는지에 따라 조직의 평가가 정해지는 문화의 산물일까?

자신이 받는 평가, 연봉, 상사의 생각을 중시하는 사람도 있을 것이다. 직장에서 시간을 얼마나 어떻게 쓰느냐에 따라 조직에서 차지하는 위치가 올라갈 수도 있고 내려갈 수도 있기 때문에 매 순간 '바빠야 한다!'는 생각을 할 수도 있다.

여러분이 바쁜 척을 하고 있다고 생각하지는 않는다. 다만 우리 팀은 효율성만 강조하는 문화가 미래의 일터로 이어지지 않을 구시대적 작업 방식 중 하나라는 것을 고객들이 깨닫게 하려고 노력하고 있다는 점을 알아주길 바란다. 적어도 미래에는 지금과 같은 작업

방식은 통하지 않을 것이다.

예를 들어 도매 혹은 소매 분야에서 선반을 채우는 사람이 있다고 해보자. 이들은 몸과 마음에 휴식이 필요하지만, 쉬지 못하고 다른 작업장으로 서둘러 이동해야 한다. 이들은 '할당량'을 부여받기 때문에, 내가 지금 극도로 바쁜 작업 스케줄 방식을 문제 삼는 것에 동의하지 않을 수도 있다. 그래서 불편해하는 독자들이 있을지라도, 고용주의 근시안적인 생각이 직원들의 사기를 떨어뜨린다는 점을 지적하려고 한다.

우리는 대부분 바쁘다. 그래서 바쁘다는 것은 특별한 일이 아니다. 이것이 바쁘다는 변명이 잘 통하지 않는 이유다. 하지만 그런데도 "누가 그런 시간을 낼 수 있죠?"와 같은 넋두리를 몇 번이나 들었는지 모른다. 적절하고 실용적인 피드백을 제공하는가? "예, 그래야죠. 하지만 피드백할 시간을 누가 낼 수 있죠?" 팀원 모두에게 힘을 주고 목소리를 높일 기회를 주는가? "그럼 좋겠네요. 하지만 그런 시간을 누가 낼 수 있죠?"

바람직한 리더십, 생산적인 협동심, 돈독한 우정을 위해서는 무조건 시간을 많이 쓰는 것이 아니라 더 나은 방식으로 시간을 보내야 한다.

한정된 시간을 가치 있게 쓰자

시간은 소중하고 유한한 자원이다. 맞는 말이다. 하지만 그렇다고 마법을 부려 허공에서 시간을 만들어내라는 것이 아니다. 다만 여러분이 원하는 결과를 얻기 위해 시간을 어떻게 재분배할지 생각하기에 앞서, 여러분이 하고 있는 일을 어떻게 바꿀 수 있을지 생각해봤으면 좋겠다. 내가 생각하는 것은 두 가지다.

첫째, 어떻게 하면 주어진 시간 안에 더 집중하고 활기차며 효과적으로 작업할 수 있을까?

몇 년 전, 프로농구 선수라는 꿈을 이루고자 노력하는 영국의 아이들을 위해 영상을 촬영한 적이 있다. 그 과정에서 정말로 열심히 노력하는 사람들을 봤다. 나름 열심히 효율적으로 연습해 진이 빠진 채 체육관을 나오지만, 생각만큼 결과가 잘 나오지 않는 사람들이었다. 나는 이 같은 이들에게 내가 스포츠계에서 그리고 스포츠계를 은퇴한 이후의 삶에서 배운 동기부여 이론을 공유하고 싶다. 나는 이 이론을 일종의 '수업료 지불Paying the FEE'이라고 부른다.

어떤 분야에서든 성공을 꿈꾸는 사람들은 신체적, 감정적, 인지적 재능을 타고나는 것이 중요하다고 생각한다. 하지만 높은 성과를 이룬 사람들과 이야기를 나누어보니, 오히려 그들에게는 무엇인가를 성취하기까지 겪는 지루한 과정을 잘 견디는 능력이 있었다. 무미건조하고 영감을 주지 않으며 힘들기만 한 계획인데도 묵묵히 할 수 있는 능력, 몸으로 하든 머리로 하든 반복적으로 해야 하는 힘든 연습 시간을 열정적으로 받아들여 최종 결과나 성과를 보여주려는 의지가 이에 속한다.

'수업료FEE'는 집중Focus, 노력Effort, 실행Execution의 약자다.

- **집중(Focus)**   명확하고 구체적이며 잘 정의된 목표를 설정하고, 그 목표를 향해 나아가는 데 전념하는 한결같은 태도
- **노력(Effort)**   귀찮고 지루한 작업이어도 최선을 다해 열정과 의지로 자신에게 적용하는 규율
- **실행(Execution)**   불필요한 시간 낭비를 없애고자, 단순히 노력을 기울이는 것에 그치지 않고 철저한 계획에 따라 정밀하게 수행하는 것

사람들은 '개인적인 근면성'만으로도 충분히 성공할 수 있다고 생각한다. 하지만 안타깝게도 평등한 기회가 보장되지 않는 이 혼란스러운 세상에서 개인적인 근면성만으로는 충분히 성공하기 힘들다. 많은 사람이 자신을 한계까지 몰아붙이지 않는 '개인적인 관대함'에 빠져 있다. 그들은 업무에 걸리는 시간이 할당된 시간만큼 최대한 늘어진다는 '파킨슨의 법칙'에 시달리고 있으며, 그 결과 편안한 수준을 넘어서지 않은 채 실제 역량을 보여주지도 않으면서 '바쁘다'는 말을 입에 달고 산다.

이렇게 습관적으로 바쁘다는 말을 입에 달고 살면 장점도 있다. 진정한 동료, 팀원, 리더가 되기 위해 진짜 중요한 잠재력을 발휘할 수 있도록 소위 '있으면 좋은 것'들을 포기하게 만드는 그럴듯한 핑계를 제공한다는 점이다.

시간을 언제 어떻게 쓰는지 생각할 때 두 번째로 해야 할 일이 있다. 적은 시간으로도 무엇을 할 수 있는지 인식하고, 이에 감사하는 일이다.

나에게 존재와 목적을 가지고 사용하는 시간의 힘을 처음으로 가르쳐준 사람은 어머니였다. 어머니의 가르침은 내가 살아가면서 늘 간직할 교훈을 주었다.

어머니는 1970년대에 스톡포트의 일반 개업의였다. 집에 여동생들과 있으면 다툴 때가 많았기에 일곱 살때쯤엔 왕진을 가는 어머니를 따라나서곤 했다. 하지만 어머니와 함께 가는 왕진에 별 기대를 하진 않았다. 언젠가 어머니는 정기적으로 차도가 없는 중증 환자들을 치료했는데, 내가 따라간 환자들의 집에는 슬픔의 무게가 가득해 숨쉬기조차 힘들 정도였다. 나는 그런 장소에서 시간을 많이 보냈다. 언젠가 어머니에게 환자들이 있는 집에 들어가면 무언가가 내 가슴을 짓누르는 것 같다고 이야기한 것을 기억한다.

우리는 보통 문 앞에서 환자의 가족에게 인사를 받았다. 이어서 환자의 가족은 우리를 거실로 안내했다. 어머니는 거실을 통과해 환자가 있는 방으로 갔다. 나는 거실에서 환자의 가족과 함께 앉아 어머니가 돌아오기를 기다리곤 했다. 환자 가족은 단 한 명뿐일 때도 있었고, 환자의 가족들로 거실이 북적일 때도 있었다. 그런데 환자들의 집에 갈 때면 자주 듣는 소리가 있었다. 접시에서 찻잔이 쨍그랑거리며 신경질적으로 부딪치는 소리였다. 그 시절에는 의사가 왕진을 오면 환자의 가족들은 집에서 가장 좋은 찻잔과 접시를 준비했다. 일단 거실에 자리를 잡으면 찻잔과 접시가 나왔다. 거실에 있는 다른 사람도 각자 찻잔과 접시를 앞에 두었다. 거실에서 나는 환자의 가족들과 묵직한 공기를 마시며 시간을 보내곤 했다. 접시 위에서 덜컹거리는 찻잔의 불안한 소리 외에는 아무 소리도 들리지 않았다. 무거운 침묵 속에 불안과 두려움으로 떨리는 손들만이 있을 뿐이었다.

잠시 후 진찰을 마친 어머니가 거실로 돌아왔다. 어머니는 어떤 진단을 내리든 우선 문간에 멈춰 서서 마치 거실을 조사하는 것처럼 아무 말도 하지 않았다. 어머니는 꽤 신중한 태도로 일했으며, 환자의 모든 가족에게 관심을 보이듯 모두와 눈을 마주쳤다. 그렇게 어머니는 그 순간에 환자의 가족들이 가장 중요하다는 태도를 보여주었다.

어머니는 일단 자리에 앉으면 환자의 가족들이 털어놓는 걱정과 고민을 들어주었다. 허탈해하는 사람도 있었고 신경질적으로 나오는 사람도 있었다. 그들은 눈물을 흘리며 말하곤 했다.

"더 이상 희망이 안 보여요, 선생님. 어떻게 하면 좋을까요? 할 수 있는 게 아무것도 없어요. 답답하고 막막합니다. 앞으로 어떻게 하면 좋을까요?"

이제 어머니의 앞에도 찻잔과 접시가 놓였다. 모든 환자의 가족들이 이야기를 전하고 나면, 어머니는 다시 한번 거실을 둘러보곤 했다. 그리고 찻잔이나 접시 소리처럼 불안한 목소리를 거두고, 바위처럼 안정적인 목소리로 환자 가족들의 눈을 바라보며 침착하게 말했다.

"희망을 가지세요. 잘해나가실 겁니다."

하지만 환자 가족들이 이렇게 반응할 때도 있었다.

"하지만 선생님은 이해 못 하실 거예요."

"그렇지 않습니다. 포기하지 마세요. 할 수 있습니다."

어머니는 확신에 가득한 말을 하며 안심시키는 듯한 손동작을 보였다. 느긋하게 움직이는 손가락은 환자 가족들의 마음속에 일어나는 의심과 두려움을 다잡을 정도로 침착했다.

그리고 어머니는 평온한 자신감을 보이며 환자 가족들이 포기하지 말고 버틸 수 있도록 격려했다. 사랑하는 환자와 나머지 가족을 위해 앞으로 7일 동안 할 일을 알려주는 것이다.

"그렇게 하면 잘 이겨낼 수 있습니다. 일주일 후에 다시 찾아뵙겠습니다. 할 수 있다는 믿음을 가지세요."

어머니의 말은 심오한 효과를 일으켰다. 거실의 공기가 즉각 가벼워져 한결 숨쉬기 편해졌다. 환자 가족들의 손은 더 이상 떨리지 않았고, 찻잔과 접시에서도 더는 신경질적으로 부딪치는 소리가 나지 않았다. 물론 어머니의 말 한마디로 환자가 갑자기 다시 건강을 찾은 것은 아니었다. 하지만 그 순간에는 마치 어머니가 환자 가족들을 되살린 것 같았다. 냉철한 자신감과 진실한 보살핌으로 전달된 몇 마디 말을 통해 어머니는 불과 몇 분 전까지만 해도 슬픔으로 지친 환자 가족들에게 다시 희망의 불길을 안겨준 것이다.

"예, 선생님 말씀이 맞습니다. 저희는 할 수 있습니다. 말씀하신 대로 해보겠습니다. 일주일 후에 뵙겠습니다."

나는 항상 어머니가 환자 가족들에게 적절한 처방을 내리는 것에 감탄했다. 어머니의 왕진 현장을 따라다니면서 나는 어머니가 전하는 힘에 압도당했다. 희망을 불어넣는 능력이었다. 당시 일곱 살짜리 어린아이였던 나에게는 완전히 이해하기 어려웠던 힘이었기에 그저 '마법' 같다고 생각했다.

절제된 메시지와 집중력의 힘

분명 일곱 살 때의 일이었다. 1977년에 일어난 일이었다는 것을 알기 때문이다. 1977년이라고 확신하는 데는 이유가 있다. 어머니가 나에게 '새로운 희망'이라는 제목으로 개봉한 첫 번째 〈스타워즈〉 영화를 보여준 해였기 때문이다. 이 일은 내 인생을 바꿀 만한 일이었기에 아직도 생생히 기억난다.

그 당시 나는 SF 소설에 푹 빠져 있었다. 분명 나는 괴짜의 길을 가고 있었다. 잉크로 뒤덮인 듯한 검은색 우주 배경에 새겨진 멋진 황금색 자막은 나를 다른 차원으로 이끌어주는 관문이었다.

'아주 오래전, 머나먼 은하에서….'

영화가 시작되자 현실과는 너무나 다른 신비한 세계에 사로잡혔다. 희한하게 생긴 로봇과 우주를 휘젓는 스톰트루퍼(〈스타워즈〉에 등장하는 제국군 병사—편집자)들, 그리고 묘하게 생긴 머리 장식을 한, 공주를 괴롭히는 슈퍼 악당이 만들어가는 세계 말이다. 내가 지금 어디에 있는지 모를 정도로 넋을 잃었다.

하지만 약 43분 30초 동안 영화를 보면서(원래 버전에서는 42분 30초다!) 남다른 환상의 우주가 갑자기 친숙하게 느껴져 기분이 묘했다. 오비완 케노비와 루크 스카이워커가 모스에이슬리 우주 공항을 통해 칸티나로 갈 때, 그들의 동료이자 로봇인 R2-D2와 C-3PO를 찾아 순찰하던 스톰트루퍼들에게 잡히게 된다. 나는 이 장면을 보면서 어떻게 이 일이 우리의 영웅들에게 유리하게 작용할 수 있을까 하고 꽤 혼란스러워했던 기억이 난다. 루크가 운전하던 공중 부양 자동차 뒤에서 두 로봇이 분명히 발각되었다. 어쩌면 〈스타워즈〉는 결말이 무척 당혹스러운 짧은 영화가 될 수도 있었다.

스톰트루퍼는 루크를 심문하며 로봇에 대한 루크의 소유 내력을 캐묻고 신분증을 보여달라고 요구했다. 그러나 오비완 아저씨는 당황하지 않았다. 그는 총을 깔고 앉아 왼쪽 팔꿈치를 문틀에 받친 채 냉정을 유지하고 있었다. 평소에 입는 제다이(〈스타워즈〉에 등장하는 정의를 수호하는 기사단 – 편집자) 가운을 머리까지 걸친 채, 진지하고 온화한 시선으로 스톰트루퍼를 바라보며 "그의 신분증을 볼 필요는 없다."라고 말했다.

우와!

스톰트루퍼는 잠시 망설이다가 고분고분하게 "우리는 그의 신분증을 볼 필요가 없다."라고 되뇌었다.

우와아!

"이들은 댁이 찾는 로봇이 아니야."

"이것들은 우리가 찾는 로봇이 아니야."

오비완이 말하면 스톰트루퍼들이 대답했다. 마치 오비완의 말에 세뇌당한 듯, 스톰트루퍼는 루크에게 "하던 일을 계속하라."고 지시했다. 로봇이 바로 저기 있는데도 말이다!

전에 아주 비슷한 장면을 본 적이 있다. 이 생각을 하다가 영화의 다음 장면을 몇 분 동안 놓쳤는데, 어머니의 옆모습을 바라보며 우리가 방문했던 환자들 집의 거실을 떠올렸기 때문이다. 절제된 말의 가치가 무엇인지 깨달았다. 말의 경제성, 전달의 확신, 집중의 강도, 그 모든 것의 힘을 나는 이전에 본 적이 있었다! 어머니가 몇 마디 말과 집중력으로 다른 사람의 기분과 행동을 바꿀 때마다 본 것이었다. 그것이 바로 어머니의 포스(〈스타워즈〉에서 제다이들이 사용하는 신비로운 능력―편집자)였다! 달리 어떻게 설명해야 할까? 때마침 어머니가 팝콘을 잡으려고 손을 뻗었다. 어머니는 무언가를 깨달은 듯한 나의 표정을 봤다. 그러자 어머니는 오른쪽 눈썹을 추켜세우면서 마치 무엇인가를 알았다는 듯 미소를 지으며 고개를 끄덕였다. 마치 "바로 그거야!"라고 대답하는 것 같았다. 어머니의 표정에는 아무 의미가 없었을 수도 있지만, 그 순간만큼은 어머니가 제다이처럼 보였다.

영화가 계속되면서 힘도 유전적으로 전해진다는 설명이 더해졌다. 영화가 끝나고 엔딩 크레디트가 올라갈 때 나도 제다이가 될 거라고 확신했다. 어머니는 내가 아직 어렸기에 영화의 메시지를 잘 이해하지 못할 것이라 생각해 유전으로 전해지는 힘 이야기를 하지 않았던 것 같다. 루크는 나보다 훨씬 나이가 많았으나 유전으로 전해지는 힘에 대해서는 잘 모르는 것 같았다.

영화가 끝난 후, 나는 어머니가 가진 힘을 배울 방법을 찾고 싶은 마음이 굴뚝같았다. 하지만 어머니에게 직접 물어보지는 않기로 했다. 대신 이미 밝혔듯이 나는 괴짜였고 거의 매일 도서관에 다녔기 때문에, 동네 도서관에 가서 답을 좀 알아봐야겠다고 생각했다. 영화를 본 후 도서관에 갔을 때, 대출 창구로 달려가 혼자 있는 사서에게 인사를 건네지도 않고 곧바로 어머니가 환자들의 집에서 무엇을 했는지 설명하면서 '제다이가 되는 법'에 대한 책을 찾는다고 했다.

"음, 〈스타워즈〉 책은 다 나갔어."

나는 사서의 말을 끊고, 두 손을 책상 위에 올려놓고 매우 극적으로 말했다.

"아니, 그게 아니고요. 〈스타워즈〉 영화에 관한 책을 찾는 게 아니에요. 제다이가 되는 법을 가르쳐주는 책을 찾고 있어요."

사서는 내 말을 이해하지 못했다. 흥분한 나는 참을성이 부족한 일곱 살짜리 아이였으나, 최대한 명확하고 천천히 말하며 자세히 설명했다. 어머니가 환자들의 집에서 어떤 일을 했는지 자세히 이야기했다. 환자들의 집을 감돌던 무거운 공기가 어떻게 가벼워졌는지, 환자 가족들이 어떻게 어머니의 말을 듣고 힘을 얻었는지 말이다.

도서관 사서도 우리 어머니를 알고 있었을 가능성이 컸다. 동네 사람들 모두 우리 어머니를 알고 있었고, 더구나 이 도서관은 어머니가 일하는 병원 바로 옆에 있었다. 사서도 어머니의 환자였을 수 있다. 결국 사서는 내가 무엇을 부탁하는지 이해했다. 그는 매우 인내심이 있었고, 내가 하는 묘사가 약간 '심리학'처럼 들린다고 했다. 심리학은 재미있는 것일까? 심리학이란 단어를 잘 몰랐지만 갑자기 심리학이 궁금해졌다. 사서도 우리 어머니가 간직한 비밀의 힘을 알고 있었으나 직접적으로 말해주고 싶지 않았을 수도 있다. 나는 이렇게 말했다.

"뭐라고 부르든 상관없어요. 심리학 책이 있는 곳을 알려주세요."

사서가 심리학 책 코너를 가리켰다. 나는 몇 시간 동안 바닥에 앉아 심리학 책을 읽었다. 어른들이 읽는 책이었다. 내가 읽던 심리학 책이 어쩌면 내가 갈 수도 있는 길을 알려주고 있었을지도 모른다.

하지만 당시에 내 머릿속에는 오직 힘에 관한 것밖에 없었다. 포스, 특별해지는 힘. 우리 어머니와 오비완 아저씨처럼 되고 싶었다. 우리 어머니처럼 사람들에게 영향을 주고 싶었고, 제다이가 되고 싶었다.

물론 유치한 생각이었다. 왜냐하면 포스란 허구의 개념이었기 때문이다. 게다가 내가 찾던 힘은 사실 모든 사람에게 있는 능력이었다. 그런데도 마치 특별한 것처럼 좇고 있었다. 어린 시절에는 그런 능력이 제다이, 의사, 심리학자, 소수의 엘리트만 가지고 있는 것이라고 오해하고 있었다. 하지만 이는 잘못된 생각이었다. 크기와 관계없이 우리 모두가 제다이 같은 잠재력을 지니고 있다. 그 잠재력을 발현해 제다이와 평범한 사람의 차이를 만드는 것은 바로 의지, 헌신, 규율이다.

힘에는 책임이 따른다

기술이 빠른 속도로 인맥을 대체하고 진정한 관계가 위태로워진 세상에서 집중력이 주는 선물은 아무리 짧아도 점점 더 소중해지고 있다. 내가 동료들에게 항상 하는 말이 있다.

"너의 관심이 곧 무기야."

관심은 희한한 무기인데, 그 부재가 반드시 다른 사람에게 상처를 준다는 점에서 그렇다. 너무 바쁘면 남에게 관심을 둘 수 없다. 솔직히 말하면 너무 바쁠 때는 우리에게 이익이 되는 사람이냐, 경험이 많은 사람이냐를 따지면서 시간을 투자해 관심을 보인다.

경우에 따라서는 몇 초만 투자할 때도 있다. 예를 들어 회의가 끝날 때를 생각해보자. 참석자들이 흩어지려고 할 때 자리로 돌아오는 짧은 시간을 어떻게 보내는가? 그 짧은 시간에 발표자에게 감사 인사를 하거나, 질문을 하거나, 팁을 주거나, 무엇인가를 제안하는가? 잘 아는 동료에게 다가가 가족은 어떻게 지내는지 물어보는가? 전에 만난 적 없는 동료 참석자에게 자기소개를 하는가? 관심은 감사의 메일, 도와주겠다는 제안, 마음을 움직이는 문자 형태로도 표현할 수 있다.

이러한 행동은 단순히 예의로 하는 것이 아니다. 여러분의 시간과 관심은 매 순간 강력하게 사용될 수 있다. 여러분은 강력한 존재이기 때문이다. 그리고 두 번째 진실을 부정하는 것은 힘과 시간을 제대로 사용하는 번거로움을 피하기 위한 또 다른 변명일 뿐이다.

힘을 갖게 된 많은 이가 그 힘이 주는 책임감에서 벗어나려 한다. 이를 위해 마치 그 힘이 없는 것처럼 행동한다. 자신이 권력을 휘두른다는 사실을 전혀 인정하지 않는 권력자만큼 조직에 위험한 존재는 없다. 권력자가 자신의 권력 행사를 인정하지 않는 이유는 자신이 미칠 영향력이 두려워서가 아니다. 권력에 따라오는 책임감이 필연적으로 수반하는 불편함을 회피하기 위함이다.

사소한 험담을 하거나 사내 정치에 끼어들고 싶을 때 자신의 권력을 부정하는 것이 핑계로 사용될 수 있다. 누군가를 희생시켜 공격하거나 농담을 하는 것이 왜 나쁜 걸까? 그저 '작고 평범한 나'에게서 나오는 말이지 않은가! 하지만 이는 힘을 남용해 남에게 상처를 주는 일이다. 리더로서 여러분이 가진 힘을 존중하면서 이 힘에 어떤 영향력이 있는지 이해하도록 하자. 힘이 있는 사람은 말초적인 재미에 빠지면 안 된다.

아무 생각 없이 무심코 바라보는 자신의 단순한 시선이 다른 사람에게 영향을 줄 수 있다는 사실을 받아들여야 한다. 혼자 있는 것이면 몰라도, 당신이 화가 난 듯한 표정을 짓고 있으면 함께 있는 사람에게 영향을 미친다. 물론 여러 가지 이유로 짜증이 날 수 있다. 하지만 엘리베이터를 기다리면서 짜증스러운 표정을 지으면 안 된다. 화상 회의 중에 눈알을 굴리거나 턱을 꽉 깨물거나 흥분한 표정을 지으며 책상으로 걸어가면 안 된다. 그 모습을 보고 있는 사람은 당신의 표정에 영향을 받는다. 특히 조직에서 영향력 있거나 리더인 사람이 짜증스러운 표정을 지으면 부하 직원들은 혹시 자신 때문에 저러는 것일까 하고 불안해한다.

'작고 평범한 나'는 변명이 될 수 없다. 그것이 대화 중에 동료 대신 휴대폰에 집중하는 이유가 될 수는 없다. "그냥 매주 하는 직원회의일 뿐인데요."라는 말이 다른 사람이 발언할 때 이메일을 훑어보는 일을 정당화하지는 않는다.

결정적인 순간은 없다는 것을 기억하자. 여러분이 하는 일이 너무나 일상적이라 방법이 중요하지 않거나, 영향력이 없거나, 심지어 판도를 바꾸지 않을 것이라고 생각해서는 안 된다. 중요하지 않다고 믿는 것은 그 순간의 노력과 불편함을 피하기 위한 변명에 불과하다. 여러분만 그런 것은 아니다. 원래 인간은 게으르고 에너지를 절약하려고 하는 존재다. 이는 인간의 생존 전략이다.

진정한 리더는 이러한 인간의 본성을 올바른 방향으로 이끈다. 진정한 동료와 친구들도 그렇다. 그들은 필요할 때만 사람들에게 관심을 보이는 게 아니라 일관적으로 관심을 보인다. 진정한 리더들은 얼핏 평범해 보이는 참여로도 변화를 일으킬 수 있는 자신의 영향력을 알고 있기 때문에 항상 최고의 모습을 보여주겠다고 약속한다.

여러분이 주도하거나 참석하고, 이미 잘 알고 있는 주제가 다루어지는 '일상적인' 회의를 생각해보자. 무엇이 최선인지 이미 알면서도 한참 후에야 결정이 이루어지는 회의다. 정말로 협력적인 회의에 참여하는 것보다 이런 번거로운 회의들을 잘 진행해서 몇 분 일찍 끝내는 것이 훨씬 더 쉽다. 반면 협력적이고 포괄적인 회의라면 대안적인 관점이 필요하고 추가로 해야 하는 작업이 있을 수 있다. 이는 현재와 미래에 더 나은 결과를 가져올 수도 있는 회의다. 진정한 리더는 자신과 팀이 답을 얻지 못할 때 혹은 집단적인 의견과 전문 지식이 필요할 때를 대비해 회의를 준비해야 한다.

물론 이런 회의에는 에너지가 훨씬 더 많이 들어간다. 그래서 빨리 끝나는 수월한 회의를 선택하고 싶다는 유혹에 빠질 수 있다. 리더라면 오랫동안 이 일을 해왔을 것이다. 앞으로 어떤 일이 일어날지 정확히는 몰라도, 이미 알고 있는 것과 크게 다르지 않을 것이다. 그렇지 않은가? 심지어 당장 해결해야 하는 일도 아니다. 그렇다면 오늘 할 일이 너무 많아서 힘든데 좀 더 쉽게 회의를 진행해도 되지 않을까? 장기적으로 봤을 때 별 차이는 없을 것이다. 적어도 스스로는 그렇게 정당화할 것이다.

"그런다고 달라지지는 않을 거야."라는 말은 변명이다. 때때로 쉬운 길을 택하고 싶다는 생각이 이러한 변명을 만든다. 하루가 끝날 무렵에는 더 이상 배를 몰 힘이 없기 때문이다. 하지만 절차가 깨지고 시스템이 조작되며 더 높은 힘이 줄을 당기는 무대에서 우리가 조종받는 사람에 불과하다면 어떻게 변화를 만들 수 있겠는가?

조직 설계, 보수적인 구조, 소수자 채용, 경력 개발, 전략적 목표, 서투른 절차 등과 같은 거대한 구조적 문제를 언급하며 손을 놓아버릴 때도 있다. 이런 중요한 문제들을 윗선에서 방치하거나 잘못 관리하면, 현장에서 아무리 노력해도 큰 의미가 없을 것이라고 말한다. 하지만 이는 완전히 잘못된 생각이다. 이것도 편리한 합리화에 불과하다.

개인이 하는 행동은 문화를 이끌어간다. 잘못된 인프라나 무능한 관료 제도만 문제 삼으면, 동료들과 함께 우리 잘못이 아니라 외부 탓이라고 핑계를 댈 수 있다. 그렇게 핑계를 대면서 위로를 받기도 한다. 하지만 실질적으로 해결에는 별로 도움이 되지 않는다. 여러분이 신뢰, 회복탄력성, 혁신을 위해 할 수 있는 것은 무엇인가? 시스템이나 절차와 상관없는 아주 작은 행동이 어떤 변화를 일으킬 수 있는가?

관료주의나 잘못된 절차처럼 우리 주변에는 통제할 수 없는 요소들이 있다. 이를 인식하는 것도 중요하다. 하지만 통제할 수 없는 외부 문제를 핑계로 삼으며, 통제할 수 있는 영역에서도 아무런 행동을 하지 않을 때가 많다. 이는 그저 자기가 편하자고 하는 변명이다. 이러한 무관심한 태도는 다른 사람에게 바이러스처럼 전염되어 결국 기회를 놓치게 된다. 힘든 길과 불편함을 피하기 위한 자기 정당화일 뿐이다.

우리는 지금 아주 다른 세상에 살고 있다. 어떤 말을 들었는지는 모르겠으나 '뉴노멀'이란 것은 없다. 오히려 이전에 했던 것을 다른 방식으로 해야 할 가능성이 크다. 이때 불편한 방식이 따를 수도 있지만 불편함을 감수하면 보상이 오기도 한다. 불편함을 감수한다는 것이 자기 관리를 포기하라는 뜻은 아니다. 친구나 동료들을 지원하고 개인과 조직의 성과를 높이는 과정에서도 불편함이 따를 수 있다. 이것이 고통스럽더라도 자신에게 더 많은 시간을 투자해야 한다는 신호임을 배워야 한다. 자기 관리는 불편함을 받아들여도 계속할 수 있다. 팀과 함께 꿈을 이루는 과정에서 실제로 맞닥뜨리는 불편함을 담담하게 받아들일 수 있도록, 우선 일상을 지속적으로 계획하고 관찰하며 반성해야 한다.

불편함을 피하는 방법은 의외로 가장 평범할 수 있다.

누군가가 다른 사람의 이름이 기억나지 않을 때 "나는 기억력이 정말 나빠." 혹은 "나는 이름을 잘 못 외워!"라고 하면서 합리화하려고 하는 것을 본 적 있는가? 실제로 기억력이 좋지 않을 수도 있지만 그렇다고 해서 함께 일하는 사람의 이름을 모른다는 것을 정당화할 수는 없다. 매일 같이 일하는 동료들의 이름을 기억하지 못하는 리더들이 있다. 이들은 많은 것을 기억해야 하는 중요한 사람이라 이름을 기억하기 어렵다는 널리 받아들여진 변명에 기대고 있다. 말도 안 되는 소리다! 만약 정말로 직원의 이름을 기억하고 싶다면, 중요한 고객이나 이사회 임원의 이름을 기억하는 방법을 마련하듯 직원의 이름도 기억할 방법을 찾을 것이다. '나쁜 기억력'은 정당한 변명이 될 수 없다.

내향적인 사람이라는 것도 정당한 변명이 될 수 없다. 나 역시 매우 내향적인 성격이라 사람들과 오랫동안 함께 있으면 매우 고단하다. 고객들과 상호작용하면서 스릴과 보상을 느낀다고 했던 이전 발언과 모순되는 것처럼 보일지도 모른다. 하지만 모순이 아니다. 내향적이지만 사람들과 상호작용하는 것을 즐기는 것이 사실이기 때문이다. 나와 우리 회사의 목표를 이루려면 다른 사람들과 협력해야 한다. 당장은 피곤해도 꼭 필요한 일이다. 결국에는 그런 협력이 큰 보상을 가져다준다.

이처럼 협력해야 하는 상황에서는 혼자 있고 싶다는 나의 본능이 후퇴한다. 조용한 장소를 찾아서 뒹굴고 싶다는 본능 말이다. 나는 협력을 통해 얻는 놀라운 보상 때문에 편안하고 싶다는 본능을 극복하고 일에 전념한다. 함께하며 무엇인가를 성취하는 승리에는 그만한 가치가 있기 때문이다.

반대로 외향적인 사람이라면 필요에 따라 외향적인 본능을 누르고 차분해질 필요가 있다. 외향적인 성격이라고 해서 동료의 말을 마음대로 가로막고 자기 말만 해서는 안 된다. 시트콤 〈더 오피스〉의 영국 코미디언 리키 저베이스_{Ricky Gervais}처럼 행동하지 말라는 말이다. 사무실에서 부적절한 '농담'은 용납될 수 없다. 어떤 환경에서든 편안하고 빠르게 대화에 참여할 수 있는 '열린 책' 같은 사람이 되는 것은 멋진 일이지만, 그렇다고 해서 마음대로 행동해도 된다는 뜻은 아니다. 의외로 이를 이해하지 못하는 남자들을 가끔 만난다. 이를테면 동료의 외모를 칭찬해서는 안 된다는 것에 분개하는 남성들이 그렇다.

"칭찬을 안 좋아하는 사람이 어디 있어?"

그 남성들이 하는 반박이다. 이들이 위협적인 사람은 아니며, 다만 불순한 의도로 동료의 외모를 칭찬하는 남성들 때문에 자신도 동료의 외모를 칭찬해서는 안 된다는 생각에 반박하는 것이다. 이렇게 말하는 남성들은 스스로를 외향적이라고 말한다. 이들은 응대 담당자에게 오늘 예쁘다고 말하는 것이 왜 문제냐고 묻는다. 그 말이 무슨 해가 되겠으며, 누구나 멋지고 예쁘다는 말을 좋아하지 않느냐는 것이 그들의 주장이다. 하지만 꼭 그렇지만은 않으니 자제가 필요하다. 아무리 외향적인 성격이라 해도 말이다.

리더는 불편함을 감수하고 옳은 일을 해야 한다

홀륭한 리더이자 동료가 되려면 유연성을 발휘해야 한다. 유연성
이 있으려면 불편한 행동 방식이라도 따라야 할 때가 있다. 불편한
마음이 들 때는 어떻게 행동하는가? 단호하게 행동하고 필요한 일을
하는가? 아니면 의지할 수 있는 변명을 생각하는가?

지금까지의 경험을 떠올려봤을 때, 의외로 고위 리더나 연차가 높
은 동료들이 불편한 상황을 더 잘 견디지 못했다. 이는 세계적으로
유명하고 성공한 것처럼 보이는 사람이나 조직에서도 발생하는 일
이다. 그들은 어려움에 마주했을 때 조직의 성과나 장기적인 목표를
추구하기보다는 편안하거나 최소한 불편하지 않은 방식을 우선시
한다.

진정한 성공이란 '덜 노력해도 충분히 괜찮은 선택'이 있을 때도
끊임없이 집중, 노력, 실행을 멈추지 않는 것이다. 조직에 장애물이
생기면 대개 자금을 투입하거나 사업 구조를 개편하지만, 이것으로
해결되는 경우는 드물다. 명성과 관계없이 리더들의 개인적인 행동
이 진정한 해결책이 된다. 그들이 기꺼이 에너지를 사용할 때, 불편
함이 있어도 참고 앞으로 밀고 나갈 때, 변명하지 않으려 할 때, 사리

사욕의 유혹을 억누를 때 문제가 해결된다. 이것이 바로 변화를 이끄는 힘이다.

몇 년 전, 런던 마라톤에서 이 약속을 완벽하게 행동으로 보여주는 순간이 있었다. 데이비드 와이어스David Wyeth는 아마추어 마라톤 선수이자 달리기 모임 촐튼 러너스 클럽의 회원이었고, 이전에도 런던 마라톤에 참여한 적이 있었다. 몇 차례 마라톤을 완주했고, 좋은 기록을 남긴 바 있다. 하지만 이번 대회에서는 무언가가 잘못된 것 같았다. 결승전까지 몇 킬로미터만을 남겨두었을 때, 와이어스의 몸이 정지된 듯 움직임이 둔해졌다. 지켜보기 힘들 정도였다. 그의 걸음걸이는 마치 몸이 두뇌의 반응에 저항하는 꿈을 꾸는 것처럼 휘청거렸다. 그는 게걸음을 걷듯 휘청댔고, 그의 발은 콘크리트처럼 무거워 보였다.

경기의 마지막 단계에서 코스가 오른쪽으로 크게 꺾였다. 이제 결승선까지 얼마 남지 않았지만 와이어스는 결승전에 도착하지 못할 것 같았다. 분명히 그렇게 보였다. 다른 선수들이 오른쪽 커브를 돌 때 와이어스는 비틀거리며 곧장 앞으로 가면서 천천히 무리에서 벗어났다. 그는 다른 주자들보다 한발 앞서기 위해 발버둥 쳤다. 이 모습을 담은 유튜브 영상에서 보이는 관중들의 반응은 상당히 극적이었다. 관중들의 걱정 어린 목소리가 들리고, 버킹엄 궁전의 그늘에 배치된 스피커에서는 바그너의 오페라 〈발키리의 기행〉이 울려 퍼졌다. 불쌍한 와이어스는 점점 더 왼쪽으로 밀려가고 있었다. 마치 불구가 된 동물처럼 그는 고통에서 벗어나려고 애썼다.

그러는 동안에도 다른 선수들은 순항하고 있었다. 말 그대로 수백 명이 이 불쌍한 남자를 그대로 지나갔다. 지나쳐 가는 선수 중에는 치료가 필요한 사람들을 지원하는 자선 단체를 위해 기금을 모으는 사람도 있었다. 하지만 의료적인 도움이 필요해 보이는 와이어스 앞에서 속도를 늦추는 선수는 없었다. 다른 선수들이 와이어스를 보지 못했을 수도 있고, 힘들게 42.195킬로미터를 뛰어오느라 누군가를 도울 상황이 아니었을 수도 있다. 하지만 대부분의 선수가 와이어스의 이상함을 알았음에도 그대로 지나쳤으며, 와이어스를 지나쳐 갈 때 힘내라고 외치기도 했다. 어느 신사 한 명은 보폭을 유지하며 와이어스에게 엄지손가락을 치켜세우고는 따뜻하게 등을 토닥였다. 와이어스는 금방이라도 넘어질 것처럼 보였다.

은행가이자 스완지 해리어스 클럽의 아마추어 육상 선수인 매슈 리스Matthew Rees도 이 마라톤 경기를 뛰고 있었다. 나중에 알게 된 사실이지만 리스는 경기 시작부터 종아리 경련이 생겨서 개인 최고 기록을 달성하겠다는 목표를 포기하고 있었다. 하지만 코너를 돌 때 조금 더 빠른 속도로 달리면 자신의 최고 기록을 약간 뛰어넘을 수 있을지도 모른다고 생각했다. 그 정도 성적이라면 초라하지 않을 것 같았다. 속도를 높여 달리던 리스는 곤란한 상황에 놓인 와이어스를 발견했다. 리스는 와이어스를 전혀 몰랐다. 더구나 와이어스는 경쟁 팀 소속이었다. 그런데 리스는 그 누구도 할 수 없는 일을 했다. 달리던 걸음을 멈춘 것이다. 훗날 리스가 말했다.

"사실 처음부터 그러려고 한 건 아니었습니다. 와이어스가 힘들어하는 것을 봤을 때 달리기를 멈춰야겠다고 생각했습니다. 도와야 한다는 생각이 들었죠. 42킬로미터를 무리하게 뛰다가 마지막 200미터를 남기고 결국 도달하지 못하게 해서는 안 된다는 생각이 들었습니다."

와이어스는 리스가 돕는 것을 쉽게 허락하지 않았다. 하지만 혼자서 서 있으려고 애쓰고 있을 뿐, 리스를 저지할 힘은 남아 있지 않았다. 와이어스는 팔을 휘저으며 리스를 물리치려 했다.

"난 괜찮아요. 혼자 할 수 있으니 어서 마저 달려요."

와이어스가 말했다. 하지만 리스는 아랑곳하지 않았다. 리스는 와이어스를 도와야겠다고 결심했다. 그의 결심은 놀라웠다. 하지만 와이어스는 이내 빠르게 앞서갔고 곧 포장도로에 쓰러졌다. 다른 선수들은 속도를 줄이지 않고 계속해서 와이어스를 지나갔다.

리스는 와이어스가 다시 일어설 수 있도록 도와주면서 눈앞에 보이는 결승선을 가리키며 말했다.

"할 수 있습니다! 끝까지 달릴 수 있어요. 제가 옆에 있을게요. 우리 함께 결승선에 갈 수 있어요."

와이어스는 비틀거렸으나 이내 똑바로 섰고, 리스는 와이어스의 허리를 감싸안았다. 두 사람은 결승선을 향해 느린 걸음으로 달렸다. 그러던 중 처음으로 또 다른 선수가 도움을 주기 위해 멈췄다! 그러나 간신히 정신을 차린 와이어스는 그 선수에게 그냥 가도 된다고 말했다. 그 선수는 리스와 달리 더 이상 고집하지 않고 가던 길을 계속 달렸다. 그 선수는 똑바로 서지 못하는 와이어스의 괜찮다는 말에 더 이상 도움을 주려고 애쓰지 않기로 했다. 아마 그 선수는 경기에서 이기는 자신의 이익이 더 중요했기에 어쩔 수 없다고 변명하며 달렸을 것이다.

"도움이 필요한가요? 괜찮다고요? 그럼 결승선에서 보죠!"

하지만 리스는 변명이 가능한 상황임에도 그 어떤 변명도 받아들이지 않았다. 리스가 다른 수백 명의 선수처럼 와이어스를 지나쳤다 해도 아무도 눈치채지 못했을 것이다. 리스에게는 와이어스나 다른 선수를 도와야 할 의무가 없었다. 리스는 종아리가 아팠고 2시간 50분 미만으로 달려 개인 최고 기록을 달성하겠다는 목표가 있었다. 리스가 와이어스를 보고 어떤 선택을 하든, 장기적으로 봤을 때는 중요하지 않을 수도 있다. 리스는 와이어스가 그대로 쓰러져 죽지는 않을 것이라는 사실을 알고 있었다. 누군가가 도움을 줄 것이기 때문이다. 그렇지 않은가? 마라톤 현장에는 선수들을 돕는 사람이 많았다. 그러니 결국 누군가가 와이어스를 위해 어떤 행동이든 할 것이었다. 리스는 달리는 것을 멈추지 않아도 될 변명거리가 많았지만 변명하지 않기로 했다.

마침내 경기 관계자 한 명이 와이어스를 돕고자 두 사람에게 다가왔다. 이제 더는 리스가 할 일이 없었다. 이제 리스는 와이어스를 안전하게 남겨두고 다시 달리면 2시간 50분 미만이라는 기록을 세울지도 몰랐다. 하지만 그는 그렇게 하지 않았다. 끝까지 와이어스를 돕겠다고 결심했다. 세 사람은 결승선까지 비틀거리며 갔다. 다른 선수들은 세 사람 곁을 지나쳤다. 때로는 등을 토닥여주는 선수들도 있었다. 다른 선수들도 나름 할 수 있는 방식으로 무엇인가 기여했다.

와이어스, 리스, 경기 관계자는 마침내 결승선을 통과했다. 이제 대기하고 있던 의료진이 리스를 대신해 와이어스를 돌봤다. 리스는 뒤로 물러나 시계를 봤다. 결국 2시간 50분 안으로 들어오진 못했다. 개인 최고 기록을 달성하진 못했으나, 리스는 아랑곳하지 않는 듯했다.

"리스에게 얼마나 고마운지 모르겠습니다. 리스, 다른 선수들도 멈췄을 거라고 했죠? 그래요, 중간에 멈춘 다른 선수들이 있었을지도 모릅니다. 하지만 끝까지 옆에 있어준 것은 리스였습니다. 저는 괜찮다고 했지만 리스는 계속 제 옆에 있었죠."

마라톤 경기가 끝난 후 와이어스가 영국 신문 〈가디언〉과의 인터뷰에서 했던 말이다. 리스는 개인 최고 기록을 달성하지는 못했지만 와이어스와 같이 결승선을 통과했으니 완벽한 엔딩이었다고 말했다. 진정한 리더는 같이 성공하고 비전을 공유할 때 얻는 보상이 개인의 성취에서 얻는 보상보다 크다는 것을 늘 알고 있다.

리스와 와이어스 팀의 결승선 통과 장면이 TV로 중계되었다. 해설위원들은 이미 레이스를 마친 세계적인 장거리 주자 제임스 크랙넬 James Cracknell과 함께 중계 부스에 있었다. 크랙넬은 조정에서 올림픽 금메달을 두 번이나 딴 선수였다. 그는 자신이 본 장면을 말하며 챔피언으로서 리스의 사심 없는 태도에 대해 감탄했다. 더 흥미로운 점은 크랙넬이 경기 중 내린 자신의 결정에 후회한다고 말했다는 것이다.

"정말로 곤경에 처한 사람을 두세 명 봤습니다. 계속 달리면서 그 곤란해하는 선수들을 격려했지만 멈춰서 도와주기보다는 '계속 건투를 빕니다.'라고만 말했습니다. 그래서 누군가를 돕기 위해 경기를 포기한 사람을 보면서 죄책감을 느꼈고, 제가 이기적이라는 생각이 들었습니다."

크랙넬의 목소리에서 부끄러움이 느껴졌다. 이날, 그는 경기에서는 이겼으나 진정한 챔피언의 기준은 달성하지 못했다고 인정했다. 오히려 리스가 진정한 챔피언의 기준에 맞았다. 리스는 자신의 개인 기록을 포기하고 그냥 지나칠 수도 있었던 와이어스를 돕는 길을 선택했기 때문이다. 아마 리스가 와이어스를 지나쳐도 아무도 리스의 사심을 알아차릴 수 없었을 것이다. 대중에게 알려지고 칭찬받고자 한 일도 아니었다. 그는 그저 옳다고 생각한 행동을 했다.

이것이 거인의 약속이다. 옳다고 생각하는 행동을 하겠다는 약속이다. 당장 이익이 되지 않더라도 다른 사람을 돌보고 보호하며 키워주겠다는 약속이다. 심지어 불편하거나 어려운 상황에 있더라도 말이다. 이 약속을 지키면 리스와 크랙넬이 깨달은 것이 무엇인지 알게 될 것이다. 개인적인 이익을 포기하는 것은 단기적으로 어렵고 불편할 수 있지만, 장기적으로 집단이 보상을 얻는 것만큼 충분히 가치가 있다.

여러분이 거인이든, 제다이든, 유명한 리더든, 무명의 리더든, 올림픽 챔피언이든, 동호회 아마추어든 상관없다. 여러분이 내리는 결정에는 힘이 있다. 남과 다르게 행동한다고 해서 불편함을 느낄 필요도, 변명할 필요도 없다.

6장

약속한다,
나의 몸과 마음을
돌보겠다고

나는 몸을 움직일 때 머리가 더 잘 돌아간다. 운동은 일주일에 네다섯 번 하고, 그중 세 번은 아침에 근력 운동을 한다. 하루 종일 세 대의 모니터 화면을 바라보며 지낸 날에는 몸을 풀기 위해 하루가 끝날 무렵에 간단한 인요가(중국의 전통 의학과 도교의 철학을 기반으로 한 요가 스타일 — 옮긴이)를 하며 스트레칭을 한다.

인요가는 꽤 즐겁지만, 사실 근력 운동은 싫어한다. 프로 선수였을 때에도 근력 운동을 싫어했고, 은퇴한 지금도 근력 운동하는 것이 너무 귀찮다. 하지만 근력 운동과 스트레칭을 함께 하면 머리가 더 잘 돌아가서 효율적으로 오래 일할 수 있다. 이는 리더로서 동료들과 고객들을 위한 문제 해결사가 되는 데 도움이 된다.

이번 6장에서 강조하는 자기 주도적 약속은 이 책에서 소개하는 그 어떤 약속보다도 즉각적인 효과를 가져다줄 것이다. 하지만 몸과 마음을 돌보겠다는 약속조차도 꼭 자기 자신의 건강만 돌보겠다는 뜻은 아니다. 자신의 목표를 달성하고, 비즈니스와 사회활동에서 다른 사람들을 든든하게 지원하기 위해 필요한 호기심, 인내, 에너지를 지속적으로 유지하겠다는 약속과도 통한다. 책임감 있게 자기관리를 잘하는 모습을 보이면 다른 사람에게도 긍정적인 본보기가된다.

우리가 살고 있는 이 시대에는 변화가 강조되고 혁신해야 한다는 압박이 그 어느 때보다 크다. 지정학적 위기에서부터 세계를 휩쓴 코로나19 팬데믹까지, 우리는 신체적으로나 정신적으로 감당할 수 없을 정도로 많은 것을 요구받는다. 이는 조직 내의 개인뿐만 아니라 경쟁하는 조직 자체에도 적용되는 요구다. 이때 자신의 웰빙 wellbeing(신체적·정신적·감정적·사회적 건강과 균형을 유지하는 상태 — 옮긴이)을 위해 필요한 요구를 무시한다면 다른 사람을 지속적인 성공으로 이끌어주는 리더가 될 수 없다. 이럴 때 쓸 수 있는, 내가 사랑하는 격언을 소개한다.

빈 컵으로는 아무것도 따라줄 수 없다.

혼란 속에서 리더십을 발휘하는 능력은 중요하다. 동시에 이러한 능력이 개인과 동료들의 웰빙을 염두에 두는 마음과 합쳐지면 차별화된 요소가 될 수 있다. 마음가짐과 습관은 자신의 웰빙뿐만 아니라 주변 사람의 웰빙에도 즉각적으로 영향을 미친다.

우선, 회복탄력성의 개념을 다루려고 한다. 대부분의 사람에게 회복탄력성이란 실패나 역경을 딛고 다시 일어서는 능력으로 통할 것이다. 나는 이런 의미로 사용되는 회복탄력성이라는 개념을 좋아한다. 그런데 이러한 종류의 강인함을 기르려면 시간이 걸린다. 그러니 만약 '5분 만에 성공하는 법'을 약속하는 사람이 있다면 의심하는 것이 좋다. 변화는 단번에 일어날 수 없다.

목표를 이루기 위해 언덕을 뛰어 올라가는 사람이 있다고 해보자. 여러분은 그 사람에게 혼자 짐을 메고 가달라고 부탁한다. 이 첫 번째 짐은 달리는 속도와 지구력에 영향을 주지 않을 정도로 가벼운 짐이다. 그래서 여러분은 달리고 있는 그 사람에게 더 많은 짐을 맡겨도 되지 않을까 기대한다. 하지만 그러면 달리는 사람의 걸음 속도가 점점 느려지고, 상대적으로 갈 수 있는 거리도 짧아진다. 더 무거운 두 번째 짐을 지고 달리는 사람은 다시 힘을 내어 달릴 수도 있겠지만, 안전하게 임무를 완수하려면 팀과 함께 기대치를 조정해야 한다. 이 두 가지 짐은 '역경'에 비유할 수 있다. 첫 번째 짐은 가볍기에 달리는 사람이 특별히 조정할 것이 없다. 그러나 두 번째 짐은 가볍지 않기 때문에 달리는 사람이 안전하게 언덕까지 짊어지고 가려면 조정이 필요하다.

잠깐은 혼자 짐을 짊어질 수 있을 것 같지만, 합리적인 사람이라면 그리 바람직하지 않은 방법이라는 사실을 깨달을 것이다. 혼자 짐을 짊어지면 지속적으로 좋지 않은 영향을 미치고, 오랫동안 견디기 힘들며, 동료들이 서로를 돌봐야 한다는 타당한 윤리에도 어긋나기 때문이다.

초기에 이루어진 회복탄력성 연구는 단순한 역경이 아니라 트라우마를 극복하는 능력에 초점을 맞췄고, 이는 대중에게 회복탄력성을 불굴의 의지처럼 보이게 만들었다.

그러나 이는 사실과 다르다. 웰빙의 중요성과 그것이 직장생활에 주는 영향력이 보편적으로 받아들여지지 않을 수도 있다. 하지만 '흑인의 생명도 소중하다Black Lives Matter(이하 BLM)' 시위에서 코로나19 팬데믹에 이르기까지 최근 많은 사람이 사회적 혼란을 견뎌오면서, 웰빙이 끼치는 영향력이 더 깊이 받아들여지고 있다.

몸과 마음을 돌보는 것이 훨씬 효율적이다

그러나 '웰빙'이라는 표현을 언급하는 것만으로도 본능적으로 반발심이 생기는 독자도 있을 것이다. 특히 불편함을 받아들이라는 5장의 내용을 읽은 직후이기에 더욱 그럴 수 있다. 이러한 회의적인 반응과 노골적인 반발은 일과 삶에서 거칠게 단련된 베테랑들 사이에서 흔하게 나타난다. 이들은 젊은 사람들보다 훨씬 힘든 일을 겪어왔기 때문에 지금까지 견뎌온 고통을 어쩔 수 없이 거쳐야 하는 통과의례라고 생각한다.

여기에는 중요한 진실이 있다. 수 세대에 걸쳐 경쟁이 치열한 산업군에 종사하는 노동자들은 끔찍한 대우를 받았다. 그리고 오랫동안 트라우마로 남을 수 있는 끔찍한 대우를 견디면 이는 커리어 향상으로 이어졌다.

인력을 양성하고 개발하며 긍정적인 기업 문화를 만드는 일은 상대적으로 최근에서야 중요시되었고, 대부분의 산업군에서 여전히 개선되고 있다. 오늘날의 기업 엘리트들은, 이러한 환경에 속해본 적도 없고 이를 다룬 책에도 관심이 거의 없었던 관리자들에 의해 형성되었다. 그들은 수많은 끔찍한 일이 묻히거나 용서되는 세상에서 살았다. 사람들을 쓰레기처럼 대하고, '죽지 않을 정도의 고통을 겪으면 더 강해진다'는 말을 곡해하여 다른 사람들을 넘어뜨리며 살아왔다.

이러한 관리자들이 탄생시킨 것이 지금의 리더들이다. 현재의 리더들은 살아남아 번영을 이루었다. 이들의 성공은 주로 투쟁에서 나왔다. 이들은 고통과 성장을 동일시하는데, 자신들이 끔찍한 경험을 견뎠기에 훌륭한 리더가 되었다고 결론 내리기 때문이다. 결국 훌륭한 리더가 되려면 끔찍한 경험과 맞서야 한다는 생각이 다른 사람들에게도 전해진다. 여러분도 이러한 합리화에 어느 정도 공감할지도 모르겠다. 만약 관리자들이 말하는 소위 '통과의례'가 성공과 직접적으로 연관되어 있다고 많은 사람이 믿지 않았다면, 이 통과의례는 우리에게 그리 큰 영향을 미치지 않았을 것이다. 그러나 현실은 관리자들이 과거에 그저 쓰레기 취급을 받았다는 것뿐이다. 사실 이것이 진실에 더 가깝다. 물론 쓰라린 경험을 통해서 배우는 것도 있다. 그러나 긍정적이거나 평범한 경험을 통해 배우는 교훈도 충분히 가치 있다. 꼭 학교에서 맞고 다녀야 회복탄력성을 기를 수 있는 것은 아니다.

이 점을 분명히 하고 싶다. 회복탄력성은 불굴의 의지도 아니고, 꺾이지 않는 마음도 아니며, 무언가를 망가뜨리지 않으면서 같은 강도로 같은 시간 동안 계속 해낼 수 있다는 의미도 아니다.

나는 몸을 움직일 때 머리가 더 잘 돌아간다. 모든 체육 수업에서 성장과 성취감을 느낄 때까지 나 자신을 조금 더 밀어붙이는 방법을 정확히 알고 있지만, 다음 날 근육통에 시달릴 정도로 무리하지는 않는다. 더 큰 이익을 위해 운동조차 쉬어야 할 때가 있다는 것을 인식하고 있다.

몸과 마음을 돌보겠다는 약속은 자기 자신이나 다른 사람을 응석받이처럼 대한다는 것이 아니다. 열심히 일을 안 한다는 뜻도 아니다. 사람들은 대개 작은 이득을 하찮게 여기는 경향이 있다. 우리가 몸과 마음을 돌보겠다는 약속을 하는 이유는, 이를 통해 얻는 작은 이득이 생산성과 효율성에 기하급수적으로 도움이 되기 때문이다.

하지만 이런 약속을 할 때 잃는 것도 있다. 당장의 이익이 줄어드는 것은 감안해야 한다. 현재 많은 직장이 일주일 24시간 내내 운영된다. 기술이 발전하면서 근무 시간과 주말 사이의 경계가 없어졌기 때문이다. 이러한 근무 방식이 당장의 이익에는 도움이 되겠지만, 항상 '켜져 있는' 상태가 초래하는 피해로 인해 우리가 얻은 이익은 제한되거나 전혀 의미가 없게 된다. 그리고 자신과 다른 사람들을 너무 무리하게 밀어붙이다 보면, 자신도 모르게 타협하게 되는 순간이 온다.

회복탄력성을 이루는 일곱 가지 요소

웰빙에만 초점을 맞추기보다는 좀 더 넓게 생각할 필요가 있다. 리더십의 범위에서 바라보면 개인의 회복탄력성을 이루는 요소는 일곱 가지다. 이 일곱 가지 요소는 지속적으로 성과를 높여주기에 관심을 기울일 필요가 있다.

1. 건강한 마음가짐

성공을 결정짓는 가장 큰 요인일 수 있다. IQ, 경험, 직업윤리가 비슷하다면 마음가짐이 건강한 사람이 더 많은 것을 성취한다. 최근에는 '마음챙김'이 라이프스타일의 새로운 트렌드가 되고 있다. 지금 이 순간에 마음을 집중시키는 능력이야말로 성공과 행복을 위해 꼭 필요하다. 사람들이 각자 선택한 인지 과정에 집중할 수 없다면 세상에는 언제나 혼란스러운 불협화음이 가득할 것이다. 사실, 이미 많은 사람이 그렇게 느끼고 있다!

마음챙김을 실천하기란 쉽지 않다. 특히 속도가 빠르고 관심을 끌려는 경쟁이 치열한 세상에서는 말이다. 실제로 멀티태스킹이 업무 결과에 역효과를 낳는다는 증거가 산더미처럼 많지만, 여전히 우리는 멀티태스킹이 필수인 세상에 살고 있다. 한마디로 우리가 사는 세상은 인터넷 검색처럼 효율성과 속도가 중요한 곳이다.

마음가짐이 건강하면 무엇이 진짜이고 허구인지, 무엇이 쓸모 있고 쓸모없는지 객관적으로 걸러낼 수 있다. 우리는 하루 종일 자신에게 어떤 이야기를 하고 있을까? 그 목소리는 어떤 식으로 들리는가? 너무 비판적인가? 도움이 안 되는가? 정확한가? 여기서도 '효과적인 피드백 모델'의 가치를 확인할 수 있다(1장 참조). 이런 질문을 통해 스스로 내면에 말을 걸면 통찰력이 생긴다. 이를 신중하고 꾸준하게 수행하면 '습관'이라는 제2의 천성이 된다. 또한 이는 '통제 지향성'을 배우고 향상하는 데 도움을 줄 것이다. 이는 자신이 통제할 수 있는 것을 식별하고 받아들이며, 통제할 수 없는 것에 집착하지 않는 능력이다. 통제할 수 있는 것을 통제하라. 그것이 당신이 할 수 있는 전부다.

끝으로 마음가짐을 다룰 때 '성장'과 '고정' 사이의 스펙트럼에서 스스로 어디에 있는지 솔직히 평가해보자. 혹시 고정형 사고방식을 가지고 있는가? 고정형 사고방식이란 자신은 물론이고, 다른 사람의 지능과 재능이 타고난 것이라 변하지 않는다고 믿는 것이다. 실패가 두려워 야심을 크게 갖지 않는가? 능력 밖의 일을 하는 것이 두려운가? 아니면 성장형 사고방식으로 세상에 접근하는가? 노력해서 지식을 넓히고 새로운 기술을 배울 수 있다고 생각하는가? 실수할 수도 있고, 실패를 통해 성장 기회가 생긴다고 생각하는가?

'성장형 사고방식'이라는 렌즈로 자신을 바라볼 때 얻을 수 있는 이점은 분명하다. 완벽해야 한다는 강박에서 벗어날 수 있다. 또한 취약함을 받아들이고 도전하며 안주하지 않는다. 변화를 받아들여 유연하게 대응하고, 어려운 환경을 극복해 혁신하려고 하며, 성공과 실패를 통해 아무리 작은 것이라도 배움을 얻어 통찰력과 미래 전략으로 키운다.

개인의 웰빙에 관해서, 리더는 성장형 사고방식으로 상대를 바라봐야 한다. 혼자서 전부 할 수는 없다. 혼자서는 이길 수 없다. 그렇기 때문에 늘 팀과 동료들을 믿고 의지해야 한다. 때로는 불편한 일도 있을 것이다. 그래도 주변 사람들의 능력과 잠재력을 믿어야 한다. 효과적으로 권한과 책임을 위임하려면 성장형 사고방식이 있어야 한다. 제대로 위임하지 않으면 더 나아질 수도, 목표를 달성할 수도 없다.

2. 능동적인 학습

학습할 때는 당연히 열심히 해야겠다는 마음가짐을 가져야 한다. 이는 기본이다. 그다음으로 중요한 요소는 실제 학습 행위다. 인간은 태어날 때부터 정보를 수집하고, 새로운 발견을 하며, 기술을 습득하도록 설계되어 있다. 하지만 시간이 부족하거나, 스트레스를 받거나, 피곤할 때는 원래의 학습 본능을 누르고 대충 하고 만족하려는 유혹에 빠진다. 이미 오랜 시간 일했고 앞으로도 할 일이 많은데, 여기서 더 많은 것을 받아들일 생각을 하면 부담스러울 수 있다. 하지만 독서에 시간을 투자하고 재능을 계발하며 새로운 기술을 실험하면, 당신은 더욱 만족스럽고 평온하며 다재다능한 사람이 될 것이다.

3. 균형 잡힌 영양

시간이 부족하고 바쁠 때는 식사 시간도 부담스러워서 우리 몸에 필요한 영양소를 생각하지 않고 편하게 때우려고 한다. 많은 사람이 스트레스를 받을 때는 짧은 시간에 편하고 부담 없이 먹을 수 있는 음식을 선택한다. 최적의 성과를 위해 신체가 필요로 하는 것을 우선시하는 것은 본질적으로 규율의 문제다. 따라서 회의가 계속 이어지는 날에는 어떻게 하면 자양분을 섭취할지 계획하는 데 시간을 투자해야 한다.

잘 먹기 위해 시간을 투자하는 것 이상으로, 모든 사람이 지켜야 할 식단 목표가 있다.

첫째, 아침을 먹는 것이 좋다. 밤새 아무것도 먹지 않는 상태이기 때문에 아침이 되면 몸은 음식을 필요로 한다. 커피는 아침 식사가 아니다. 바나나는 아침 식사가 될 수 있지만 조금 부족하다. 균형 있고 영양가 있는 식사로 아침을 시작하면 하루 종일 정신이 맑아진다. 이 때문에 아침을 먹는 습관을 들이는 것이 좋다.

둘째, 물을 마셔라. 많이 마셔라. 아침 식사를 하라는 조언과 마찬가지로, 이것은 복잡한 과학이 아니다. 아마 처음 듣는 이야기도 아닐 것이다. 수분이 부족하면 IQ가 낮아진다는 것은 과학적으로 이미 증명된 사실이다! 건강한 성인이라도 4시간 동안 물을 한 잔도 마시지 않으면 두뇌 구조와 인지 기능이 부정적인 영향을 받기 시작한다.

마지막으로, 바쁘다는 핑계로 나쁜 식습관을 정당화해서는 안 된다. 사람들에게 일이 바빠서 하루 종일 식사를 걸렀다는 말을 얼마나 자주 들었는가? 이 말의 의미는 식사를 거를 정도로 이 사람이 하는 일이 무척 중요하고, 심지어 전적으로 몰두해야 한다는 뜻이다. 모든 것을 소모해야 할 정도로 말이다. 달리 말하면, 매우 중요하고 몰두해야 하는 일을 하는 사람은 때때로 자신의 건강을 희생해야 한다는 의미가 된다.

허튼소리다.

이런 말을 큰소리로 하지 않길 바란다. 자랑스럽게 떠벌릴 필요는 더욱이 없다. 우선순위가 무엇인지 모르는 어리석은 주장일 뿐이다. 그리 좋지 않은 본보기다. 이 주장은 자칫 리더십과 발전을 위해 개인의 건강과 웰빙을 희생해야 할 때도 있다는 잘못된 생각을 심어준다. 점심을 거를 생각이라면 조용히 혼자 그렇게 하자. 괜히 그런 잘못된 결정을 명예로운 의무인 것처럼 떠벌려서 주변에 안 좋은 영향을 끼치지 않도록 하자.

4. 신체 활동

경쟁을 중시하는 스포츠를 즐기는 사람도 있고, 아닌 사람도 있다. 하지만 간단한 신체 활동이 몸과 마음 건강에 좋다는 증거는 많다. 30분간 빠르게 걷는 운동만으로도 심장과 폐의 건강이 좋아지고, 불안감이 줄어들며, 기분이 좋아지고, 힘이 생긴다. 매일 출근할 때 역까지 걸어가거나, 주말에 자전거를 빌려 타거나, 줌바 수업에 참여하는 등 조금 더 많은 에너지를 사용하는 신체 활동을 하자. 그러면 신체가 탄탄해지고 마음이 편안해져 도전에 여유로운 태도를 가질 수 있다. 한마디로 새로운 것을 발견해 '유레카'라고 하는 순간을 만들어낼 수 있는 이상적인 상태가 된다.

5. 잠시 멈춤

무언가를 행동하는 것만큼 중요한 것이 아무것도 하지 않는 것이다! 회복탄력성을 기르는 다섯 번째 요소는 잠시 멈추는 순간을 가지는 것이다. 뛰어난 능력을 지닌 사람은 지나치게 바쁜 일상을 보낸다. 이렇게 살면 오래 버틸 수가 없다. 언젠가 누군가와 회의 직후의 시간을 어떻게 활용할 수 있을지에 관해 이야기를 나눈 적이 있다. 나는 방해받고 싶지 않다는 듯 서둘러 사무실을 걸어 다니지 말라고 했다. 이는 여전히 적용할 수 있는 건전한 충고다. 하지만 그렇다고 해서 부지런히 움직이지 말라는 뜻은 아니다.

하루 중 잠시 쉴 수 있는 방법을 찾는 것이 중요하다. 순간적인 효율, 자세, 활동의 변화는 일종의 기어 변속처럼 작용하여 휴식 이후에 눈에 띄는 속도 증가를 보인다. 따라서 단 몇 분이라도 좋으니 모니터와 주변의 소음으로부터 떨어질 방법을 찾자. 이러한 짧은 '재설정'이 일을 다시 시작할 때 더 잘하게 만든다는 것을 깨닫게 될 것이다. 하루 중 10분이라도 하고 있던 일을 잠시 멈추는 대가로 얻는 성과는 가히 기하급수적이라 할 수 있다.

6. 지속적인 회복

잠시 하던 일을 멈추고 쉬는 것은 회복을 위해서다. 스포츠 분야의 과학자들은 경기와 연습 후에 적극적이고 전략적으로 회복하려는 습관을 들여야 선수생활을 연장할 수 있다고 주장한다. 하지만 여러분은 르브론 제임스Lebron James나 마커스 래시포드Marcus Rashford가 아니다. 지금 압박 팬츠나 냉동 치료실에서 쉬는 이야기를 하는 것이 아니다. 낮잠 자기나 소파에 누워 쉬는 것 같은 이야기를 하는 것도 아니다. 여기서 말하는 회복이란, 자신의 성격과 기질이 무엇인지 파악한 후 스케줄에서 재충전에 도움이 되고 기운을 북돋아줄 순간을 찾는 일이다. 누군가에게는 체육관에 가는 일이 될 수도 있고, 누군가에게는 재미로 책을 읽는 일이 될 수도 있다. 숲에서 혼자 걸어도 좋고, 밤에 친구들과 함께 라이브 음악을 듣는 것도 좋다. 무엇이든 재충전에 도움이 되는 활동을 찾아 시간을 투자하자. 적어도 일주일에 한 번은 이런 취미 활동을 하자. 해야 할 모든 일이 끝나 지쳐서 기절하듯 누워 있으면 회복이 되지 않는다. 이는 오히려 번아웃으로 가는 지름길이며, 잠에서 깨어나도 개운하지 않은 악순환으로 이어진다.

7. 숙면

끝으로 수면의 중요성을 간과하지 마라. 잠은 회복탄력성을 기르기 위한 기반이 되는 요소다. 6시간 미만으로 잠을 자면서 최적의 성과를 낼 수 있는 사람은 없다. 일을 하느라 식사를 거르는 것처럼 잠도 적게 잘 수밖에 없다고 주장하고 싶다면 혼자서 그렇게 하라. 그런 습관을 당연히 따라야 할 모델인 것처럼 퍼뜨려 주변 사람에게까지 피해를 주지 말자. 예컨대 늦은 밤에 이메일 초안을 저장해놓고 다음 날 아침에 보내는 행동도 주변에 일종의 신호로 작용할 수 있다. 누가 가장 잠을 적게 자고 일하는지 경쟁해봐야 능률은 오르지 않는다.

수면 장애가 있는 사람도 있을 것이다. 그렇다면 잠을 잘 자는 연습을 해야 한다. 잠드는 것도 기술이다. 다림질이나 다음 날 점심 준비 같은 일상에서 꼭 해야 하는 작업으로 시작해 편안하고 즐거운 활동으로 끝나는 하루를 습관으로 만들어보자. 즐거운 일도 지나치게 많이 하지는 말아야 한다. 잠자는 시간에는 자극을 받지 않도록 해야 하므로 전화나 TV 보기는 굳이 이 습관에 포함시키지 않는 게 좋겠다 (오히려 잠이 달아난다). 소셜 미디어나 심야 뉴스도 자극적이므로 가급적 많이 보진 말자. 그래야 마음이 편안해져 숙면을 취할 수 있다.

지금까지 회복탄력성을 키우는 일곱 가지 요소를 살펴봤다. 건강한 마음가짐, 능동적인 학습, 균형 잡힌 영양, 신체 활동, 잠시 멈춤, 지속적인 회복, 숙면. 이 일곱 가지 요소는 특별히 복잡하지 않다. 이 책을 읽는 누구나 몸과 마음을 관리할 수 있다. 이렇게 봤을 때 몸과 마음을 돌보겠다는 약속은 앞서서 자신에게 하기로 했던 약속들과 일치한다. 자신을 분명히 보려면 자기 성찰이라는 힘을 활용하자. 성공과 성공에 필요한 요소에 집중하자. 대담함과 취약함을 지니자. 편견을 경계하며 행동하자. 변명을 거부하고 불편함을 받아들이자.

딱 한 가지만 새롭게 변화시켜 보자

지금까지 이야기한 내용을 모두 살펴보고 생각해보기를 바란다. 그런 다음, 한 가지는 변화시키겠다고 약속하는 시간을 갖자. 딱 하나의 변화면 된다. 당신을 최고의 자아, 최고의 거인으로 나아가게 하는 변화라면 하던 일을 멈출 수도 있고, 무엇인가를 새로 시작할 수도 있다. 이와 같이 변화하겠다고 자신과 약속했다면 불필요한 것을 정리하고 스스로 한 약속을 지키기 위해 필요한 모든 일을 하자. 이것이 바로 '사전 약속 precommitment' 작업이다. 다시 말해 방해물을 없애고, 쓸데없는 유혹을 피하며, 목표를 이루는 데 필요한 최적의 조건을 구축하는 것이다.

나는 도박 문제를 다루는 법을 연구하다가 '사전 약속'이라는 개념을 처음으로 알게 되었다. 사전 약속이란, 도박꾼들이 카지노에 갈 때 일정 금액의 현금만 가져가면 잠재적 손실을 줄일 수 있다는 개념이다. 즉, 도박꾼들이 추가 자금을 마련할 수 있는 신용카드나 휴대전화를 지니지 않고, 자동차를 몰아 최대한 멀리 떨어진 카지노를 방문하며, 잃어도 큰 지장이 없는 액수의 현금만 가져가는 것이다. 이것이 전부다. 물론 이렇게 해도 더 많은 돈에 접근할 가능성을 완전히 없앨 수는 없지만, 집으로 돌아오거나 은행을 찾아가는 등 추가적인 노력을 들여야 한다. 핵심은 바람직하지 않은 결정에 시간과 노력을 쓰지 않도록 장벽을 세우는 것이다. 이렇게 해야 성급하게 충동적으로 선택할 가능성을 줄이고 결과에 무게를 두며 더 신중하게 생각하게 된다. 인간은 에너지를 가능한 한 적게 쓰는 방향으로 진화했다. 불편함이 클수록 바람직하지 않은 결정을 하지 않게 된다.

사전 약속을 알게 되면서 나 스스로 좋은 방향으로 나아갈 수 있게 되었다. 나름 나에게는 중요한 경험이었다. 원래 게으른 성격에 즉석식품을 즐겨 먹던 나는 NBA 스타가 될 수 없는 조건이었다. 그러나 NBA를 목표로 하면서 체계적으로 계획을 짜면 무엇이든 할 수 있다는 것을 알게 되었다. 일상에서 운동을 자연스럽게 습관처럼 하는 사람들이 있다. 하지만 나처럼 계획표를 짜지 않으면 운동을 안 하려고 이 핑계 저 핑계를 대는 사람도 있다. 나는 확실하게 운동하기 위해 철두철미하고 엄격하게 계획표를 만들었다. 그럴듯한 동기와 규율이 부족한 소년에게 일정은 강력한 도구가 되어주었기에 꼭 필요했다.

식단도 엄격하게 관리해야 했다. 지금도 그렇다. 은행 카드를 집에 두고 가는 도박꾼처럼 나도 주방에 고칼로리 간식을 두지 않는다. 만일 도넛을 먹고 싶으면 직접 사러 집 밖으로 나가거나 배달을 주문하는 등 번거로운 일을 해야 한다. 그 과정 중에 내 마음은 이미 다른 데로 향하게 된다. 그런 점에서 보면 나의 게으름이 나에게 유리하게 작용하는 셈이다.

NBA 선수로 뛰면서 연습과 경기로 매일 칼로리가 소모되어 체지방률을 4퍼센트로 유지했다. 또한 사전 약속을 떠올리며 예측 가능하고 계획된 환경을 만들어 식탐에 빠지지 않도록 했다. 다양성 그 자체가 다이어트를 망칠 수 있는 유혹이었다. 새롭고 다른 맛에 대한 욕망, 식료품점 선반이나 레스토랑의 메뉴에서 볼 수 있는 맛있어 보이는 음식이 유혹이었다.

아직 정식으로 계약을 맺지 않은 신입 선수일 당시, 클리블랜드 캐벌리어스 팀의 정식 선수가 되기 위해 애쓰면서 다양한 음식의 맛을 즐기는 일을 포기했다. 이를 위해 매일 아침마다 똑같은 것을 먹었다. 꿀 한 티스푼, 오트밀, 천연 땅콩버터 한 티스푼. 점심으로는 현미와 브로콜리를 곁들인 닭가슴살구이를 먹었다. 농구 경기 시즌 내내 하루도 빠짐없이 이렇게 먹었다. 그 후 10년 동안 아침에는 오트밀, 점심에는 닭가슴살구이가 고정 메뉴가 되었다.

미칠 듯이 지루한 메뉴다. 접시를 쳐다보면 분노가 쌓이는 날도 있었다. 그러나 이렇게 식단을 완전히 바꾸니 저녁을 소중하게 생각하게 되었다. 그리고 결정적으로 NBA에서 필요한 성과를 올리는 데 방해가 되는 장애물이 없어졌다.

사전 약속은 복잡한 기술이 아니다. 객관적이고 철저한 자기 평가와 자신을 바라보는 통찰력만 있으면 최상의 효과를 거둘 수 있다. 여러분도 잠시 하던 습관을 내려놓고 한 가지를 다른 방향으로 시작해보기를 바란다. 단, 새로운 변화를 받아들이려면 지금까지 살아온 방식을 어떻게 조정할지 생각해보는 시간을 가져야 한다. 이때 부정적인 생각이 많이 든다면, 단순히 '효과적인 피드백 모델'을 시도하겠다고 약속하는 것만으로는 충분하지 않다. 질문 목록을 인쇄해서 작업 공간의 잘 보이는 곳에 붙여두고 계속 참고해야 한다. 회의에서 더 나은 리더와 참석자가 되고 싶다면 어떻게 해야 할까? 새로운 변화를 위해 일정을 다시 짤 수 있는가? 회의 주제, 개인적인 이해관계, 다른 참석자들에 대해서도 시간을 가지고 생각해보자. 특히 다른 참석자들은 어떤 사람이 될지, 이들의 관심사, 아이디어, 목소리를 공유할 수 있도록 어떻게 권한을 부여할 수 있는지에 대해 생각해보자. 어쩌면 당신의 한 가지 변화가 숙면을 취하겠다는 약속일 수도 있다. 그렇다면 숙면을 취하기 위해 생활 방식을 어떻게 바꿔야 할까? 저렴한 디지털 알람 시계를 구입하고 휴대폰을 꽂은 충전기를 주방에 따로 놓았을 때 어떤 변화가 생길까?

자신과 다른 사람들의 이익을 위해 한 가지만 새롭게 변화시켜 보자. 지금 당장 새로운 습관 하나를 길러보자. '작은' 것이라도 괜찮다. 왜냐하면 여러분은 더 이상 '작은' 일을 하는 사람이 아니기 때문이다. 이제 여러분은 거인이다. 이제 거인답게 행동할 때다.

웰빙 관찰 일지

이틀에 한 번 잠들기 전에 일곱 개의 웰빙 영역에 대한 점수를 매겨보자.

첫 번째 칸에는 그날 해당 웰빙 영역에서 중요한 활동을 했는지에 대해 '예' 또는 '아니오'를 적는다. 오른쪽의 더 큰 칸에는 '예'인 경우 무엇을 했는지 몇 마디로 적어라. 예를 들어 '60분 요가 수업, 친구가 강요함' 같은 식으로 적으면 된다. '아니오'인 경우 그 활동을 충분히 하지 못한 이유를 적는다.

한 달 동안 주간 기록을 유지한 후 어떤 패턴이 있는지 돌아보자. '예'와 '아니오'를 더 명확하게 보여주기 위해 다른 색의 형광펜을 사용할 수도 있다. 그렇게 하면 더 많은 '예'를 얻을 수 있는 영역이 무엇인지 분명히 알 수 있을 것이다.

▸ '위클리 웰빙 관찰 일지'는 상상스퀘어 출판사 사이트, 도서목록에서 다운받을 수 있다.

| 웰빙 관찰 일지 |

| 웰빙 관찰 일지 |

웰빙 관찰 일지

미라드셋

명상

수면

학습

영양

(출처: APS 인텔리전스, 2021)

The Promises of Giants

7장

약속한다,
다른 사람의 잠재력을
키워주겠다고

지금까지 우리의 약속은 앞에서 이야기한 자기 인식, 건강한 경쟁 정신, 용기와 겸손, 편견, 불편함을 참는 마음과 같은 자신과의 관계에 초점을 맞춘 내면의 약속이었다. 전체적으로는 우리의 몸과 마음에 초점을 맞춘 약속이다.

이와는 달리 지금부터 살펴볼 약속은 여러분 주변 사람들과의 약속, 여러분이 직접 영향을 끼치는 사람들과의 약속이다. 아마 대다수에게는 상사나 부하 직원과의 약속이 이에 포함될 것이다. 그러나 진정한 거인은 다른 사람의 직함, 꼬리표, 공식적인 지위에 얽매이지 않는다. 진정한 거인은 조직 내 어디에서나 사람들을 대하는 방식에서 힘을 발휘하거나 깊은 인상을 남긴다. 심지어 진정한 거인은 사람들을 바라보는 방식만으로도 영향력을 발휘할 수 있다.

1902년, 미국의 사회학자 찰스 쿨리 Charles Cooley는 '거울 자아looking-glass self'라는 개념을 도입했다. 거울 자아 이론에 따르면, 정체성은 주변 사람들의 얼굴에 투영된 자신의 모습이다. 즉, 다른 사람이 자신을 어떻게 인식할 것인지에 영향을 받아 정체성이 형성된다는 것이다.

정체성은 단지 내면에서 우러나와 밖으로 드러나는 것이 아니다. 오히려 정체성은 주변 사람들과 관련이 있다. 우리가 자신의 정체성을 어떻게 느끼는지는 주변 사람들이 우리에게 보이는 반응을 받아들이고, 해석하고, 처리한 것을 투영한 것이다. 이것이 여러분에게 주는 의미를 생각해보자. 여러분에게는 다른 사람이 스스로를 어떻게 생각하는지 결정할 수 있는 영향력이 있다는 말이다.

자칫 방심하면 접하는 모든 사람에게 유원지의 왜곡된 거울처럼 보일 수 있다. 인정받지 못하고 환영받지 못하는 모습을 비추는 것이다. 여러분이 사람들과 어떻게 교류하느냐는 매우 중요하다. 교류 방식에 따라 여러분은 무의식적으로 주변 사람의 자존심에 상처를 줄 수도 있고, 주변 사람의 업무에 부정적인 영향을 끼칠 수도 있기 때문이다. 하지만 반대로 교류 방식에 따라 주변 사람의 자신감을 높여줄 수도 있다.

리더로서, 동료로서, 거인으로서 여러분은 다른 사람들이 최고의 성과를 낼 수 있도록 그들의 능력과 가능성을 정확히 투영하겠다고 약속해야 한다. 왜냐하면 그러한 투영에는 잠자고 있는 잠재력을 끌어낼 수 있는 힘이 있기 때문이다.

내가 나를 인식하는 방식

어릴 때 나는 스스로 멋지고 똑똑하며 특별하다고 생각했다. 그러나 어느 순간부터 그렇게 믿지 않게 되었다. 무엇이 달라진 것일까? 주변 사람들의 반응 빼고는 달라진 것이 없었다. 어린 시절 내내 나를 가장 많이 투영한 것은 어머니의 따뜻한 시선이었다. 항상 그 자리에서 나를 안심시켜 주는 그런 시선이었다.

어머니와 여동생들과 휴가를 보낸 기억이 있다. 우리 넷은 빌린 캠핑카에 짐을 풀었다. 폭우가 내렸기 때문에 차 안에만 있었는데, 지붕 위에 쏟아지는 빗소리가 귀청이 떨어질 듯 컸다. 차 안에서 각자의 자리에 앉아 빗소리를 들으며 책을 읽는 시간이 좋았다. 우리 넷은 독서광이었다. 어머니는 비극적인 역사 로맨스 이야기를 좋아했고, 나는 SF 소설에 빠져 있었다. 아직 일곱 살도 안 되었지만, 이미 아이작 아시모프Issac Asimov라는 작가에게 남다른 관심이 있었다. 적어도 이런 모습이 내가 본 나의 모습이었다. 하지만 큰 틀에서 보면 그 모습은 어머니가 나를 바라보는 방식이었다. 어머니가 감탄과 자랑스러움이 섞인 시선으로 나를 바라볼 때면 내가 누구인지 정확히 알 수 있었다. 어머니에게 나는 똑똑하고 영리한 아이였다. 어머니 앞에 있으면 내가 미래에 놀라운 일을 하게 될 거라는 생각이 들었다.

나는 중학교에 들어간 열한 살 때까지 자신감 있는 아이였다. 중학교는 동네를 조금 벗어난 곳에 있었고, 나는 처음 보는 아이들과 선생님으로 이루어진 반에 들어가야 했다. 그런데 그들은 엄마와는 완전히 다른 눈으로 나를 바라봤다. 내 외모가 흔히 일으키는 세 가지 반응이었다. 슬프게도 이 세 가지 반응은 내가 나이가 들어도 변하지 않았다.

그때나 지금이나 첫 번째 반응은 두려움이다. 사람들은 유난히 키가 큰 나를 무서워했다. 그래도 어린아이에 불과했다. 황금색 장식이 달린 우스꽝스러운 교복을 입고, 긴장한 채 버스 승차권과 서류 가방(우리 반에서 그런 가방을 가진 학생은 나뿐이었다)을 꼭 쥔 채, 국립 보건원에서 보급한 안경을 쓰고 있었다. 나는 전혀 위협적인 존재가 아니었다.

내 옷차림은 상황을 바꾸지 못하는 것 같았고, 이는 지금도 마찬가지다. 사람들은 키가 큰 흑인이라는 나의 외모 때문에 나를 두려워한다. 정장을 입고 있어도 현금 인출기 앞에 줄을 서 있으면 사람들은 내 존재만으로도 두려움을 느낀다.

두 번째 반응은 조롱이었다. 물론 내 앞에서 직접 조롱하는 사람은 없었지만, 내가 지나가면 같은 반 아이들이 히스테릭하게 웃는 소리가 들렸다. 이해가 되지 않았다. 키가 장대처럼 큰 것은 내 탓이 아니었다. 그런데도 유독 큰 키 때문에 조롱의 대상이 되었다. 이제는 사람들이 빤히 쳐다보는 것에 익숙해졌다. 모르는 사람이 일행에게 나를 가리키고, 심지어는 내 옆에 서서 몰래 사진을 찍는 것을 예상하게 되었다. 반면, 드물게 NBA 팬이라며 다가오는 사람에게는 훨씬 친절하게 대한다.

세 번째 반응은 공부를 중시하는 소년이 느끼기에 가장 당혹스럽고 파괴적인 반응이었다. 새로 전학한 학교에서 사람들은 나에게 아주 천천히 말을 걸어왔다. 마치 나를 저 머나먼 이국적인 땅에서 배를 타고 와 막 내린 외국인처럼 취급했다. 내 외모를 보고 어리숙한 외국인이라고 생각한 것이다. 새로 다니게 된 학교에서의 첫날, 이른 아침부터 학생들이 모여 있었다. 나와 학생들은 각자 자리를 잡고 있었다. 내가 어떤 남자와 처음으로 했던 말이 있다. 럭비 코치처럼 보이는 그 남자는 나에게 "넌 당연히 럭비를 하겠지!"라고 힘주어 말했다.

'아니요, 아니요, 아니요.'라고 나는 생각했다. 이 남자는 나를 전혀 몰랐다. 극도로 추운 경기장, 얼어붙은 헬멧, 흐르는 땀, 경기장에서 가장 큰 표적이 되는 것. 싫어, 싫어, 싫어.

"아니요. 괜찮습니다."

나는 최대한 밝은 표정으로 대답했다. 럭비를 하면 뇌 손상이 있을 것 같아서 왠지 하기 싫었다. 코치는 마치 '얘, 뭐라는 거야?'란 뜻으로 황당해하는 표정을 지으며 서 있었다. 그러고는 우리의 모습을 보고 있는 선배 학생들에게 무대 위에서 하는 것처럼 속삭이는 듯한 말투를 큰소리로 내며 이렇게 말했다.

"저 아이가 럭비를 하지 않으면 뭘 하겠어."

그 말에 모두 웃었다.

나는 일곱 살 때 아시모프의 소설을 읽었다! 다들 모르는 모양인데 난 똑똑한 아이였다!

첫날에는 아무도 날 똑똑한 아이로 보지 않았다. 몇 주 동안 수업을 들으면서, 복도를 지나가면서, 버스를 타면서 나를 돌아보는 사람들의 표정을 봤다. 나를 야만적인 무서운 존재로 생각하는 표정이었다. '나를 똑똑하게 본 어머니가 사실은 거짓말을 한 것이 아닐까?'라는 의심이 들기 시작했다. 어머니가 나를 보는 시선과 내가 일상에서 만난 사람들이 나를 보는 시선은 아주 달랐다. 한 달 반쯤 지났을 때 선생님이 반 아이들에게 새 책을 나누어주었다. 새 책을 나누어준다는 이야기를 들어본 적이 없었기에 선생님의 친절한 배려에 매료되었다. 수업 시간에 책을 읽었다. 수업이 끝나도 나는 책상 밑에 책을 숨겨 몰래 계속 읽었다. 점심시간에도 버스 안에서도 책을 읽었다. 집 안에서도 퇴근해 돌아올 어머니를 기다리며 계단에 앉아 계속 책을 읽었다. 어머니는 많은 열쇠 꾸러미를 들고 다녔기 때문에 어머니가 오면 2킬로미터 떨어진 곳에서도 짤랑거리는 열쇠 소리가 들렸다. 나는 어머니가 열쇠로 문을 여는 소리가 들릴 때까지 문 앞에 서 있었다. 그러다 어머니가 들어오면 마치 오래된 미스터리 속에서 중요한 증거를 발견하기라도 한 것처럼 책을 내밀었다.

나는 책을 읽고 나서 어머니에게 물어보고 싶은 질문이 하나 있었다.

"엄마… 나, 괴물이야?"

내가 하루 종일 읽었던 책은 빅토르 위고Victor Hugo의 《파리의 노트르담》이었다.

주인공처럼 꼽추는 아니었지만 인간 이하의 취급을 받는 고통이 얼마나 큰지 잘 알고 있었다. 반 아이들은 나의 모습을 보고 두려움을 느꼈지만, 마치 무섭게 생겨도 공격하지 않을 동물을 쿡쿡 찌르는 것처럼 나를 모욕하고 조롱했다. 주인공 콰지모도를 경멸한 시민들처럼 반 아이들은 나를 감정도 없는 멍청이라고 보는 것 같았다. 나는 그것을 매일 반 아이들의 얼굴에서 느낄 수 있었다.

"당연히 넌 괴물이 아니야. 넌 멋져."

어머니는 진심과 애정을 담아 힘주어 말했지만 나는 여전히 납득이 되지 않았다. 난생처음으로 어머니가 거짓말을 할 수도 있다는 생각이 들었다. 꼽추의 이야기를 그린 책을 통해 처음으로 느낀 이 깨달음은 나의 어린 시절에 전환점이 되었다. 슬프지만 새로운 현실을 알게 된 것이다. 가족이 아닌 사람들이 나를 보고 보여준 반응이 현실이었다. 그랬다. 나는 괴물이었다. 현실을 깨달은 후 고개를 꼿꼿하게 들고 큰 키를 당당히 드러내며 걷기 시작했다. 자신이 자랑스러워서가 아니라, 현실의 상황에 적응하기 위해서였다. 청소년 시절 내내 나는 항상 위에서 사람들의 머리를 보고 지나치면서 우뚝 선 채 걸었다. 그것이 나를 위한 자리가 없어 보이는 세상에서 적응해 나가는 나만의 방식이었다. 나는 내 시야 아래에 보이는 모든 사람을 픽셀처럼 흐릿한 배경으로 만들어버릴 수 있었다.

외로운 길이더라도 어쩔 수 없었다. 사람이 많이 모이는 곳과 공공장소는 최대한 피했다. 학교, 도서관, 버스 정류장 등 목적지까지 빠르게 걸었다. 심지어 내 삶을 풍요롭게 해줄 수 있는 사람들, 나를 진심으로 아끼고 소통하려는 사람들도 픽셀처럼 생각했다. 차마 모험을 할 수 없었던 것이다. 모욕적인 농담을 듣거나 나를 두려워하는 사람들의 표정을 또 볼 자신이 없었다.

기대가 잠재력에 미치는 영향

소외를 받다 보면 이렇게 된다. 자신이 바라보고 싶은 것과 주변 사람들이 바라보는 것이 같지 않을 때 일어나는 일이다. 이렇게 되면 세상과 상호작용하는 방식이 달라진다. 내 편이 되어 줄 수도 있는 사람을 지나치고 그저 뒤로 물러서게 된다. 거인이 되면, 리더가 되면 이런 일이 절대로 일어나지 않도록 할 책임이 주어진다. 다시 말하지만, 이는 '친절하게' 대하는 것이 중요하기 때문이 아니다. 누군가를 만만하게 보면 그 사람이 기여할 수 있는 가능성을 제한하게 된다. 조직 내에서 자신이 가치 없는 존재로 느껴지면 조직에 기여할 가능성이 떨어진다.

기대의 효과는 독일 태생의 미국인 심리학자 로버트 로젠탈Robert Rosenthal의 연구에 잘 설명되어 있다. 가장 유명한 것은 1960년대에 로젠탈이 캘리포니아 초등학교의 교장 레노어 제이컵슨_{Lenore Jacobson} 과 협력해 시행한 연구다. 선생님의 기대가 학생의 성과에 영향을 미칠 수 있는지, 그 기대가 일종의 자기 충족적 예언으로 작용할 수 있는지를 연구한 것이다. 실험은 학교의 18개 교실에서 진행되었다. 1학년(6세)부터 6학년(11세)까지 학년별로 세 개의 학급이 있었고, 각 학년의 학생들은 능력에 따라 상·중·하로 나뉘어 반에 배치되었다.

학년 초에 학생들은 비언어적인 지능 테스트를 받았다. 나중에 참조할 수 있는 기준으로 활용하기 위해서였다. 교사들은 시험 결과를 통해 새 학년에 놀라운 성장을 보여줄 학생을 식별할 수 있다고 믿었다. 아직 시험 점수가 나오지는 않았으나, 교사들은 학급마다 상위 20퍼센트 정도를 차지한다고 생각되는 우수 학생들의 명단을 받았다. 그런데 사실 그 명단에 적힌 이름들은 무작위로 선택된 것이었다. 시험 결과와 지적 능력 향상 사이에 실제 연관성은 없었다.

8개월 후 학년이 끝날 무렵, 학생들은 다시 같은 시험을 치렀다. 그 결과 학년마다, 특히 1, 2학년에서는 선생님들이 기대한 학생들의 성적이 더욱 큰 폭으로 올랐다. 이는 초등학교 때 교사의 기대를 받는 학생이 성적에서 미묘하게 긍정적인 영향을 받는다는 사실을 보여주었다. 반대로 교사가 학생의 잠재력이 크지 않다는 정보를(심지어 잘못된 정보일지라도) 가지고 있다면 그 학생에게 기대를 하지 않게 되고, 결국 학생의 성적과 능력에 부정적인 영향을 끼칠 수 있다.

초기에 실험실에서 이루어진 비슷한 연구에서 로젠탈은 교사의 기대가 미치는 효과를 가리켜 '무의식적인 실험자 편견unconscious experimenter bias'이라고 불렀다. 시간이 흐르면서 로젠탈은 '무의식'이라는 용어 대신 '의도하지 않은 대인 관계 기대 효과', 즉 간단히 말해 '피그말리온 효과pygmalion effect'라고 부르기 시작했다. 피그말리온 효과는 신화에서 자신이 만든 조각상과 사랑에 빠진 조각가의 이름에서 따온 것이다. 피그말리온 연구는 기대가 잘못된 것이든 아니든 상관없이 자기 충족적 예언을 만들어낸다는 것을 보였다. 이는 기대가 특정 학생들이 성장하도록 도울 수 있는지, 반대로 기대치가 낮은 학생들에게 피해를 줄 수 있는지에 대한 논쟁을 불러일으켰다.

또한 피그말리온 연구의 결과로 학생들의 지적 발달 이외에도 다른 부분을 통찰력 있게 바라볼 수 있게 되었다. 학년말에 교사들에게 학생들의 교실 내 행동을 묘사해달라고 요청했는데, 교사들은 일관되게 기대되는 학생들을 더 긍정적으로 이야기했다. 교사로부터 기대를 받는 학생들은 유쾌하고, 호기심이 있고, 행복하며, 장기적으로 성공을 이룰 수 있는 기회가 더 많아질 것이라는 평가를 받았다. 이러한 긍정적인 평가는 그 해 동안 이루어진 높은 성적을 기반으로 형성되었을 수 있다. 그런데 실험 그룹 외에도, 즉 학년 초에 우수 학생에 포함되지 않았던 학생 중에도 주목할 만한 성적 상승을 거둔 경우가 있었다. 하지만 교사는 이러한 학생들에 대해 높은 기대와 관심을 보이지 않았다. 실제로 실험 그룹 외에서 극적인 성적 향상을 이룬 학생들은 종종 교사들로부터 적응력이 떨어지고 행동이 바람직하지 않을 가능성이 크다고 묘사되었다.

두 그룹의 학생들이 왜 서로 다른 결과를 보여주는지 설명해주는 변수는 많지 않다. 두 그룹의 학생들은 능력이 비슷한 또래 학생 중에서 무작위로 선택되었다. 교사들이 두 그룹의 학생들과 보낸 시간은 동일했다. 핵심적인 차이는 단순히 교사의 기대와 그 기대가 학생들에게 투영된 방식이었다. 기대를 받는 그룹의 학생이 시험 점수 C를 받을 때와 별 기대를 받지 않는 학생이 시험 점수 C를 받을 때의 차이점은 무엇일까? A 점수를 받은 시험지를 촉망받는 학생에게 돌려줄 때와 평범한 학생에게 돌려줄 때, 교사는 자신도 모르게 어떤 미묘한 메시지를 보낼까?

기대받는 학생들이 남다른 성적을 보여주는 이유는 교사들의 얼굴로 설명되었다. 모든 상호작용에서 '승리할 것'이라는 메시지를 전하는 얼굴. 이것이 바로 여러분이 주변 사람들에게, 특히 당신의 리더십을 따르는 사람들에게 보내야 할 메시지다.

여러분을 믿고 진실한 눈으로 바라보겠다고 약속합니다. 여러분이 성공하는 데 필요한 것을, 저를 통해 투영해드리겠다고 약속합니다.

열심히 일하지 않는 사람이나 요구된 수준에 도달하지 못한 사람에게 잘하고 있다고 거짓말을 하라는 말이 아니다. 이 약속은 우리의 판단력을 흐리게 하지 않는 것, 잘못된 해석으로 다른 사람의 자신감을 의심하지 않는 것에 관한 내용이다.

이는 소수자에 속하는 구성원들을 대할 때 특히 지켜야 하는 약속이다. 이들은 지금까지 무시를 받으며 살아왔다. 낮은 기대치, 의심, 혹은 그보다 더한 것을 다른 사람들의 눈에서 감지하는 것에 익숙해져 있다. 전통적인 리더십의 역할과 관련해서 소수자란 단순히 비백인, 여성, 비이성애자를 뜻하는 것만이 아니다. 여기서 말하는 소수자는 성격 유형, 인지 스타일, 비주류 생각, 국적과 이민자에 관한 것을 포함한다.

내향적인 사람은 비언어적인 확신을 필요로 한다. 장애가 있는 사람도 마찬가지다. 이들에게는 여러분의 믿음을 보여줘야 한다. 그들이 목표를 이룰 수 있다고 믿는 믿음 말이다. 이들은 다른 사람으로부터 믿음을 받아본 적이 없을 수도 있고, 조직 내에서 자신과 비슷한 사람이 성공하는 본보기를 보지 못했을 수도 있다. 더 넓게 말하면 이들은 대중문화에 평생 영향을 받아왔으며, 대중문화는 최근에서야 이들과 같은 사람들이 가진 가능성의 한계를 넓히기 시작했다. 내향적이거나, 트랜스젠더이거나, 피부가 검거나, 신체적으로 장애가 있는 사람은 자신이 가고자 하는 길을 본 적이 없을 수도 있다. 이러한 상황에서 거인인 우리가 해야 할 일이 있다. 이런 사람들과 함께 걸어가면서 "성공으로 가는 자신만의 길이 있습니다. 제가 그 길을 함께 걸어갈 것입니다."라고 말하는 것이다.

나는 다른 사람에게 어떤 메시지를 주는가

이것이 직장과 문화에서 대표성이 중요한 이유다. 언젠가 극장 로비에서 영화 〈블랙 팬서〉의 개봉을 예고하는 포스터를 처음 봤던 순간을 절대 잊지 못할 것이다. 어릴 때부터 이 만화 시리즈의 열렬한 팬이었기에 이 영화를 보기 위해 40년을 기다렸다. 왕좌에 오른 주인공 티찰라의 모습이 담긴 이미지는 오랫동안 내 휴대폰의 배경 화면이었다. 친구들이 화장실에 가는 동안 나는 로비에 있는 포스터 앞에서 넋을 잃고 서 있었던 기억이 난다. 아름다웠다.

나는 주인공이 가족과 조언자들에게 둘러싸인 모습, 주인공을 죽이기 위해 적들이 작전을 짜는 모습이 담긴 포스터의 이미지에 매료되었다. 익숙한 영화 구조지만 이런 맥락에서는 완전히 새로운 것처럼 느껴졌다. 요즘도 〈블랙 팬서〉를 생각하면 순수한 기쁨이 가슴을 메운다. 그 순수한 기쁨이 오염되는 것은 오직 마음속 나만의 티찰라를 절대로 찾아내지 못할 것이라고 두려워할 때뿐이다. 티찰라는 내 안에서 보고 싶고, 봐야만 하는 나의 이상적인 투영이다. 그는 흑인이다. 그가 사는 세상에서 흑인은 왕족이고, 강하며, 지적이고, 외교적인 이미지로 통한다. 또한 복잡하고, 입체적이며, 끊임없는 비극이나 노예제와 관련된 투쟁에만 얽매여 있지도 않다.

티찰라의 코드는 시시각각 바뀐다. 티찰라는 와칸다의 왕이자,

외교관이자, 나라를 수호하는 전사이자, 블랙 팬서라는 글로벌 슈퍼 히어로다. 어느 대륙에 있든 어떤 옷을 입든 어떤 상황에 있든 본연의 모습을 유지하며 주변에서 존경을 받는다. 나는 가끔 좋았던 날을 떠올리며, 나도 그런 존재라고 생각하곤 한다. 내가 티찰라를 연기한 채드윅 보즈먼Chadwick Boseman처럼 우아하거나 매력적이진 않지만, 해야 할 일 목록에 있는 것을 전부 해내고, 고객들을 매료시키며, 팀에 용기를 주는 날들이 있다. 그러면 모두가 나를 슈퍼 히어로인 것처럼 쳐다본다. 그러한 시선을 느끼면 흥분되면서 기분이 아주 좋다! 그날은 기분이 날아갈 것 같다!

하지만 그런 날은 빠르게 지나간다. 그 매력적인 영화 포스터를 보기 몇 주 전의 일이다. 몇 년 동안 함께 일해온 전문 서비스 회사의 글로벌 책임자와 만날 예정이었다. 나는 고객의 사무실에 약속 시간보다 일찍 도착했다. 화려한 고층 회의실에서 기다리기보다는 다리를 좀 풀 겸, 주변을 탐험해보기로 했다. 복도를 반쯤 지나기도 전에 직원 한 명이 나를 막아서며 팔을 붙잡았다. 내가 휴게실을 지나칠 때였다. 그 직원은 마치 나 때문에 사랑스러운 반려동물이 냉장고 밑에 갇혔다는 눈빛으로 쳐다봤다.

"저기요. 여기에 빌어먹을 탄산수는 없습니다."

직원은 나를 막아 세우며 말했다. 믿기 힘든 에피소드라 생각할지도 모르겠다. 특히 소수자 집단에 속하지 않는 사람이라면 당할 일이 없을 테니 말이다. 165센티미터 정도의 남자가 직장에서 대뜸

206센티미터나 되는 낯선 남자의 팔을 잡고는 마치 버릇없는 아이를 다루듯이 뻔뻔하고 무례하게 행동했다. 나는 직원이 왜 이렇게 나오는지 그 답을 알고 있었다. 특권 의식 때문이다. 이렇게 미묘한 차별을 저지르는 사람은 생각보다 드물지 않다. 여기서 여러분은 궁금해할 수 있다. 왜 내가 직원에게 잡힌 팔을 빼지 않았는지, 왜 내가 누구이며 여기에 온 이유를 말하지 않았는지 말이다. 오히려 나는 미소를 지으며 사과했다.

"죄송합니다. 제가 해결할 사람을 찾아보겠습니다."

나는 이렇게 말하고 화장실에 들어가 찬물로 얼굴을 씻었다. 심지어 유니폼과 배지로 쉽게 알아볼 수 있는 시설 직원과 마주쳤을 때는 그에게 탄산수 부족 문제를 살펴봐줄 수 있는지 물어보기까지 했다. 이는 나름 나 자신을 보호하기 위해 한 일이었다. 모욕을 견디고 자신을 낮췄다. 내가 만약 충동적이고 감정적으로 반응했다면, 우리 회사와 팀원들뿐만 아니라 앞으로 이 직원과 만나게 될 모든 흑인에게 해를 끼치게 되리라는 것을 알고 있었다.

다시 화려한 회의실로 돌아와 책임자인 고객과 만났을 때, 고객은 다른 회의실이 좋겠다며 자리를 옮기자고 했다. 나는 그를 따라 걸었고, 그 과정에서 아까 내 팔을 잡았던 직원을 마주쳤다. 나는 최대한 위엄을 지키며 고개를 끄덕여 인사했다. 그러자 그 직원의 얼굴이 창백해졌다. 그에게는 그곳에 괴물이 있는 것처럼 보였을 것이다. 탄산수를 찾아와야 했던 그 괴물이 자신이 상사와 오랜 친구처럼 다정하게 걷고 있었다. 그 직원은 자신이 한 실수 때문에 잔뜩 겁을 먹었을 것이다. 하지만 그렇다고 해서 내 마음이 위로받거나 편해진 것은 아니었다. 그날 나는 슈퍼 히어로처럼 회의장에 도착했고 심지어 성공적인 거래를 이루었음에도, 고객의 사무실을 떠날 때는 어린 시절의 상처 입은 괴물로 돌아간 기분이 들었다.

나는 극장 로비에서 티찰라를 경외심 어린 눈으로 쳐다보며 그 직원과 예전 럭비 코치를 생각했다. 티찰라가 세상의 무시와 조롱에도 고귀함을 유지하고 내면을 다질 수 있었던 방법에 대해 생각했다. 그 포스터의 모습에서 마흔일곱 살인 나의 얼굴이 보였다. 그것은 내가 캠핑카에서 책을 읽던 소년이었을 때부터 매일 찾던 모습이었다. 바로 주변 사람의 눈동자에 투영된 슈퍼 히어로다. 때때로 나 자신이 최고로 느껴질 때는 슈퍼 히어로가 된 기분을 느낀다. 하지만 그렇지 않은 날이면 나는 콰지모도가 된다.

거인으로서 우리의 임무는 사람들을 괴물이 아닌 슈퍼 히어로로 바라보는 우리의 시선을 그들이 확실히 알도록 하는 것이다. 여러분의 얼굴에는 무한한 힘이 있다! 그저 그런 아이디어를 신나게 제시하는 사람을 어떻게 생각하는가? 그냥 거절하는가? 아니면 아직은 어설픈 아이디어라도 기대한다는 희망을 주는가? 여러분이 보내는 무언의 메시지는 무엇인가? 말없이 보내는 기대를 통해 당신이 충족시켜 주고 싶은 미래의 모습은 무엇인가? 가장 영향력 있고 기억에 남는 리더는 한 번의 눈빛만으로도 사람들에게 좋은 기분을 선사한다. 다른 사람들에게 최고의 모습을 기대하라. 그러면 당신에게 그 모습을 보여줄 것이다.

The Promises of Giants

8장

약속한다,
사람을 직업으로 판단하지 않고
한 명의 개인으로 바라보겠다고

얼마 전, 한 크루즈에서 열린 기업 리더십 회의에서 연설을 했다. 그 다음 날 아침 꽤 이른 시간이었다. 갑자기 누군가가 내가 머물던 선실의 문을 두드리는 소리가 났다. 문을 열자 승무원이 차를 담은 접시를 들고 있었다. 승무원은 분명히 친절의 표시로 차를 가져왔을 것이다. 내가 일찍 일어나는 사람이며 아침에 차를 마신다는 사실을 전날 내 연설에서 반복해서 들었기 때문이다. 그런데 내가 연설에서 말하지 않은 사실이 있었다. 아침에는 내가 약간 투덜거릴 수 있다는 점이다. 승무원을 보고 나서 가장 먼저 내가 보인 반응은 분명 멍하고 혼란스러운 표정이었을 것이다. 리더로서 팀원 중 한 명이 무언가 심오하다고 생각하는 일을 할 때 나오는 반응이기도 하다. '어… 그래요. 고마워요.'

나는 승무원에게 고맙다고 인사한 후 차를 건네받고 얼른 문을 닫으려고 했다. 그런데 승무원이 TV가 켜져 있는 내 선실을 슬쩍 바라봤다. 마침 나는 전날 했던 연설 장면을 TV로 다시 보던 중이었다. 당황스러웠다. 나는 서둘러 승무원에게 원래는 아침 6시 30분에 일찍 일어나 TV로 내 모습을 보지 않지만, 전날 밤에 컨설턴트인 메리 포타스Mary Portas의 기조연설을 재방송으로 보다가 잠이 들었다고 설명하려고 했다.

승무원은 고개를 끄덕이며 말했다.

"예, 저희 직원들의 선실에 놓인 TV에서도 이런 프로그램을 볼 수 있습니다."

승무원이 말하는 '저희'라는 표현에서 엄청난 무게가 느껴졌다. 마치 자신을 한 명의 개인이 아니라 보이지 않는 하층 계급을 대표하는 익명의 존재로 지칭하는 것 같았다. 거기에 사심은 없었다. 승무원은 같은 생각을 지닌 팀원들을 대표해 내 선실을 찾아온 것이다.

"직원 선실에 있는 TV에서 대표님의 연설을 봤습니다. 그래서 대표님께서는 저희를 이해해주실 거라 생각했습니다."

그는 TV를 향해 손짓하며 말했다.

사실 내색은 하지 않았지만 승무원의 말을 듣고 끔찍한 기분이 들었다. 왜냐하면 우리가 이렇게 서 있는 동안 나는 찻잔을 들고 문을 쾅 닫은 후 침대로 돌아가는 장면을 상상했기 때문이다. 대신 나는 문을 열어 승무원에게 들어오라고 했다. 그는 의자에 앉았다. 나는 나와 그의 컵에 각각 차를 따르고, 그의 의자 맞은편에 있는 침대에 앉았다. 우리는 말없이 차를 마셨다. 결혼과 가족 문제를 전문적으로 다루는 치료사가 되기 위해 훈련을 받으면서 침묵의 힘을 배운 적이 있다. 침묵을 높이 평가해야 하지만 요즘처럼 실용성을 중시하는 문화에서 우리는 침묵의 고마움을 잘 모른다. 사실 돌파구와 혁신은 무엇인가 중요한 것을 공유할 때까지 함께 조용히 앉아 있는 사람들에게서 나올 수 있다.

잠시 후, 승무원은 나를 보고 거의 속삭이듯이 말하기 시작했다.

"저희는 이 배에서 보이지 않는 존재입니다. 승객들이 지나갈 때 저희는 방해되지 않도록 벽에 몸을 밀어붙입니다. 관리자들이 지나갈 때도 꼬투리 잡히지 않으려고 벽에 몸을 밀어붙이죠. 승객들은 저희를 자판기처럼 대합니다. 마치 자판기에 동전을 넣어 원하는 것을 얻을 때까지 기다리는 것처럼요. 저희에게 지시를 내린 후 저희가 지시받은 것을 정확히 가져올 때까지 발을 까닥거리며 기다립니다. 크루즈에서 저희가 경험하는 가장 인간적인 상호작용이라면 승객의 새로운 지시를 거절하는 일이죠. 승객의 지시를 들어줄 수 없을 때면 저희는 그 지시를 따를 수 없다고 대답합니다. 그러면 승객은 마치 우리를 흔들어대면 원하는 것을 얻을 수 있는 것처럼 집요하게 굽니다."

승무원은 계속해서 인생과 크루즈 업무에 적용되는 역학과 정치를 묘사했다. 그가 속한 조직의 작동 방식처럼 복잡하고 미묘한 방식의 묘사였다. 승무원은 품위 있지만 단순하게 말했다. 덕분에 크루즈 산업에 대해 아무것도 모르는 완전한 외부인인 내가 그 승무원과 동료들, 관리자들, 승객들이 매일 무엇을 경험하는지 완전히 이해할 수 있었다. 하나같이 놀라운 이야기였다.

얼마 되지 않는 '자유' 시간 동안, 이 젊은 승무원과 동료들은 회의 연설을 들으며 시간을 보낸다고 한다. 그는 나의 연설을 듣고 기회를 발견했다고 한다. 이를 계기로 그는 작지만 나름 대담하면서 창의력을 발휘하는 일을 했다. 차를 들고 내 앞에 등장하는 것이었다. 승무원은 자신과 동료들의 집단 경험을 개선하는 데 도움이 될 조언을 해줄 누군가에게 다가갈 기회를 잡으려고 했다. 그래서 대담함을 발휘해 내가 있는 선실까지 온 것이다. 아마 관리자들에게 미리 말했다면 허락해주지 않았을 것이다.

그 젊은 승무원이 한 일은 리더십 그 자체였다.

그와 나눈 대화는 짧았다. 하지만 그는 이번 기회를 통해 생각보다 자신이 더 많은 일을 할 수 있다고 확신하게 되었다. 이런 경우는 의외로 흔하다. 조직은 '인재 확보'에 시간과 돈을 투자해야 한다며 한탄한다. 세상에는 '인재 확보 전쟁'이 벌어지고 있다! 하지만 인재는 종종 우리 눈앞에 있다. 단지 올바른 역할을 하지 못하고 있을 뿐이다. 이는 '인재' 혹은 '인적 자원'이 인간으로 보이지 않기 때문이다. 노동자들은 대부분 상품화되었다. 그래서 노동자들은 라벨이 붙은 상자 안에 갇혀 제한된 선 안에서만 움직인다. 차를 나르는 사람은 관리자가 될 수 없다. 관리자가 되면 영업 사원이 될 수 없다. 영업 사원이 되면 기술자가 될 수 없다.

우리 팀은 매우 복잡한 글로벌 조직과 함께 일하고 있다. 상대하는 나라가 다양하다 보니 법과 규제도 다양하며, 이러한 점을 염두에 두고 운영해야 하는 과제가 대부분이다. 이 같은 관료주의 안에서 노동자를 한 명의 사람으로 보기란 힘들 수 있다. 하지만 미래에 승승장구할 조직은 코로나19 위기를 통해 나타난 노동자 인간화의 흐름에 따라, 이전과는 다른 방식으로 인재가 이동하고 역할이 진화한다는 현실을 받아들일 것이다. 경영 컨설팅 회사 맥킨지McKinsey & Company의 최근 연구에서도 이와 비슷한 주장이 나온다. 이 연구에서는 2016년에서 2030년 사이에 전 세계적으로 7500만~3억 7500만 명의 노동자들이 원래 하던 직업의 범주에서 벗어나야만 일자리를 찾게 될 것이라고 결론을 내렸다.[1]

이전에는 사람마다 정해진 역할이 따로 있었고, 그 일만 하면 되었다. 그러나 이처럼 낡고 경직된 경계는 혁신과 파괴적인 사고방식이라는 이상과 반대된다. 이는 성과를 떨어트릴 뿐 아니라 사람들을 비참하게 만든다. 나와 함께 일하는 거의 모든 조직은 프로세스와 기술을 인간과 유사하게 만드는 인공지능의 개발 또는 자동화를 위해 노력하고 있다. 하지만 그와 동시에 노동자들을 로봇처럼 느끼게 만드는 조직들이 존재하는 것도 현실이다. 자신을 자판기처럼 느끼는 크루즈의 승무원처럼 말이다.

자판기의 문제는 혁신이 불가능하다는 점이다. 자판기는 적응력이 없다. 정해진 금액을 넣어주고 원하는 것을 선택해야 작동한다.

초콜릿 바를 선택하면 초콜릿 바를 제공한다. 자판기는 여러분의 선택을 평가하거나 더 나은 대안을 추천하는 일은 할 수 없다. 자판기는 스스로 당근이나 과자 한 조각도 제안할 수 없다. 또한 갑자기 작동이 되지 않아 상품을 내놓지 못하면, 그저 누가 흔들어 주기를 기다릴 수밖에 없다. 자판기가 실수로 초콜릿 바 두 개를 내놔도 잘못 나간 초콜릿 바 하나를 회수할 수 없다.

만일 우리가 사람들을 자판기처럼 대하면 자판기와 비슷한 서비스가 돌아올 것이다. 때로는 이것이 괜찮을 수도 있다. 하지만 장기적으로 변화를 통해 승리하려면 자판기 같은 서비스 이상이 필요하다. 그렇기 때문에 거인이라면 사람을 단순히 직업으로만 보지 않고, 각각 독특하고 개별적인 존재로 보겠다고 약속해야 한다.

고객이나 직원을 상품이 아닌 사람으로 바라보는 일

직장에서 사람들이 상품화된 것은 새로운 현상이 아니다. 사실이는 '직원, 인재, 인적 자원' 등 우리가 사람들을 지칭하는 용어에 깊이 박혀 있다. 이러한 용어들은 사람마다 지닌 고유의 개성을 누르고 사람들을 획일화한다. 정해진 범주를 선호하기 때문에 모든 사람이 참여한다는 느낌을 받을 때 얻을 수 있는 독특하고 중요한 능력을 외면하게 한다.

그러나 비인간적인 명칭보다 더 심각한 문제가 있다. 비효과적인 성과 평가, 비효율적인 관행, 경직된 목표 등 가혹한 절차와 정책은 조직에 심각한 피해를 초래한다. 이러한 것들은 동료들을 비인간화하는 환경을 체계적으로 조성한다. 그리고 사람을 기계나 상품 또는 '자원'으로 보기 시작하면, 양심에 어긋나는 일들을 할 수 있게 된다. 누군가가 아주 조금이라도 인간 이하로 취급되는 순간, 그들에 대한 합리적인 대우라고 여겨지는 것들이 급격히 나쁜 방향으로 흘러가게 된다. 그러한 폭력과 악의가 극단으로 치달을 때 우리는 차별, 노예제, 집단 학살이라는 비인간적인 모습을 목도할 수 있었다.

비즈니스에서도 이러한 극단적인 비인간화 현상을 볼 수 있다. 비록 피가 튀기거나 폭력적이지는 않지만, 경각심을 불러일으킬 만한 일이다. 이와 관련하여 주목할 만한 사건이 2017년에 있었던 유나이티드 항공의 승객 강제 퇴거였다. 승객인 데이비드 다오David Dao가 탑승했던 비행기는 전 좌석이 매진된 상태였다. 하지만 항공사 직원들을 추가로 태워야 했기 때문에 무작위로 뽑은 네 명의 승객이 쫓겨날 처지가 되었다. 다오는 그 네 명의 승객 중 한 명이었다. 그는 푯값을 지불한 정당한 고객이었기에 퇴거를 거부했으나, 승무원들은 보안 요원을 호출했고, 보안 요원은 말 그대로 그를 좌석에서 끌어내 강제로 질질 끌고 갔다. 이 장면을 휴대폰 카메라로 촬영하던 다른 승객들은 공포와 당혹감에 휩싸였다. 그 후 며칠 동안 이 영상이 인터넷에 퍼져나갔고, 유나이티드 항공의 CEO인 오스카 무뇨즈_{Oscar Munoz}는 이 사태를 '고객 재배치'라고 옹호함으로써 비난을 샀다. 그 후 무뇨즈는 이사회 회장 승진을 놓치게 되었고, 유나이티드 항공은 조롱의 대상이 되었으며, 시장 가치는 4퍼센트 하락하여 약 7억 7천만 달러(약 1조 800억 원)의 손실을 보았다. 왜 이런 일이 벌어진 것일까?

항공 산업이 사람을 사람으로 보지 않는 교과서적인 사례를 만들었다는 점은 그리 놀랍지도 않다. 그들은 수년간 승객들을 운송 대상으로 취급하며 비인간화했다. 따라서 유나이티드 항공 사건은 분노를 불러일으킬 만한 일이었지만, 잘못된 문화가 불러온 자연스럽고 예측 가능한 결과이기도 했다. 고객을 짐짝처럼 대한다면 물류적인 문제를 일으켰을 때 짐짝처럼 질질 끌고 가는 것을 괜찮다고 생각할 것이다. 조직이 직원이나 고객을 로봇, 가축, 자판기처럼 대하면 터무니없는 명령과 정책에도 순응하는 문화가 받아들여지게 된다. 순종적이고 지친 직원들은 자신의 논리, 윤리, 도덕, 판단을 무시한 채 명령을 따르게 된다. 그러면 고용주를 위해 일하면서, 고용주의 평판과 가치를 떨어뜨리는 짓을 서슴없이 저지르게 된다. 소중한 고객을 짐짝 취급하면서 말이다.

이것이 우리가 인간성과 개별성을 잃어버려서는 안 되는 이유다. 그리고 동료들에게서 직무 설명에 명시된 것 이상을 보겠다고 약속해야 하는 이유다. 조직 문화의 성패는 여기에 달려 있다. 사람들의 잠재력을 최대한 실현하는 것도 여기에 달려 있다. 궁극적으로 성공에 이르는 것도 여기에 달려 있다.

그러나 이 약속을 지키지 못하게 방해하는 요인들이 있다. 앞서 불필요한 관료주의가 불러오는 경직성에 대해 언급한 바 있다. 게다가 우리가 기술적인 요구에 능숙해지고 직장 내 루틴에 익숙해지면서 자연스럽게 얻게 되는 부작용도 있다. 둔감해진다는 것이다. 책임이 습관이 되면 고민과 생각은 뒷전으로 물러나고 눈가리개를 한 채 자동 조정 모드로 일하는 것이 더 쉬워진다. 여기에 기름을 붓는 것이 바로 바쁨을 숭상하는 태도다. 숨 쉴 틈도 없는 것처럼 보여야 한다는 분위기는 결국 재앙을 부르게 되어 있다.

현대 직업 세계에서 이 아이러니한 변화를 지켜보는 것은 흥미로운 일이다. 인공지능은 창의적으로 발전하지만, 노동력은 천편일률적으로 취급하고 있다. 우리는 전례 없는 속도로 데이터를 채굴하고, 점점 더 똑똑한 알고리즘을 만들어 인간 지능을 모방하려 하고 있다. 하지만 사람을 대하는 방식은 정책, 절차, 언어, 접근 방식, 포용성과 인간 능력에 대한 고정형 사고방식을 통해 악화되고 있다. 사람들을 예측 가능하고, 구별되지 않으며, 궁극적으로는 일회용 자동화 기계처럼 취급하고 있다. 세계의 가장 뛰어난 두뇌들이 인간과 같은 기계를 만들면서, 동시에 인간을 기계처럼 취급하려는 시대에 살고 있는 셈이다. 심지어 이런 경향은 점점 더 나빠지고 있다.

전통적으로 대부분의 기업은 구조와 서열이 삼각형처럼 되어 있다. 삼각형 맨 꼭대기에는 소수의 엘리트 리더 그룹이 있다. 돈은 가장 많이 벌지만 정작 기여도는 가장 적은 그룹이다. 한편 삼각형 맨 아래에는 기업을 돌아가게 만드는 데 필요한 다수의 노동자가 있다. 이들은 실질적으로 가장 힘든 일을 하면서 기술을 익히고 중요한 역량을 개발하고 있다. 이상적으로는 그 그룹에서 가장 우수하고 똑똑한 인재들이 삼각형 중간 계층으로 올라가게 된다. 우리는 이들을 때때로 경멸적인 느낌을 담아 '중간 관리자'라고 부른다. 이들은 업무가 잘 마무리되도록 하고, 최고 경영진을 만족시키며, 하위 계층의 노동자들을 적당히 만족시키는 임무를 맡고 있다.

그런데 많은 조직에서 노동력의 형태가 변하고 있다. 한때 삼각형(▲)이었던 형태가, 이제는 바닥이 좁아지는 마름모(◆) 형태가 되었다. 현대에는 밑바닥이 무너지고 있다. 정보 처리와 기본 업무는 더 이상 하위 계급의 구성원을 필요로 하지 않는다. 로봇공학, 인공지능, 자동화, 아웃소싱, 기술 분석 및 예측 분석이 조금씩 하위 계급의 업무를 야금야금 먹어 치우고 있다. 그 결과, 현재 하위 계급의 업무는 인간을 별로 필요로 하지 않는다.

이에 따라 중간 계층에 흥미로운 문제가 생겼다. 밑바닥의 인력풀이 넓어야 중간 계층으로 승진할 후보들을 풍부하게 확보할 수 있다. 그래야 어느 정도 자연적인 소모를 감수하면서도 관리직으로 승진할 수 있는 경험 많은 인재를 선발할 수 있다. 하지만 이러한 인력풀의 범위가 줄어들어 선발 범위도 줄어들고 있다. 중간 계층으로 승진할 준비가 되어 있는 인재를 찾는 일이 더 어려워진 것이다. 기본적인 작업과 기술을 능숙하게 다룰 뿐만 아니라, 직장과 산업에 대한 지적·정서적 지능을 개발할 시간을 가진 사람들이 줄어들고 있다.

그 결과, 안타깝게도 다른 사람을 대하는 데 필요한 기술을 얻지 못하거나 훈련 없이 중간 계층으로 올라가는 노동자들이 늘어났다. 경험 없는 관리자들이 직원들에게 동기를 부여하는 방법도 모르고, 사람들과 공감하고 협력하는 데 필요한 능력을 제대로 키우지 못한 채 이 자리에 올라오고 있는 것이다. 이러한 관리자들은 직원들의 가장 큰 잠재력을 알아보고 이끌어내지 못한다. '중간 관리자'라는 집단이 이처럼 계속해서 자격이 부족해져 시작부터 삐걱거리게 된다!

노동력을 바라보는 비인간화 경향을 되돌리고, 우리 코앞에 있는 특별한 인재를 활용하기에는 이미 너무 늦어버렸을지도 모른다. 부여된 역할을 넘어 숨어 있는 잠재력을 인식하기 위해서는 모든 사람을 개별적인 존재로 보고, 그들의 개별적인 필요에 맞춘 방식으로 행동해야 한다. 즉, 사람을 직업으로 판단하지 말고, 한 명의 개인으로 바라봐야 한다. 또한 업무의 감정 노동을 기술 노동만큼 진지하게 받아들여야 한다.

기술 노동은 대개 예측 가능하고, 틀이 잡혀 있으며, 일상의 노력에 초점을 맞추고 있다. '일을 끝내는 것'에 필요한 기본적인 요소, 즉 기초 지식, 기술, 인지 능력뿐만 아니라 절차, 과정, 전략, 인적 자원 관리에 대한 인식을 포함하고 있다. 우리는 이러한 것들을 기술 노동을 통해 배우게 된다.

그러나 감정 노동은 긍정적이든 부정적이든 리더들의 유형이 차별화되는 분야다. 감정 노동에는 자기 인식, 개인적인 조심성, 감정 지능, 다른 사람과 이들의 업무 방식에 대한 지적인 호기심이 포함된다. 사람들을 한 명의 개인으로 보고, 그들이 업무 외적인 잠재력을 인식하고 실현하도록 돕는 노력이 감정 노동에 대한 투자라고 할 수 있다.

코로나19 팬데믹이 전 세계를 휩쓸면서 기업은 구성원 개인의 총체적인 특성을 인정할 수밖에 없었다. 기업에게는 처음 경험하는 일이었다. 화상 회의를 위해 컴퓨터를 가족과 공유해야 하는 상황을 고려해야 했고, 직원들의 사적인 공간과 일상을 마주해야 했다. 그들이 처한 고립되고 어수선한 환경과 운동 부족, 수면 부족, 봉쇄에 대한 공포가 그들의 정신 건강을 침범하는 모습을 지켜봐야 했다. 조직은 직원들의 인간적인 모습을 봐야 했고, 일단 그렇게 보게 되면 더 이상 예전처럼 직원들을 생산성 단위로만 보기가 힘들어진다.

'감정 노동'이라는 개념은 1983년 미국의 사회학자 알리 혹실드 Arlie Hochschild가 처음 소개했다. 혹실드는 일터에서 업무 요구를 충족하기 위해 감정을 관리하고 표현하는 방식을 '감정 노동'이라고 묘사했다. 감정 노동이 잘 나타나는 분야는 서비스 업종이다. 서비스 업종에서 일하는 노동자들은 고객을 직접 대하기 때문에 감정을 조절해 친절한 분위기를 만들어야 한다. 그러나 혹실드는 고객 응대뿐만 아니라 '훈련과 감독을 통해 고용주가 직원의 감정 활동을 다루는 것'도 감정 노동에 포함된다고 말한다.

혹실드는 일터에서의 감정 노동이 전통적으로 남성보다는 여성에게 요구되었다고 설명했다. 어떤 환경에서든 감정을 어느 정도 절제해야 한다는 생각은 여성이 느끼는 부담이다. 말도 안 되는 생각이지만 오랫동안 존재해온 생각이다. 4장에서 다룬 내용 중 '단어 연상 실험'을 떠올려보자. 사람들이 여성들을 볼 때 떠올리던 단어에는 양육, 보살핌, 모성애 등이 있었다.

사람들이 성장할 수 있도록 정서적으로 안정된 환경을 만드는 일은 모두의 책임이며, 그중에서도 특히 리더의 책임이다. 왜냐하면 직원들이 일관되게 높은 수준에서 성과를 내주길 기대하기 사람은 다름 아닌 리더이기 때문이다. 그렇다면 경쟁자, 파괴적인 요인, 시장 위협, 사회 정치적 변화 속에서 직원들이 업무에 집중할 수 있도록 환경을 조성하는 일보다 더 중요한 일이 또 있을까? 이런 환경이 조성되지 않으면, 직원들은 일 이외의 다른 것(동료나 관리자와의 상호작용 등)에 대해 고민하고 걱정하느라 에너지를 낭비할 수 있다.

감정 노동은 찬찬히 시간을 들여 개개인이 감정적으로 필요로 하는 것이 무엇인지 이해하는 일이다. 진지하고 이타적인 일이지만, 황금률처럼 간단하지는 않다. '내가 대접받고 싶은 대로 남을 대접하라'는 것은 좋은 충고라기보다는 나르시시스트를 위한 헌장에 가깝다. 점점 더 다양하고 국제적이며 서로 연결된 세상에서, 내가 원하는 대로 대접하는 것이 과연 다른 모든 사람에게도 좋은 기준이 될 수 있을까?

그 대신 '상대가 원하는 대로 그를 대접해주는 것'은 어떨까? 타인을 대하는 방식에 모두에게 통용되는 정답이란 존재하지 않는다. 설령 어디서나 통하는 방법이 있다고 해도, 여러분의 상황에는 맞지 않을 수 있다. 감정 노동이란 같은 말과 행동에 다른 사람이 어떤 반응을 보이는지 여러 가지로 알아내는 일이다! 모든 상호작용은 상대방의 개별적인 필요에 맞춰 조정되고 맞춤화되어야 한다. 이러한 상호작용이야말로 '거인의 악수'라 할 수 있다.

고객들 몇 명과 함께하는 저녁 파티를 상상해보자. 고객 한 명이 요즘 미술 수업을 받고 있거나 그림 수업을 듣는 누군가를 알고 있다고 말한다고 해보자. 여러분은 사무실 동료를 통해 그림 그리는 취미가 있는 고객이 한 명 있으며, 취미 치고는 그림을 꽤 잘 그린다는 것을 이미 알고 있다! 테이블에서 이 이야기를 꺼내면 해당 고객이 자신의 작품에 대해 말할 수 있는 소중한 기회를 얻을 수도 있다. 하지만 반대로 해당 고객이 당황해하며 부끄러워할 수도 있다. '그림 그리는 것을 좋아한다' 같은 몇 가지 정보로 그 사람에 대해 많이 알 수 있는 것은 아니다.

직업은 사람 개개인을 설명하지 못한다

피드백에 대해서는 다음 9장에서 다루려고 한다. 다만 여기서 언급하는 이유는 피드백에 맞춤형 접근이 필요하기 때문이다. 예를 들면 공개적으로 지적했을 때 최적의 반응을 보이는 사람이 있다.

"지난 분기에는 X, Y, Z를 달성하지 못했지만, 앞으로는 더 잘할 수 있을 겁니다. 기대합니다."

이런 말을 들으면 동기부여가 되는 사람이 있다. 동료들 앞에서 책임감을 고취하면 긍정적인 방식으로 투지가 불타오르는 사람들이다. 그러나 이런 말을 들으면 오히려 굴욕감을 느끼며 사기가 떨어지는 사람도 있다. 이런 사람들은 조용한 곳에서 일대일로 면담 후에 피드백을 받아야 동기부여가 된다. 접근 방식은 달라도 목표는 같다. 조직이 최상의 결과를 얻을 수 있도록 직원들의 참여를 적극 끌어내는 것이다.

감정 노동에 기꺼이 시간을 투자하고 직원들을 각각 한 명의 개인으로 보면서 대우하면 직원들은 잠재력을 발휘한다. 그 결과, 직원들은 채용 때 기대했던 것보다 조직에 더 많이 기여할 수 있다. 이것이 팀과 집단의 결정적 차이다. 집단은 그냥 사람들이 모인 것에 불과하다. 여기서는 지시받은 일만 하면 끝이다. 하지만 팀에서는 지시받은 일이 잠재력을 발휘하는 시발점이 된다.

여러분에게 익숙한 일터와 NBA를 비교하지는 않으려고 한다. 근본적으로 다른 세계이기 때문이다. 사과와 오렌지의 차이가 아니라 채소와 광물의 차이처럼 완전히 다르다. 하지만 올랜도 매직 팀에서 첫 시즌을 보내면서 배운 진실이 하나 있다. 어떻게 보면 터무니없고 전혀 연관성 없는 이야기이긴 하지만, 개인을 직업이라는 틀에서 벗어나 한 명의 사람으로 보면 조직에 도움이 되는 커다란 가치를 끌어낼 수 있다는 점을 보여주는 완벽한 예시이기도 하다.

2003년, 나는 올랜도에 도착했다. 이미 나는 클리블랜드 캐벌리어스 팀에서 한 시즌을 뛰었고, 해외에서도 몇 시즌을 뛰었기 때문에 진정한 의미에서 '신인 선수'는 아니었다. 하지만 매직 팀 라커룸에서, 매직 팀 비행기에서 나는 그야말로 신인 선수였다.

나는 다른 선수들의 눈에 이상하게 보이는 존재이기도 했다. 그 당시 NBA는 지금보다 국제화가 잘 되어 있지 않았기 때문에 외국인 선수인 나는 이질적인 존재였다. 더구나 당시 나는 심리학 박사 과정도 밟고 있었다. 적어도 동료 선수들 사이에서 내가 하는 공부는 특이한 활동이었다(사실, 공부는 NBA 선수에게 잘 어울리는 활동이었다. 넉넉한 수입과 충분한 휴식 시간 덕분에 독서와 공부를 하기에 좋은 환경이었다).

우리는 승객 약 20명을 태운 널찍한 747기를 타고 여행했다. 다른 여러 팀에서 경험한 것처럼 비행기의 좌석은 서열에 따라 배정되었다. 그래서 프리시즌에 팀과 처음 여행을 시작했을 때 4인용 테이블에는 앉지 말아야 한다는 것을 알고 있었다. 전통적으로 베테랑 선수들이 카드 게임을 하거나 편히 쉬기 위해 앉는 곳이기 때문이다. 그런데 한번은 경기를 마치고 비행기에 올라탔는데, 평소 테이블을 차지하고 있던 베테랑 선수 한 명이 나보고 여기에 앉으라고 해서 그렇게 했다. 하지만 아무도 이 자리에 합류하지 않았다. 나는 그렇게 혼자 앉아 있었다.

비행기가 이륙 후 안정 고도에 접어들었을 때 나는 노트북을 열어 작업을 시작했다. 이 테이블에 앉아 있는 것이 대수롭지 않은 일인 것처럼 행동하려고 애썼다. 그러면서도 모두가 나를 싫어하는 것인지, 아니면 모두가 나에게 굴욕감을 줄 장난을 치려고 음모를 꾸미고 있는 것은 아닌지 계속 의심이 들었다. 마침내 같은 팀의 동료 선수 한 명이 나에게 다가와 앉아도 되느냐고 물었다. 그러고는 이렇게 말했다.

"그게 말이야. 나한테 문제가 하나 있어."

나는 그 문제가 무엇인지 듣기도 전에 무언가 중요한 일이 일어났다는 것을 깨달았다. 동료들은 내가 팀에 가져올 수 있는 새로운 가치를 알아봤던 것이다. 이 동료 선수와는 경기장 밖에서 짧은 대화만 나누었을 뿐이다. 그러나 그는 내가 자신을 도와줄 수 있는 사람이라고 생각했다. 나는 따돌림을 당하지도 않았고, 무시를 받고 있지도 않았다. 나는 말 그대로 내가 받는 돈 이상의 것을 팀원들에게 제공할 수 있는 자리에 있었다.

이 동료 선수가 말한 문제는 아내가 자신의 이성 친구를 별로 좋아하지 않는다는 것이었다. 공감하기 어려울 수도 있겠지만, 우리는 9000미터 상공에서 이 주제로 이야기를 나누었다. 이후 몇 주 동안, 더 많은 동료 선수가 나에게 터무니없는 고민부터 평범한 고민까지 모두 이야기하며 조언을 구하고자 내 좌석을 찾아왔다. 이들은 코치, 동료 선수들, 배우자, 자녀, 대가족, 주위에 어슬렁거리는 사람들, 재정 고문, 에이전시, 많은 이성 친구들과의 관계에 대해 방향을 제시해달라고 부탁했다. 동료 선수들은 나에게서 새로운 능력을 찾은 것 같았다.

처음에 나는 경기장에서 내가 올릴 성적이 어느 정도인지 통계로 예상할 수 있는 능력으로만 평가받았다. 하지만 불과 몇 달 만에 동료 선수들은 신인 선수인 나에게 농구 이외에 또 다른 능력이 있다는 것을 알았다. 득점과 리바운드를 넘어, 대학원에서 배운 심리학 훈련도 동료 선수들에게 도움이 될 수 있었던 것이다.

이것이 바로 성과가 좋은 팀에서 나타나는 현상이다. 각자 맡은 업무는 그 사람이 될 수 있는 것의 출발점에 지나지 않는다. 나를 온전히 받아들이고 나에게 용기를 준 매직 팀은 나와 동료 선수들 모두가 가장 큰 성공을 거둔 팀이었다. 이는 결코 우연이 아니다.

기계처럼 작업하는 것이 더 쉬울 수 있다. 하지만 미래에 조직의 성공을 만들 단어는 혁신, 변화, 회복탄력성이다. 이는 본질적으로 인간만이 표현할 수 있는 특징과 연결되어 있는 인간적인 표현이다.

적어도 지금은 그렇다.

진정한 승리를 중시하는 조직이라면, 직원이 인간다운 대우를 받지 못한다고 느낄 때 고민해야만 한다.

인적 자원 안에 있는 인간들의 독특한 복잡성을 무시하고 인간을 직업으로만 보면 사람은 암울한 존재가 된다. 반면 그 복잡성을 이해하면 완전히 새로운 범위의 가능성을 지닐 수 있다. 우리는 가장 가능성이 낮아 보이는 사람들이 가장 불가능해 보이는 상황 속에서도 비범해질 수 있는 조건을 조성할 수 있다.

사람을 직업으로 보는 방식은 바뀌어야 한다. 세상은 사람이라는 존재를 너무 작게 보는 것 같다. 사회적 위치나 맡은 직무는 거대하게 바라보면서 그 역할을 차지하려 애쓰는 사람은 작고, 간신히 능력을 갖춘 모습으로만 상상한다. 하지만 실제로는 그런 꼬리표 때문에 가능성을 제한당한 거인을 떠올리는 것이 더 적절한 비유일 것이다.

The Promises of Giants

9장

약속한다,
제때 효과적인 피드백을
주겠다고

사람들이 피드백에 관한 대화를 피하는 데는 나름의 이유가 있다. 이런 어려운 대화는 만만치 않으며 에너지가 많이 소비되는 일이다. 많은 사람이 무슨 말로 피드백을 해야 할지 모르거나 말을 잘못할까 봐 두려워한다. 실제로 피드백을 하다 보면 우리가 전하려는 의도를 왜곡해서 받아들여 대화 주제가 이상하게 흘러가고 감정적인 대화가 될 가능성이 있다. 아니면 오히려 어떤 주제에 대해 쓸데없는 말을 해서 상황을 악화시키거나, 대화 상대와의 관계를 해칠 수도 있다. 그래서 우리는 '일이 잘못되면 어떡하지.'라고 상상하며 두려워한다.

이처럼 어려운 대화를 피하려는 것은 생물학적으로 자연스러운 반응이다. 어려운 대화는 두뇌에서 '감정적' 혹은 '비이성적'인 부분에 해당하는 편도체에 경종을 울리기 때문이다. 이러한 반응을 일종의 '편도체 납치amygdala hijack'라고 한다. 이 때문에 우리는 어려운 상황에서 도망가거나 싸우거나 그 자리에서 얼어버린 채 가만히 있는 등의 선택을 한다. 하지만 그러면 성과와 행동을 성공적으로 다루기 힘들다.

그래도 좋은 소식이 있으니 안심하자. 바로 시기적절하고 효과적인 피드백을 제공하는 일이 어렵지 않은 평범한 기술이라는 사실이다. 피드백도 연습과 훈련으로 나아질 수 있다. 그리고 까다로운 대화가 익숙해질수록 편도체에 울리는 경고도 줄어든다. 그 결과 긴장하지 않고 능숙하게 대화를 잘 이끌어갈 수 있게 된다.

피드백을 미루거나 적절한 피드백을 하기 위해 제대로 노력하지 않는다면 어떻게 될까? 문제가 더 심각해지지 않을까? 여러분의 상황도 나빠지겠지만, 피드백을 받아야 할 다른 사람들의 상황은 더 나빠진다. 결국 더 이상 피할 수 없어 말해야 하는 순간이 와도, 그때는 모든 상황이 더 나빠져 있기 때문에 대화하기가 더 어렵다.

직원들은 피드백을 받을 자격이 있고, 더 발전하려면 피드백이 필요하다. 따라서 시기적절하고 효과적인 피드백을 제공하겠다고 약속해야 한다. 건설적인 비판인데도 상대방이 상처받을지도 모른다는 생각에 두려워 피드백을 피한다면? 오히려 상대방에게 더 큰 해를 끼치게 된다. 동료가 실수를 반복할 수도 있고, 실수를 눈치채지 못해 잘못된 행동을 할 수도 있다. 이때 동료를 방치하는 일보다 더 잔인한 일이 있을까?

트럼프 대통령이 신발 바닥에 휴지가 붙었는데 이를 모르고 전용기 에어포스원의 계단을 오르는 장면을 본 적 있을 것이다. 이 장면은 웃음을 자아내며 빠르게 퍼져나갔지만, 동시에 매우 많은 것을 알려주는 순간을 제공하기도 했다. 가장 널리 공유된 동영상에서는 대통령에게 초점이 맞춰져 있었는데, 대통령의 신발에 끈적하게 붙은 휴지 조각이 슬픈 모습으로 끌려가고 있었다. 이 장면을 더 넓은 각도로 줌아웃을 해보면 많은 사람이 이를 보고도 아무 말 없이 있는 모습을 볼 수 있다. 경호원, 승무원, 백악관 직원까지 적어도 10명 이상의 사람들이 방탄 리무진에서 내려 비행기에 오르는 대통령을 에워싸고 있었다. 이들은 아무 말도 하지 않았다. 대통령과 함께 리무진을 타고 이동했던 사람들, 대통령이 걸어가는 모습을 지켜보는 사람들 모두 이 당혹스러운 장면이 전 세계에 방송될 것이라는 사실을 잘 알고 있었다.

이 해프닝이 말해주는 것은 무엇일까? 트럼프의 차량 행렬 곁에 있던 모든 사람이 리무진에서 나와 신발에 휴지 조각이 붙은 줄 모르고 계단을 오르는 트럼프를 에스코트하고도 침묵을 지킨다. 전 세계에 방송되는 카메라들이 있는데도 말이다. 이는 무엇을 의미할까? 확실히 말할 수는 없어도 그때의 침묵은 좋은 선택이 아니었다. 에스코트하던 사람들이 침묵을 지킨 것은 대통령에게 충분히 신경을 쓰지 않아서일 수도 있고, 대통령을 도우려고 했다가 도리어 어떤 반응이 나올지 몰라 두려워서일 수도 있다. 마치 저녁 파티에서 손님의 잇새에 녹색 음식 찌꺼기가 끼어 있는 것을 보고도 아무 말하지 않은 상황과 같다. 이 상황에서 어떻게 행동하느냐에 따라 상대방에게 느끼는 감정을 알 수 있다. 손님을 존중하고 신뢰하며 아낀다면 어떤 종류의 피드백을 전달할 것이다. 손님에게 주방에서 이것 좀 도와달라고 부탁하거나, 개인적으로 중요한 업무 이야기가 있다며 따로 불러내는 등 방법을 찾을 것이다.

동료 한 명이 잇새에 녹색 음식 찌꺼기가 낀 것을 모르고 돌아다니거나 신발에 휴지를 붙인 채 돌아다닌다고 해보자. 동료를 그대로 놔두는 것은 친절이 아니다. 반대로 누군가가 여러분의 잇새에 녹색 음식 찌꺼기가 끼었다고 알려주거나 신발에 휴지가 붙었다고 알려주면 신뢰와 호의의 표시로 생각해 환영해야 한다.

다시 한번 말하지만, 시기적절하고 효과적인 피드백은 누구나 할 수 있는 기본적인 기술이다. 대신 연습과 반복 훈련이 필요하다. 그런데 많은 사람이 이런 연습과 훈련을 하지 않는다. 피드백을 주는 것이 두려워서일 수도 있지만, 고용주가 지속적으로 피드백을 요구하지 않아서이기도 하다. 그러다 보니 피드백하는 것을 쉽게 피해버린다. 아마 매년 평가 주기가 있고, 1년에 한두 번의 추가 점검이 있을 것이다. 하지만 이러한 것들이 어떻게 작동하는지, 아니 어떻게 작동하지 않는지 알고 있어서 우리는 큰 기대를 하지 않는다. 1년간의 노력이 1에서 5 사이의 숫자로 표시되는 것보다 더 기분 좋은 일이 또 있을까? (반어법이다…) 현실적으로 보면 2~4 사이의 점수를 받을 것이다. 월급을 올려줄 마음은 없지만 여러분이 회사에 더 남기를 바란다면 고용주는 4점을 줄 것이다. 3점은 평균을 의미하며 재능, 성격, 근속 기간 때문에 혹은 단순히 실질적인 대화를 나누기 망설여진다는 이유로 여기에 놓인 사람이 많다. 2점을 받았다면 회사 사람들이 다음 주에 여러분에게 나쁜 소식을 전할 준비가 되어 있거나, 여러분에게 더 나아질 기회를 줄 수 있다는 뜻이다. 5점을 받는 사람이 너무 많으면 불편하고 비용도 많이 든다. 또한 우리가 사는 세상에서는 많은 조직이 높은 성과를 내는 사람들의 수가 한정적이라고 생각한다. 만일 성과 점수가 1점이라고 한다면 관리자와 함께 이미 상황이 해결되고 있을 가능성이 크다. 그래서 그 의욕을 꺾는 1점은 불필요하게 여겨지고, 가급적 등장하지 않는다.

'고정 분포'를 고려하면 이 모든 것은 더욱 무의미해진다. 각 수준에 있을 수 있는 사람의 수가 곡선에 따라 미리 정해져 있는 것이다. 이러면 성과를 측정하는 기준은 표준화나 객관성과 거리가 멀어지게 된다.

적시에 효과적으로 피드백을 전달하는 방법

사람은 숫자가 아니다. 그리고 성과는 연말에 카드에 집계된 포인트처럼 정확하게 측정될 수 있는 것이 아니다. 특히 카드를 해석하는 사람이 직원과 그리 친하지 않거나, 최근의 편견이나 결과물의 영향을 받은 경우라면 더욱 그렇다. 이러한 공식 평가는 일반적으로 높은 성과를 부르는 피드백을 전달하는 데 아무런 도움도 되지 않는다.

적시에 효과적인 피드백을 전달하려면 한정된 기간에 반짝 준비하는 것만으로는 부족하다. 이런 준비는 늘 현재 진행형으로 끊임없이 해야 한다. 끝나지 않는 '미세 평가'의 연속이라고 생각하면 된다. 매일 출근해 눈을 크게 뜨고 작아도 의미 있는 행동을 알아차려 24시간 내에 이를 기록하거나 업데이트하겠다는 의지를 지녀야 한다. 이렇게 미세 평가가 습관이 되면 피드백이 자연스러운 환경이 만들어진다. 그러면 직장에서도 피드백을 주고받는 연습을 할 기회가 더 많이 생긴다. 그리고 일관되게 적용된다면, 미세 평가는 공식적인 평가를 덜 두렵고 더 영향력 있게 만들 것이다.

적시에 효과적으로 피드백을 전달하는 연습을 하려면, 기본적으로 아무리 작은 사건이라도 세밀하게 관찰해야 한다. 이는 눈앞에 있는 명백한 일을 보는 것과는 다르다. 절대 간단하지 않다. 피드백을 연습하기 위해서는 의미 있는 순간을 식별해야 하기에 고도로 날카로운 시선이 필요하다. 회의, 프로젝트, 고객과의 통화, 프레젠테이션, 보고서, 주고받는 이메일을 모두 기회로 삼아 좋은 것이든 나쁜 것이든 주목할 만한 행동을 인식하는 연습장으로 활용해야 한다.

이처럼 주목할 만한 행동이나 상호작용을 인식할 때는 적시에 후속 조치를 취하는 게 중요하다. 관찰한 것에는 어떤 의미가 있을까? 그 의미를 가지고 무엇을 하려고 하는가? 즉각적인 피드백을 제공할 수 있을 정도로 충분히 알아봤을 수도 있고, 좀 더 자세히 알아보기 위해 질문을 해야 할 수도 있다. 그 사건은 당사자를 넘어 더 넓은 범위의 조직을 위해 케이스 스터디로 활용될 수 있으며, 관련된 사람들의 허락을 받아 실제로 정식 교육에 활용할 수도 있다. 아니면 해당 사건에 대해 한 문장으로 요약된 이메일을 보내거나, 공식적인 평가의 순간이 올 때까지 기다렸다가 후속 조치를 취하도록 요청하는 것이 여러분이 할 수 있는 유일한 행동일 수도 있다.

피드백이 힘을 발휘하는지 알아보려면 1장에서 다룬 '효과적인 피드백 모델'을 다시 살펴볼 필요가 있다. 1장에서 다루었을 때는 자신을 향한 피드백을 처리하는 내용이었다. 이번에는 상대방을 향한 피드백에 적용할 것이다. 피드백을 전하기에 앞서 다음 페이지에 나오는 질문에 답해보자. 그러면 여러분이 보내려는 메시지의 의미와 가치가 더 명확해질 것이다.

효과적인 피드백 모델

1. 피드백을 하는 이유는 무엇인가?

이 대화가 어떤 영향을 미치기를 바라는가? 형식적이거나 모호하다면 가치 있는 피드백이 아니다.

미팅 스케줄을 잡을 때 미팅 목적을 명확히 설정하면 시간을 최대한 활용할 수 있다. 피드백도 마찬가지다. 피드백을 전달하려는 목적을 분명하게 설명할 수 있어야 상대방이 그 피드백을 실질적으로 받아들일 수 있다. 구체적으로 어떤 행동을 하려고 하는가? 피드백의 근거가 모호하거나 정확하지 않다면, 본인도 명확히 설명할 수 없는 것을 지적하거나 강조하려고 한다면, 피드백의 방향이 의심스러우며 더 깊은 고민이 필요하다는 신호일 수 있다.

2. 상황에 맞는 피드백인가?

다른 요소들이 작용하는가? 개인이 통제할 수 없는 요소를 고려해도 개선할 수 있는가?

문제가 되는 행동에 영향을 끼칠 수 있는 요인을 식별하기 위해 충분한 조사를 했는가? 이것이 회사 사람들을 알아가는 데 시간을 투자해야 하는 또 다른 이유다. 회사 사람들이 고민할 수 있는 개인적인 문제나 업무 문제를 기본적으로 이해할 수 없으면, 그 문제가 업무 성과나 만족도에 어떤 영향을 미치는지 알 수 없다.

3. 피드백을 통해 이익을 얻는 사람은 누구인가?

누구를 위한 피드백인가? 피드백을 요청한 사람이나 팀을 위한 것이 아니라면 잘못된 피드백일 가능성이 높다.

이 질문에는 분명한 답이 있어야 한다. 만일 답이 없거나 엉뚱한 답이 나온다면 잘못된 피드백이니 잠시 미루어야 한다. 피드백은 당연히 팀에 도움이 되어야 하고, 특히 그 전달 순간에는 반드시 피드백을 받는 사람에게 도움이 되어야 한다. 인신공격은 피드백이 아니다. 당혹스럽게 할 정도로 감정적인 배설도 피드백이 아니다. 누가 피드백으로 도움을 받는지 정확히 알려면 정신을 똑바로 차려야 한다. 순간적인 감정에 휩싸이면 판단이 흐려지는 경우가 많기 때문이다. 그러면 피드백을 제공하는 사람만 만족시키는 결과로 이어질 수 있다.

다음 질문으로 이동하기 전에 짚고 넘어갈 것이 있다. 스트레스를 받으면 그것이 피드백을 전달할 때 반영된다는 것이다. 여기서 위험한 점은 스트레스 지수가 사람에게 어떤 영향을 주는지 분명하지 않다는 것이다. 연구에 따르면 불안감이 높아질수록 메타 인지 능력이 떨어진다고 한다. 메타 인지란 스스로 자신을 어떻게 생각하는지에 대해 생각하고 이해하는 능력이다. 다시 말해 여러분의 정신적·감정적 상태를 알고 이것이 어떻게 결정과 인식에 영향을 끼치는지 이해하는 능력이다. 스트레스 점수가 10점 만점 중 2점으로 낮을 때는 스트레스가 적다는 것을 알아차릴 가능성이 높다고 한다. 반대로 스트레스 점수가 10점 만점 중 9점일 정도로 높고 메타 인지가 낮을 때는 자신의 스트레스 정도가 4~5점이라고 착각할 수 있다고 한다. 따라서 이때는 신중해야 한다. 피드백을 전달하기에 앞서 피드백이 상대방에게 도움이 되어야 한다는 점을 이해하고, 피드백이 본인의 정신 상태에 휘둘리지 않도록 조심해야 한다.

4. 지금 도움이 되는 피드백인가?

이 순간 전달하면 유용한 피드백인가, 아니면 한발 늦은 피드백인가?

주목할 만한 행동이 포착되면 즉각 후속 조치가 있어야 한다. 그러나 즉각적인 후속 조치가 반드시 좋은 피드백이 되는 것은 아니다. 냉정해질 때까지 시간이 걸리는 긴장감이 남아 있을 수 있다. 그리고 신속하고 지속적인 미세 평가보다는 공식적인 평가에 더 적합한 주제가 있을 수 있다. 하지만 아직 때가 아니라고 해도, 그 순간을 완전히 놓쳐서는 안 된다. 그럴 때는 스스로에게 보내는 메일함에 기록하는 것도 좋다. 나중에 참조할 수 있도록 자료는 하위 폴더에 따로 저장하자. 또한 너무 오래 기다리지 않는 것이 중요하다! 특정한 관찰과 관련된 피드백은 시간이 흐르면 영향력이 적어진다. 비유하자면 강아지가 카펫에 소변을 보고 난 뒤 오랜 시간이 지나 소변 자국에 코를 문지르는 것과 같다. 아마 대부분 강아지의 행동을 이해하지 못할 것이다. 즉, 행위와 결과 사이의 연관성이 약해진다는 말이다. 따라서 즉각 개입할 필요가 있는 어떤 것을 관찰한다면, 늦기 전에 빨리 개입할 시간을 확보해야 한다.

5. 진정한 피드백인가?

검증할 수 있을 정도로 진실하고 정확한가? 추측은 피드백이 아니다.

꽤 간단한 질문이다. 피드백하려는 행동을 정확히 전체적으로 이해하고 있는가? 아니면 추측하고 의도를 짐작했는가? 피드백을 할 대상에게 피드백이 진심으로 전해지도록 했는가? 아니면 상대방이 느끼는 불확실성과 의심을 가라앉힐 수 있는 질문이 아직 제기되지 않았는가? 미리 전체적인 그림을 그릴 수 있는 정보를 충분히 얻지 못할 수도 있지만, 피드백을 하려면 가능한 한 추측은 피하는 것이 좋다.

6. 잔인한 피드백인가?

의도치 않게 잔인한 피드백이거나 의도가 불친절한 피드백인가? 잔인하게 들리는 피드백도 때에 따라서는 잔인하지 않은 것일 수 있다.

피드백을 기분 좋게 전달해야 할 의무는 없다. 비판적인 피드백은 기분 좋게 전달하기 어려운 법이다. 비판적인 피드백을 받으면 자존심에 타격을 입고 능력이나 자율성이 위축될 수 있다. 즉, 상대에게 상처를 줄 수 있다는 말이다. 그럼에도 절대로 잔인해서는 안 되고, 일부러 해를 주는 방향으로 이루어져서도 안 된다.

이는 럭비와 복싱의 차이로 생각해볼 수 있다. 럭비를 하다 보면 뇌진탕에 걸릴 수도 있다. 그러나 원래 럭비의 목적은 뇌진탕이 아니라 점수를 내는 것이다. 그런데 복싱은 다르다. 복싱은 뇌진탕을 일으켜 상대를 쓰러뜨리는 것이 목표인 스포츠다.

비판적인 피드백은 두 종류다. 하나는 상처를 줄 수도 있으나 정보를 주고 발전에 도움이 되는 투박하고 객관적인 피드백이다. 또 하나는 상대방의 발전과 성장을 주는 일에는 관심 없고 상처를 주거나 영구적인 수치심과 찝찝한 감정을 주려는 피드백이다. 같은 비판적인 피드백이라도 둘은 엄연히 다르다.

7. 공유되는 피드백인가?

이 피드백의 기초가 되는 의견이 정보를 나누는 관련 동료들 사이에서 공유되고 있는가?

피드백을 받는 사람이나 상황을 잘 아는 사람들에게 전혀 놀랍지 않은 내용인가? 아니면 이를 당신 혼자 판단하고 있는가? 피드백을 해줄지 말지 생각할 때 외부 의견은 중요한 참고 기준이 될 수 있다. 문제가 되는 행동에 직접 영향을 받는 사람이 있다면 이들과 상의하는 편이 나을 수도 있다.

해야 할 모든 피드백을 일곱 가지 질문으로 검토하는 것이 과도해 보일 수도 있다. 하지만 피드백도 반복과 연습을 해야 일상처럼 익숙해진다. 따라서 일곱 가지 질문을 순서대로 기억하며 미숙하거나 문제 있는 피드백을 효과적인 피드백으로 만들 수 있도록 습관을 들여보자. 머지않아 일곱 가지 질문이 깊숙이 뿌리를 내리고 효과적인 피드백 모델이 제2의 천성처럼 습관이 될 것이다.

피드백의 다섯 가지 구조

물론 효과적인 피드백 모델은 주어진 피드백의 잠재적 가치만을 측정할 뿐이다. 그 피드백이 어떻게 전달되는지도 똑같이 중요하다. 이를 위해 안내자 역할을 할 수 있는, 기억하기 쉽고 신중한 구조가 있다. 나는 이러한 구조를 '피드백의 다섯 가지 C'라고 부르고 싶다. 호기심Curiosity, 예의Courtesy, 명확성Clarity, 결과Consequence, 다짐Commitment 이다. 이 다섯 가지 C에 초점을 맞춰 피드백을 준비하면 피드백이 활발히 이루어지는 환경을 만드는 데 도움이 되고, 피드백을 받는 사람이 방어적인 태도를 보일 가능성이 줄어들 것이다.

1. 호기심과 질문으로 시작한다

"사건이 일어난 것은 압니다만 그 사건에 대해 좀 더 이야기해 줄 수 있나요?", "이 특별한 상황에 대해 어떻게 생각하십니까?" 질문할 때는 답을 위한 여백을 남겨둔다. 질문할 때와 마찬가지로 답변을 들을 때도 이해하기 위해 충분한 시간을 들이고 경청하며 호기심을 유지해야 한다. 이를 통해 정보를 수집할 수도 있고, 동시에 자신이 모든 일을 다 아는 것은 아니라는 사실도 깨달을 수 있다. 대화는 양 방향으로 이루어져야 서로 신뢰가 쌓인다. 그러면 여러분도 단순한 비판자처럼 보이지 않을 것이다.

2. 항상 예의를 지켜야 한다

주어진 상황이나 앞에 있는 사람에 대해 어떻게 느끼든, 항상 도덕적인 자세를 유지하고 문제를 해결하는 올바른 방식을 모범으로 보여야 한다. 시간을 내어 자리를 마련한 사람에게 감사 인사를 하고, 논의가 어색해지거나 불편해질 수 있다는 점을 미리 알려준다. 빈정거림, 수동공격적인 태도, 비난, 욕설, 큰 목소리는 절대로 삼간다. 여러분이 전하려는 메시지가 왜곡되고 상대가 방어적으로 나올 수 있기 때문이다. 예의를 깍듯이 지키면 상대는 여러분의 이야기에 귀를 기울일 것이다.

3. 명확성이 있는지 확인한다

'효과적인 피드백 모델'을 활용해 피드백이 명확해지도록 한다. 신경이 예민해지고 긴장감이 높아지면 명확성을 잃어버리기 쉽다. 따라서 일반화나 가설을 피하고 구체적인 내용을 강조한다. 실제 사건에 초점을 맞추고, 인신공격이 아니라 문제가 되는 행동을 짚고 넘어가는 피드백이 되도록 한다. 피드백을 받는 사람이 같은 실수를 반복하지 않게 하려면 문제의 실제 원인이 무엇인지 구체적으로 말해야 한다. 긍정적인 피드백도 마찬가지다. 여기서는 주로 어려운 문제를 다루는 비판적인 피드백을 이야기하지만, 비판적이든 긍정적이든 간에 피드백이 효과적으로 전해지려면 구체적이어야 한다. 두루뭉술하게 칭찬하면 성의가 없어서 뜻하지 않게 상대방에게 반

감을 일으킬 수 있다. 칭찬을 하든 비판을 하든 상세하고 명확해야
한다.

4. 결과를 명확히 짚고 넘어가야 한다

문제가 되는 행동이나 결과를 단순히 지적하는 것만으로는 안 된
다. 문제가 되는 행동이나 결과가 끼친 영향까지 다루어야 한다. 대
화를 하다 보면 말이나 행동이 무엇을 의미하는지, 어떤 의도가 있
는지를 따지다가 길을 잃을 때가 많다. 대신 말이나 행동이 초래한
결과에 집중해 피드백을 하면 상대방이 반박하기 어려워진다. 어떤
행동이 다른 사람이나 비즈니스에 실제로 영향을 미치면 문제가 되
는 그 행동을 변화시킬 이유가 된다.

5. 다짐을 이끌어낸다

피드백을 공유하는 이유는 어떤 행동을 고치거나 강화하기 위해
서다. 따라서 대화를 끝낼 때 다짐을 받아내는 일에 겁내지 말자. 상
대방에게 다짐을 받아내야 앞으로 변화를 기대할 수 있고, 상대방도
책임감을 가지고 지속적으로 행동을 개선할 수 있다. 여기서 새로운
시작이 이루어진다.

아무리 숙련되고 노련한 상사도 평가와 피드백에 대한 논의에 지
칠 수 있다. 일단 한 가지가 마무리되었다고 급하게 다음 문제로 넘

어가지 않도록 하자. 호흡을 가다듬고 객관적인 관찰자 입장에서 잠시 시간을 보내도록 한다. 무엇이 잘되었고, 무엇이 더 잘될 수 있었을까? 그 답을 알 수 있으면 이를 반복하거나 개선할 수 있으며, 습관과 모범 사례를 구축할 수 있다. 또한 앞으로 일어날 수 있는 어려움을 예상할 수도 있다. 이를 통해 다음번에는 더 잘할 수 있다.

제때 효과적인 피드백을 하겠다는 약속은 많은 사람이 어려워하는 일이다. 하지만 기억할 것이 있다. 이것은 단지 여러분의 능력 안에서 가능한 기본적인 행동을 꾸준히 수행하겠다는 약속일 뿐이다. 필요한 것은 오직 연습, 연습, 또 연습이다. 많이 할수록 잘하게 되고, 더 쉬워질 것이다. 피드백은 동료들에게 줄 수 있는 최고의 선물이다. 잇새에 이물질이 끼거나 신발에 휴지가 붙은 동료들이 앞에 있을 수 있다. 그 순간 소심해지지 말고 애정과 존중하는 마음으로 동료들에게 알려주자.

실전 연습 1

'효과적인 피드백 모델'을 활용한 피드백 평가

최근에 시간을 들여 주고받은 피드백을 검토해본다. '효과적인 피드백 모델'을 통해 이를 분류하고 주고받은 과정이 어떤지, 효과가 있는지 평가한다.

실전 연습 2

미세 평가를 사용하겠다는 약속

동료, 상사, 부하 직원들과 함께 다음 페이지에 설명된 단계를 따라가 보자. 이는 상사에게 직접 보고할 때뿐만 아니라 동료들과 함께 스스로 피드백할 때도 유용하다. 1년 동안 함께 수행하면 자신들이 구체적으로 했던 일에 관심과 피드백을 줘서 고마워하는 사람이 많을 것이다.

| 미세 평가 |

눈에 띄는 상호작용을 위한 탐지

피드백은 철저한 인식에서 시작된다. 결과나 상호작용 혹은 주변과의 교류를 알아차리려면 아주 작은 것이라도 그냥 넘어가지 않고 적극적으로 탐지한다.

현재의 평가 혹은 반성

반성이나 평가의 계기가 되는 무언가가 있다면 그것에 주목한다.

강조할 점과 학습

무언가를 보고 들은 후 더 알고 싶거나, 어떤 부분을 바꾸고 싶거나, 새롭게 배우고 싶은 것이 있다면 그렇다고 이야기한다.

행동 개발

학습이나 깨달음에 중점을 두고 이를 바탕으로 몇 가지 행동을 개발한다.

메모

제목에 동료의 이름과 날짜가 포함된 이메일을 '나에게 보내기'로 보낸다. 보다 실질적인 피드백을 제공할 때가 되면 상호작용과 행동 목록을 평가에 사용할 수 있을 것이다.

팀과 공유

피드백에 대한 성찰과 배움을 공유할 수 있도록 허락을 구하라. '아니오'라는 대답이 나오면 절대 공유하면 안 된다. 이는 상대방의 자율성을 존중하는 일이다. 상대가 '예'라고 대답한다면 비판적인 피드백 사건을 팀에게 긍정적인 학습으로 재구성한다.

(출처: APS 인텔리전스, 2021)

약속한다,
내가 필요할 때만 찾는 것이 아니라
항상 곁에 있겠다고

동료들에게 직접적이고 개인적으로 해야 할 마지막 약속이 하나 있다. 무엇을 원하거나 필요한 것이 있을 때만 동료들을 찾는 것이 아니라 항상 곁에서 진실하게 대하겠다는 약속이다.

많은 사람이 상사나 동료에게 이용당하거나 조종당했다고 느끼는 씁쓸한 경험을 한 적 있을 것이다. 이메일을 보낼 때 상대방에게 여러분의 이름이 뜨면 상대방은 여러분이 어떤 요청을 하려고 메일을 보냈는지 예상한다. 그런데 상황에 따라 상대방에게 여러분이 그리 반갑지 않고 불편한 존재로 생각될 때도 있다.

이번 약속은 절대 그런 사람이 되지 않겠다는 약속이다. 사심 없이 꾸준하게 사람을 대하며 시간을 투자해 의미 있는 상호작용을 만들겠다는 약속이다. 사무실 문을 활짝 열고 동료들과 흥청망청 놀며 하루를 보내겠다는 약속이 아니다. 오히려 내가 가진 시간을 더 잘 활용하겠다는 약속이다. 팀원들이 서로 친근하고 진실로 대할수록 성과가 높아진다는 사실이 증명되었기 때문에 동료들과 진정한 연결고리를 만들겠다는 약속이다.

이러한 약속을 실천하려면 마음챙김부터 실천해야 한다. 마음챙김이라고 해서 향초나 기도문을 외우는 수도사들을 떠올릴 필요는 없다. 내가 말하는 마음챙김은 다른 것이다.

마음챙김은 단순히 신비한 종교의식이 아니다. 마음챙김은 본질적으로 집중과 관심을 위한 노력이다. 방에 들어갈 때마다 무엇을 하려고 방에 들어가는지 진지하게 생각해본 적이 있는가? 이유가 있어서 몇 번이나 휴대폰을 들었지만 결국 앱, 메시지, 알림, 오락에 빠져 원하는 작업을 끝내지 못한 경우가 얼마나 많은가? 직장 복도나 화상 회의에서 팀원들과 이야기를 나누었는데도 대화 내용이 기억나지 않은 적은 얼마나 많은가?

마음챙김이 없으면 두뇌 속에서 서로 관심을 얻기 위해 경쟁하는 무수한 생각과 할 일에 압도되어 지칠 수 있다. 여기서 두 가지 위험이 나타난다. 첫째, 마음이 어수선하고 산만해져 사람, 사건, 직장과 관련해 중요한 세부 사항을 놓칠 수 있다. 둘째, 주변 사람에게도 부정적인 영향을 미친다. 대화할 때 계속 휴대폰이나 컴퓨터 화면을 본다면 상대방이 어떻게 생각할까? 여러분이 필요해서 다가왔는데 정작 여러분이 고개를 돌리지 않고 건성으로 대한다면 상대방은 어떤 생각을 할까? 상대방은 자신이 중요하지 않은 존재, 귀찮은 존재라고 생각할 것이다. 또한 자신이 하는 말이 휴대폰이나 컴퓨터 화면 안에서 일어나는 일보다 덜 중요하고 덜 흥미롭다고 느낄 것이다. 그래서 여러분이 애써 의자 방향을 돌려 대화에 동참하지 않는다고 생각할 것이다.

아무리 바빠도 사람들에게 관심을 표현할 수 있는 몇 가지 간단한 전략이 있다. 처음에는 지나치게 형식적이라고 느낄 수 있으나, 사람들에게 벽을 치지 않으면서도 경계를 지키는 데 도움이 되는 기본 규칙이다.

첫 번째는 '우선순위 방해 시간Priority Interrupt Time(이하 PIT)'이다. 이는 내가 짧은 시간 동안 언제든 대화할 준비가 되어 있음을 보여주는 것이다. 우리 조직은 직장에서 큰 효과를 내기 위해 이 방법을 사용했다. 누구나 언제든지 내 사무실 문을 열고 빼꼼히 고개를 내밀고는 잠깐 방해해도 괜찮냐고 물어볼 수 있다. 만약 내가 일이 정말 급하다면 몇 분만 기다려달라고 말한다. 하지만 대화할 준비가 되어 있다면 테이블에서 이루어지는 대화에 집중한다. 우리 사무실에서는 PIT가 2분을 넘어서는 안 된다는 규칙이 있다. 그러나 그 2분 동안 나와 상대방은 서로를 잘 알게 된다. 짧은 시간이라도 그 시간만큼은 집중하겠다는 약속은 매우 소중하다. 아무리 바빠도 상대방에게 중요한 일이 나에게도 중요하다는 메시지를 보내는 행동이기 때문이다. 화상 회의에서도 이와 같은 기술을 사용할 수 있다. 동료에게 '방해해도 괜찮아?'라는 메시지를 보내고 동료가 답을 보내오면 오후 시간을 값지게 보낼 수 있다.

주어진 시간에 집중해서 일을 해야 하는데 이것저것 해달라고 하는 사람들 때문에 방해를 받는다면 팀 내에서 자급자족하는 능력을 높여야 한다. 특정 사람과 상대하는 시간을 없애는 것이 아니라, 모든 사람에게 필요한 만큼의 시간을 할애하기 위해서다. 이때 도움이 되는 것이 '내 앞의 셋three before me'이라는 기법이다. 바빠 보이는 상대방에게 잠깐 시간 좀 되느냐고 묻기 전에 다른 세 가지 출처에서 먼저 답을 찾아보는 것이다. 시간이 있는 다른 동료들과 먼저 이야기를 나누거나 기존 자료를 살펴본다. 여전히 명확하지 않은 부분이 있다면 그때 바빠 보이는 책임자에게 잠깐 상담 시간을 요청하는 것이 합리적이다. 이미 정말로 중요한 질문과 문제를 뽑아낸 상태이기 때문에 짧은 시간에 효과적으로 상담할 수 있다.

흔히 '쓸데없는 질문은 없다.'라고들 한다. 그러나 나는 이 말을 믿지 않는다. 분명 쓸데없는 질문은 존재한다. 검색 엔진에서 답을 찾는 데 0.000036초가 걸리는 질문, 이전에 다른 사람이 여러 번 물어봤고 답변을 들었던 질문 같은 것들이다. 아직 다루어지지 않은 다른 중요한 질문이 많이 있다. 그래서 우리는 중요한 질문들에 먼저 답변하기 위한 시간을 마련해야 한다.

'내 앞의 셋' 기법을 사용하면 동료를 생각하며 서로 어떻게 도움을 주고받을 수 있을지 고민할 수 있다. 그뿐만 아니라 직함이나 역할과 상관없이 사람마다 모두 나름의 전문 지식이 있다는 것을 알게 된다. '내 앞의 셋' 기법은 동료들에게 집중할 필요를 없애려고 설계된 것이 아니다. 동료들과 함께 있을 때 온전히 집중할 수 있도록, 이를 방해하는 변명을 없애기 위해 설계된 것이다.

앱을 기반으로 한 승차 공유 서비스가 이루어지기 전에는 미국을 방문할 때 공항을 오가는 구식 자동차 서비스를 이용하곤 했다. 지금까지도 기억나는 운전기사가 있다. 그 기사와 상호작용을 하면서 작은 행동으로도 변화가 만들어질 수 있다는 사실을 깨닫게 되었기 때문이다. 터미널에 도착하자 내 이름이 적힌 플래카드를 들고 있는 담당 기사가 보였다. 이때까지 내 이름의 철자가 정확하게 적힌 적은 거의 없었다. 기사들은 보통 존John이라는 이름을 적을 때 'h'를 빠뜨리거나 나의 성을 창의적인 방법으로 써놓곤 했다. 그런데 이번에 만난 담당 기사가 들고 있는 플래카드에는 내 이름의 철자가 정확히 적혀 있었다. 기사는 짐을 들어주겠다고 했지만, 나는 괜찮다며 정중하게 거절했다. 다른 기사들과 달리 그래도 들어드리겠다며 고집을 부리지 않아서 좋았다. 긴 비행 후에는 다리가 풀릴 때까지 일종의 지팡이처럼 내 짐을 끌고 다녔기 때문이다.

기사는 내가 장시간 비행으로 지쳐 있다는 것을 눈치챘다. 이름을 주고받고 악수를 나누는 것 외에는 나를 편히 내버려두었다. 우리는 오래된 링컨 타운카가 있는 쪽으로 함께 걸어갈 때까지 조용히 있었다. 차가 있는 곳에 도착했을 때, 기사가 승객 프로필을 통해 내 키가 크다는 사실을 알고 있었다는 것을 깨달았다. 앞쪽 두 좌석이 최대한 앞으로 밀려 있었기 때문이다. 기사는 키와 덩치가 있는 내가 가능한 한 넉넉하게 공간을 이용할 수 있도록 배려한 것이다. 지금까지 만난 기사들은 내가 좁은 뒷좌석에 불편하게 앉아서 갈 것이라는 생각을 하지 못했다.

우리가 탄 차가 공항 주차장을 빠져나갈 때 기사는 무전기를 입에 갖다 대고는 "POB"라고 간결하게 말한 후 제자리에 놓았다. 나는 'POB'가 무슨 뜻이냐고 물었다. 그러자 기사는 크게 웃더니 "승객 탑승 Passenger on Board"이라고 말했다.

"제가 당신을 모시고 있다는 뜻이죠."

기사에게 나는 특별한 승객이었다. 그렇기 때문에 플래카드에 종이를 붙이기 전에 내 이름의 철자를 다시 확인했던 것이다. 그렇게 기사는 나를 여러 승객 중 한 명이 아니라 특별한 승객으로 대하며 필요한 준비를 했다.

평범한 일상 속에서 그 기사와 나누었던 상호작용에 대한 기억은 10년이 지난 지금도 내 기억 속에 남아 있다. 나는 이때 다른 사람과 나누는 시간에 조금만 더 관심과 주의를 기울이면 그 영향이 의외로 크다는 교훈을 얻었다. 시간이 오래 걸리는 일도 아니다. 약간의 집중과 몇 가지 수정만으로도 만나는 사람 모두 특별한 배려를 받았다고 느끼게 할 수 있다. 그저 사람들과 같은 공간에 있으면서 그냥 말을 주고받는 것과는 다르다. 상대방에게 집중해야 한다. 그럴 때 상대방은 자신의 말을 들어준다고 생각하고, 온전히 개인으로서 존중받는 느낌을 받는다.

상대방을 특별한 존재로 만드는 상호작용 법칙

공항에서 따뜻한 경험을 한 나는 이후 사람들을 정성스럽게 대해야겠다고 결심했다. 기사가 지니고 있던 자연스러운 환대와 따뜻한 마음을 실천하기로 했다. 'POB'는 회의에 들어가고 대화를 시작하기 전에 떠올리는 주문이 되었다. 그리고 마침내 'POB'에서 영감을 받아, 사려 깊고 의미 있는 상호작용을 위한 세 가지 핵심 요소를 강조하는 용도로 나만의 'POB'를 만들었다. 준비Preparation, 방향Orientation, 행동Behavior의 줄임말로 사용하기로 한 것이다. 이 세 가지를 생각하면 직접 만나든 화상 회의를 하든 전화를 하든 상대방과의 대화에 온전히 집중할 수 있다.

준비는 사람들을 대할 때 가장 먼저 떠올리는 생각으로 마음가짐, 기분, 정서에 적용된다. 상호작용에 들어가기 전 혼란스러운 정신과 산만한 마음을 가라앉히기 위해 의식적인 노력을 하는 것이다. 잘 아는 사람이 아니더라도 내가 상대하고 있는 사람에 대해 생각해보자. 그 사람과 같이 있을 때 상대방이 어떻게 느꼈으면 좋겠는가? 그들이 이 대화에서 무엇을 얻기를 원하는가?

그다음 자신의 기분을 확인해보자. 흥분한 상태인가? 침착한 상태인가? 긴장한 상태인가? 이전에 경험한 상호작용은 과거의 일이다. 앞으로 경험할 상호작용에 편견을 가질 수 있으니 과거의 일은 회의실로 가기 전에 머릿속에서 깨끗하게 지우도록 하자. 끝으로 나의 행동과 얼굴 표정이 미칠 수 있는 영향력을 인식하자. 모든 사람이 세심하게 내 기분을 파악할 수 있는 것은 아니다. 피곤해서 무표정으로 있으면 사람들은 내가 지루해하거나 화가 났다고 오해할 수 있다.

방향은 상대방을 대하는 방식 자체로 전달하는 메시지에 관한 것이다. 다른 사람과 직접 만나기로 했다면 그 사람이 여러분이 있는 책상에 올 때까지 기다리지 말자. 사람들이 와 있는데 앉아서 컴퓨터 화면이나 이메일만 보고 있지 말자. 휴대폰은 손에서 내려놓자. 많은 사람이 대화를 하기 위해 앉을 때 즉시 손이 닿을 수 있는 거리에 휴대폰을 놓곤 한다. 그러면 화면이 아래를 향해 있어도 언제든 방해가 될 수 있다는 분명한 메시지를 전달하게 된다. 휴대폰 때문에 대화의 흐름이 끊어져서는 안 된다. 사람들이 여러분의 관심을 끌기 위해 휴대폰과 경쟁해야 하는 것 같은 기분이 들어서는 안 된다. 상대방이 있는 방향을 바라보고 눈을 마주치지 않으면, 그들은 여러분이 자신을 중요하지 않게 생각한다고 느낀다. 사람들이 그렇게 느끼게 해서는 안 된다.

화상 회의에서는 화면을 통해 사람들을 볼 것이다. 이때도 관심의 방향이 중요하다. 나는 화상 회의를 할 때 내 화면을 보지 않고 참가자들의 얼굴을 하나씩 본다. 가능한 한 참가자 전원의 모습을 한꺼번에 볼 수 있는 바둑판 형태의 화면을 선택한다. 참가자들이 단순히 장식품이 아니라 내가 한 사람, 한 사람에게 특별한 관심을 보이고 있다는 것을 보여주기 위해서다.

마지막으로 생각해야 할 부분은 **행동**이다. 즉 집중해서 한 곳을 온전히 바라보고 있다는 신호를 보내는 신체적인 표시다. 물론 계속 상대방과 눈을 마주치는 것도 중요하지만 자세와 몸짓도 중요하다. 불편하거나 긴장되는 주제라면 사람들을 어떻게 편안하게 할 것인가? 미러링은 긴장을 완화하는 데 도움을 주는 전략이다. 앞에 있는 사람의 몸짓과 자세를 미묘하게 모방해 친밀한 분위기를 쌓을 수 있다.

보다 민첩하게 업무를 하려면 화상 회의에서 하는 행동 방식에 변화를 줘야 한다. 가능한 한 계속 미소를 짓거나 고개를 끄덕이자. 그래야 다른 사람이 수많은 얼굴을 살펴보면서도 여러분이 현재 기분이 좋다는 것을 알 수 있고, 여러분이 의견에 동의하는지 아닌지 파악할 수 있다. 화상 회의 화면이 그저 공허한 시선을 지닌 얼굴로 가득한 바둑판처럼 보여서는 안 된다.

준비, 방향, 행동. 상호작용을 할 때마다 떠올려야 하는 주문이다. 너무 당연한 말이라서 오히려 웃길지도 모르겠다. 지금 하는 일을 오랫동안 해와서 잘하고 있으며, 같이 일하는 사람을 잘 알고 있어서 이런 준비, 방향, 행동 같은 것을 일부러 의식할 필요가 없다고 생각할지도 모른다. 그러나 이를 의식하지 않으면 상호작용에 불리하게 작용할 수 있다! 능숙함은 종종 마음챙김에서 우리를 멀어지게 한다. 그리고 주변 사람들과 익숙해졌을 때 우리는 안일함에 빠지기 쉽다.

'POB. 당신을 모시고 있다는 뜻이죠.' 매번 생각하자.

사람들과 직접 상호작용하는 것만큼이나 중요한 것이 있다. 바로 공식적으로 정해진 회의를 할 때나 무엇인가 협력이 필요할 때만 관심을 가지는 것이 아니라 항상 관심을 보여주는 것이다. 우리의 주의력은 변덕스럽다. 마치 살아 있는 것처럼 제멋대로 뻗어나간다. 그런 주의력을 꼭 움켜쥐는 일은 그리 만만치 않다. 만일 어떤 일에 신경 쓰면서 길을 걷고 있어도 바지를 안 입고 벤치에 앉아 신문을 읽고 있는 서커스 광대를 보면 그 장면이 당신의 주의를 사로잡을 것이다.

하지만 무심함에는 목적이 있다. 우선순위와 중요도에 따라 관심을 기울일지, 말지를 선택하기 때문이다. 그런데 거인으로서 저지를 수 있는 최악의 실수 중 하나가 무심함을 무기로 활용하는 것이다. 같이 일하는 사람들에게 친숙한 존재가 되어야 한다. 그들에게 자주 관심을 보이며 어떻게 지내는지 물어봐야 한다. 진심으로 말이다. 심지어 직장 안팎에서 어떻게 지내는지에 대해서도 어느 정도는 알고 있어야 한다. 그렇다고 해서 같이 일하는 사람들의 심리 상태를 꼬치꼬치 캐거나, 하나부터 열까지 관리하라는 뜻은 아니다. 관심을 가지겠다는 약속은 타인의 사생활에 간섭하겠다는 약속이 아니다. 적어도 어떤 문제가 발생했을 때 알아차릴 수 있을 정도로 사람들과 친밀한 관계를 맺겠다는 약속이다.

안전과 건강에 대한 걱정도 이에 속한다. 리더라고 해도 모든 문제를 해결할 수는 없다. 하지만 리더는 조직의 간판 같은 존재다. 문제를 파악해서 해결하거나, 해당 인사 담당자나 직속 상사 등 도움을 줄 수 있는 사람에게 문제 사항을 전달하는 일은 리더인 우리가 할 일이다.

그러나 이번 약속에서 특히 관심을 보여야 할 대상은 성과다. 최선을 다해 조직을 번영시키겠다는 결심이 이 모든 약속의 원동력임을 기억하자. 비공식적인 환경에서 이루어지고 업무와 직접적으로 관련이 없을 수 있는 의사소통도 신경 써야 팀 사이에 친밀감이 생긴다. 성공하는 팀은 구성원들끼리 친밀감이 강하다는 특징이 있다. 심지어 엘리트들이 모인 집단에서도 의사소통이 목적에 따라 형식적으로 이루어질 때가 많다. 아마 여러분도 상황에 따라 그렇게 할 것이다. 동료들은 작업 진도 도표인 '갠트 차트'에 찍힌 점과 같이 취급된다. 기본적으로 필요한 것이 있을 때만 상호작용하는 점 말이다.

그러나 진정한 팀이라면 이런 식으로 운영되지 않는다. 진정한 팀은 언제 어디서나 항상 자연스럽게 소통한다. 그렇다고 해서 하루 종일 동료들과 앉아서 반려동물 사진을 보여주고 넷플릭스 작품을 추천하며 잡담을 한다는 뜻은 아니다. 온라인으로 서로 주말 계획에 대해 채팅을 한다는 뜻도 아니다. 진정한 팀은 동료애를 발휘해 서로 연결될 수 있는 방법을 찾는다. 사심 없이 꾸준하게 연락을 취한다는 뜻이다.

동료에게 보내는 작은 애정의 힘

  NBA를 대상으로 한 2010년 연구에 따르면, 실제 터치가 있는 팀일수록 성공적인 경기를 한다는 결과가 보고되었다. 캘리포니아대학의 박사 후 연구원인 마이클 크라우스Michael Kraus가 이끄는 연구원들은 30개 팀이 벌이는 초반 경기를 각각 연구해, 선수가 자발적으로 하는 터치 사례를 전부 기록했다.[1] 선수들은 주먹을 서로 부딪치거나, 하이파이브를 하거나, 엉덩이를 툭툭 치거나, 데드볼 상황에서 어깨를 잡았다. 연구원은 이 같은 시간을 추적했다. 이는 동료 선수를 밀어주거나 같이 넘어질 때처럼 경기에서 불가피하게 일어나는 접촉이 아니었다. 오히려 선수들끼리 모여 있거나 교체 중에 자발적으로 하는 터치였다. 또는 바닥에 넘어진 동료 선수를 일으켜 세우는 것처럼 어느 정도 목적이 있더라도 자발성이 포함된 행동이었다. 이러한 터치에는 'POB. 당신을 모시고 있다는 뜻이죠.'라는 의미가 담겨 있었다.

  시즌이 끝난 후, 연구팀은 시즌 초반 한 경기에서의 터치 횟수와 전체 시즌 성과를 비교해보았다. 그들은 시즌 전 기대치, 선수 연봉, 시범 경기에서의 팀 기록 등 다른 조건도 살펴보았다. 어떻게 분석

하든 터치가 개인과 팀의 성과를 향상하는 결정적인 요소라는 것을 발견했다. 터치는 모두에게 도움이 되었다. 터치를 통해 동료 선수들은 협력했고 신뢰를 쌓았다. 예상했던 결과지만, 막상 사실로 드러나니 놀라울 따름이었다.

간간히 하는 소소한 터치도 효과가 크다. 엉덩이를 때리라는 것이 아니다. 엉덩이를 함부로 때리면 문제가 될 수 있다. 하지만 문화권마다 구성원들은 애정을 표현하는 나름의 언어를 가지고 있다. NBA 선수들은 서로 하이파이브를 하고 가볍게 엉덩이를 살짝 치면서 감사하는 마음과 동료애를 보여준다. 때로는 다소 거친 말로 서로를 격려하고 기운을 북돋는다. 그것이 그들이 쓰는 '애정의 언어'다.

리더인 우리에게 놓인 과제는 사람들의 반응을 이끄는 애정의 언어를 사용해 감동을 주는 법을 찾는 것이다. 이를 할 수 있는 방법은 매우 많다. 연말 평가까지 기다리지 말고 의미 있는 피드백을 주는 것. 이것이 우리 방식의 터치다. 미팅 후 누군가를 한쪽으로 데리고 가서 그가 해준 기여에 구체적으로 감사를 표현할 수 있다. 이것이 바로 터치다. 같이 일하는 사람의 눈을 똑바로 보고 이들의 업무 성과가 조직에 어떤 변화를 가져왔는지 구체적으로 말해주는 것. 그리고 같이 일하는 사람들이 어떻게 지내고 있는지 물어보고 그 대답에 관심을 가지는 것. 이것이 터치다.

특별한 경우라면 작은 선물이나 손으로 쓴 쪽지를 줄 수도 있다.

직원 한 명이 칭찬받을 만한 행동을 한 것을 보면 담당 관리자에게 연락해 말해줄 수도 있다. 이 모든 것이 터치에 속하는 방법이다. 사람들은 각기 다른 방식으로 터치에 반응하지만, 공통된 점은 모두가 터치로부터 혜택을 받는다는 것이다. 여러분이 사람들 곁에 있어 줌으로써, 그리고 사람들이 여러분 곁에 있어 줌으로써 얻는 이득이 있다. 단, 그들의 언어로 말할 때만 그렇다.

리더로서 직원들과 더 자주 함께하겠다고 약속하는 것은 터치의 순간을 더 많이 만들겠다고 약속하는 것이기도 하다. 터치를 통해 친밀한 사내 문화가 만들어지고, 친밀한 사내 문화는 직원들의 잠재력을 발휘할 수 있게 만들기에 팀의 성공에 꼭 필요한 요소다. 연구팀은 비즈니스계 전반에서 팀원들끼리 친숙하면 긍정적인 효과가 나온다는 사실을 입증했다. 실제로 소프트웨어 개발자들을 대상으로 한 연구에서 서로 함께한 경험이 많은 팀일수록 더 적은 결함으로 프로젝트를 완수했고, 예산과 마감일을 더 엄격하게 준수했으며, 고객의 피드백도 더 긍정적인 것으로 나타났다. 팀원들이 함께 일한 시간이 각 팀원의 개별 경험보다 성과를 더 잘 예측했다.[2]

이 같은 연구 결과가 보도된 기사에서 로버트 허크먼Robert Huckman과 브래들리 스타츠Bradley Staats는 팀원들 사이의 친밀함이 얼마나 중요한지를 보여주는 또 다른 사례를 인용했다.[3] 휴식이 부족하더라도 서로 친숙한 승무원 그룹은 휴식을 충분히 취했으나 아직 서먹한 승무원 그룹보다 실수를 덜 하는 것으로 나타났다. 실제로 상업 항공 사고의 대다수는 승무원이 처음으로 함께 비행할 때 발생한다. 마찬가지로 의료 분야에서도 한 곳 이상의 병원에서 일하는 외과의사들은 병원마다 다른 성과를 보여주었다. 병원의 지원팀과 얼마나 친밀한 관계인가에 따라 성과에 차이가 있는 것으로 보인다.

물론 조심하지 않으면 팀원들이 너무 친숙해져 게을러질 수 있다는 부작용도 있다. 터치가 익숙한 동작으로 습관화되면 주의를 게을리하게 되고 같이 일하는 사람에게 무심해진다. 그리고 익숙한 사람이나 익숙한 생각에만 집착해 사람이나 아이디어를 배제하는 것은 분명 역효과라 할 수 있다.

하지만 오랫동안 함께해 친밀함이 형성되면 그 존재만으로도 서로 신뢰를 갖게 된다. 신뢰가 있는 분위기 속에서는 혁신에 불이 붙을 수 있다. 사람들이 친근한 말로 교류하고, 성장 잠재력을 가진 수많은 아이디어를 함께 새롭고 흥미로운 방향으로 교환하는 환경이 만들어지기 때문이다. 이렇게 되면 부분의 합보다 더 큰 전체가 만들어진다. 구성원 한 명이 떠나더라도 그룹을 이어주는 유대감은 그 차이를 메울 수 있을 만큼 강한 내구성을 지니게 된다.

뒤에서 나머지 약속들을 계속 다루면서 우리가 조직 문화에 기여하는 방법에 무엇이 있을지 좀 더 탐구할 것이다. 하지만 그 전에 이번 약속과 동료들과의 관계에 대해 곰곰이 생각해보길 바란다.

누구에게나 가능성이 있다. 우리는 다른 사람과 상호작용을 할 때마다 그 가능성을 끌어낼 수 있다. 다른 사람과 연결되겠다고 약속하자. 같이 일하는 사람들이 성과를 높이고 자신감을 가질 수 있도록 하겠다고 약속하자. 같이 일하는 사람들과 얼마나 좋은 관계를 맺느냐에 따라 단순히 좋은 결과가 나올지 위대한 결과가 나올지가 결정될 것이다. 같이 일하는 사람들은 성공을 달성하는 열쇠이자 실패를 피하는 열쇠가 될 것이다. 하지만 일단 나부터 시작하자. 같이 일하는 사람들에게 최고의 리더가 되려면 그들에게 최선을 다해야 한다. 그리고 그들은 이를 누릴 자격이 있다.

나와 동료들

다음 질문들을 고려하고 답변을 적어두자. 가끔씩 돌아보며 여러분이 약속을 지키고 있는지 확인해보자.

- 동료들에게 비친 여러분의 이미지는 무엇인가? 그런 이미지가 동료들에게 어떤 영향을 미치는가?
- 동료들을 볼 때 기대치나 직무에 얽매이지 않은 모습을 상상한다면 무엇을 발견할 수 있을까?
- 동료들이 발전할 수 있도록 돕는 일에 시간과 노력을 어느 정도 들이는가? 변화를 이루어낼 방식으로 피드백을 제공하고 있는가? 아니면 일이 너무 바빠서 동료의 신발에 휴지가 붙어 있어도 알려줄 여유가 없다고 생각하는가?
- 동료들과 얼마나 자주 함께하고 있는가? 친밀감을 구축하기에 충분한가?

The Promises of Giants

약속한다,
책임지고 문화를
이끌어가겠다고

최근 몇 년 동안 조직 문화는 우리의 새로운 관심사가 되었다. 어쩌면 우리의 직장과 제도가 무언가 잘못되었다는 인식이 생겨서일 것이다. 사람들은 직장에서 단절되고 환멸을 느끼게 되었다. 그동안 우리는 부정부패와 잘못된 행동에 익숙해졌고, 어쩔 수 없이 복지 축소, 장시간 근무, 비인간적인 대우를 새로운 규범인 것처럼 냉소적으로 받아들였다. 조직 문화가 쇠퇴하고 있다는 것은 널리 알려진 사실이다. 잘못 가고 있는 배를 바로잡기 위해서는 반드시 문제를 해결해야 한다.

코로나19 팬데믹, 미투 운동, BLM 캠페인 같은 흑인 인권 운동, 난민 위기, 기후 변화, 개인 정보 보안에 관한 활발한 활동을 통해 알 수 있듯이, 중역 회의실에서 교실에 이르기까지 사람들은 항상 문화적인 영향을 이야기하고 다룬다.

이는 바람직한 현상이다. 하지만 기업 리더들과 함께 앉아 회의를 하다 보면 그들의 영향력과 그들이 개선하려는 문화 사이에 괴리

감이 있다고 느낀다. 기업 리더들은 조직 문화가 자신과 분리되어 있는 것처럼 이야기한다. 조직 문화를 거대하고 통제 범위를 벗어난 무언가처럼 바라보며, 그들이 할 수 있는 일은 본질적으로 업무 지원에 한정된다고 믿는 듯하다. 일주일에 몇 번 조찬 모임을 열거나, 휴게실에 탁구대를 놓을 수도 있다. 다양성에 관해 이야기하거나, 사내 복지로 명상 전문가를 고용할 수도 있다. 그들은 이렇게 무언가를 도입함으로써 조직 문화가 향상되길 기대한다.

하지만 사실 이는 심각한 오해이며 책임을 회피하는 위험한 생각이다. 물론 사내 문화를 개혁하기 위해 전략적인 투자와 여러 노력을 하는 것은 기업 리더의 일이다. 하지만 사내 문화는 결국 일하는 사람들이 내리는 수백만 가지 선택이 축적된 결과다.

사람들은 선택을 한다. 그리고 그 선택은 문화를 만든다.

사람들은 문화를 정의할 수 없다고 믿는다. 이는 문화가 명확히 정의된다면 더 심각하게 받아들여질까 봐 두려워하기 때문일 수도 있다. 한 컨설턴트가 온라인 토론에서 이에 대해 이야기하는 것을 들은 적이 있다. 그는 자신 있게 이렇게 말했다.

"문화는 정의할 수 없습니다. 문화란 마치 연기 같아요. 존재하지만 알아차리기 힘든 연기 말이죠."

이 말을 듣고 박수를 치긴 했다. 그의 발표는 완벽했다. 마치 노련한 예술계의 거장을 보는 기분이었다. 그가 한 말은 모두 그럴듯하게 들렸지만, 사실은 완전히 허튼소리였다. 문화를 수익 목표나 비즈니스 거래처럼 정의할 수는 없다. 하지만 우리는 문화를 이해하고, 문화가 동료들의 경험에 어떻게 영향을 미치는지 파악할 수 있다.

문화는 사람들의 선택들이 만들어낸 산물이다. 특별히 영향력이 센 사람이 있긴 하지만 모두가 변화를 만든다.

사람들은 선택을 한다. 그리고 그 선택은 문화를 만든다.

고위급 리더들과 대척점에 있는 평범한 구성원들은 강한 무력감을 보인다. 탕비실에 과자과 주스를 제공하라는 권한조차 없는 상황에서, 어떻게 문화에 의미 있는 영향을 끼칠 수 있을까? 평범한 위치에 있는 이들이 어떻게 포괄성, 다양성, 공정성에 대한 고민을 해결할 수 있을까? 그들이 보기에 문화를 형성하는 데는 체계적인 힘이 작용하며, 자신은 그 힘에 영향을 끼칠 수 없는 위치에 있다고 생각한다.

하지만 이것도 잘못된 생각이다. 이 역시 책임을 회피하는 반응이다. 문화는 체계적이지만, 동시에 매우 개인적이기도 하다. 문화란 사람들이 일상에서 서로를 어떻게 대할지 선택을 내리는 것이다. 그리고 그 선택들이 실질적인 문화를 만든다.

문화는 최악의 행동이 받아들여진 결과물이다

우리는 문화와 실제로 긴밀하게 연결되어 있다. 이를 무시하면 수동적으로 나쁜 행동을 조장하는 죄를 짓고 있는 것과 같다. 우리가 문화에 대해 책임감을 느끼지 않으면, 문화를 망치는 교활하고 부정적인 요소들을 쉽게 받아들이거나 신경 쓰지 않게 된다. 아무리 작은 것이라도 규칙에 위반되는 일을 당할 때 반발하며 행동하지 않으면 이러한 위반이 점차 빈번해져 커다란 결과를 불러온다. 그리고 시간이 흐르면서 이러한 위반은 '문화의 일부'로 굳어져 아무렇지도 않은 일상이 된다. 이렇게 되면 바로잡기도 힘들어진다. 마치 원래 이런 문화였고, 앞으로도 이런 문화가 지속될 것처럼 말이다.

조직 문화를 정의하는 한 가지 방법은, 문화를 규정짓는 것이 구성원들 사이에서 일어나는 가장 흔한 행동이 아니라 용인되는 최악의 행동이라는 점을 이해하는 것이다. 기업이나 사회에서 누군가의 바람직하지 않은 행동에 처벌이 아닌 보상이 주어질 때 잘못된 문화가 만들어진다. 이것이 특정 개인의 삶에 이득이 되거나 사람들의 변화를 요구하진 않지만, 조직의 성과나 동료들의 경험을 안 좋은 쪽으로 변화시킨다.

즉, 문화는 최악의 행동이 받아들여진 결과물이다. 정치에서 비즈니스에 이르기까지 사회 전반의 다양한 조직을 살펴보자. 이런 예시들이 분명히 있다.

수백만 명의 팬들과 참가자들에게 사랑받는 스포츠계의 문화를 살펴보자. 사람들은 가장 좋아하는 팀을 열렬히 응원하고 가장 실력이 좋은 선수를 영웅처럼 대한다. 공정성, 팀워크, 규율, 근면함, 스포츠맨십, 강인함 등 스포츠가 내세우는 가치를 옹호하는 동시에 스포츠의 잘못된 현실도 어쩔 수 없이 받아들인다. 우리는 개별적인 불의에 대해 혀를 차기도 하지만, 대부분의 경우 좋은 일과 나쁜 일이 공존할 것이라 예상한다. 그래서 스포츠에서 바람직하지 않은 일이 벌어져도 게임을 하다 보면 어쩔 수 없이 나타나는 부분이라고 집단적으로 인정하는 것이다. 안 좋은 것도 스포츠 문화의 일부이기에, 변화를 기대하기 힘들다고 쉽게 체념한다.

그 결과, 스포츠가 표방하는 가치를 위반해도 이를 묵인한다. 선수와 팬들의 이익을 해칠 수 있는 일이지만 그냥 넘어가는 것이다. 이 모든 문제는 선수 육성 초기부터 나타난다. 청소년 스포츠는 알고 보면 문제투성이다. 지나치게 고압적이고 경쟁심이 강한 부모들, 지도자 자격증만 있지 청소년 선수들을 제대로 키울 준비가 되어 있지 않은 코치들, 과도한 전문화와 엘리트 스포츠의 확산, 아이들을 지나친 경쟁에 몰입하게 하는 팀 등이 대표적인 문제다. 문제를 제기하는 부모들도 있으나, 대부분의 부모는 어쩔 수 없는 일이라며 체념한다. 그냥 청소년 스포츠 문화가 원래 그렇다고 보는 것이다.

스포츠 문화가 겪는 문제는 대학 안에서 특히 만연하다. 최근 미국에서는 아마추어 참가자들이 소액이나마 '생활 수당'을 받는 방향으로 변화가 일어나고 있으나, 수십억 달러의 수입을 올리는 전미대학체육협회는 여전히 선수들을 착취하는 분위기를 조성하고 있다. 그야말로 대학 스포츠계는 '현대판 플랜테이션 농장'이라 할 수 있다. 나 역시 경험을 통해 알고 있다. 숙식, 훈련, 교육이 제공된다는 명목으로 대학생 선수들은 다양한 제약을 받으며 정당한 수익을 얻지 못한다. 하지만 그들이 따르는 일정은 프로 운동선수와 비슷하며 여기에 공부에 대한 압박까지 더해진다. 전미경제연구소는 전미대학체육협회가 벌어들이는 연간 80억 달러(약 11조 원) 이상의 전체 수익 중 7퍼센트 미만의 금액만이 선수들의 장학금과 생활 수당으로 돌아간다고 밝혔다.[1] 대학생 선수들은 정당한 보상도 받지 못하는 데다 아르바이트까지 금지당한다. 더구나 훈련을 하느라 학업에도 소홀할 수밖에 없어 학교에 다닐 수 있는 최소한의 성적만 유지하고 있다. 협회는 대학생 선수들이 선수 이후의 삶을 준비하는 일에 관심이 없다. 대학생 선수들은 그야말로 대학 당국, 높은 연봉을 받는 코치들, 자유를 누리는 에이전시, 광적인 추종자들만이 승자가 될 수 있는 도박판을 받쳐주는 졸개에 불과하다.

대학 스포츠계는 절대로 대학생 선수들을 우대하는 환경이 아니다. 대학에 추문이 생기고 더 안 좋은 결과로 이어지는 현실이 크게 놀랍지도 않은 환경이다. 아첨꾼과 호구들이 문제를 보지 못하고 맹목적으로 헌신하는 환경이다. 대량으로 나오는 가짜 학점, 코치들이 광범위하게 얽혀 있는 뇌물, 횡령 및 부패, 보조 코치가 멘토링하는 아이들을 성추행한 사건, 높은 평가를 받는 훈련 감독이 선수들을 강간한 사건 등이 전부 대학 스포츠계의 관행이 되었다.

스포츠 문화에는 인종차별적인 요소도 있다. 관중석에서 나오는 비방과 구호뿐만 아니라 구단주, 경영진, 코칭스태프 등의 지도층에서 소수집단을 거의 볼 수 없다는 현실에서 분명히 드러난다. 또한 동성애를 혐오하는 분위기도 있다. 이것이 성소수자 선수들이 별로 보이지 않는 이유다.

스포츠에는 잘못된 전투 문화도 있다. 이는 승리를 위해서라면 장기적으로 건강을 해칠 수 있는 부상도 아랑곳하지 않는 선수들을 존경하는 왜곡된 문화다. 전쟁터를 방불케 하는 이런 문화가 스포츠계에서 자연스럽게 받아들여지면서 잘못된 행동이 나타나기도 한다. 강인한 선수를 만든다는 말도 안 되는 명분을 내세워, 코치가 선수들을 욕하고 괴롭힐 수 있는 분위기가 조성된 것이다. 수많은 유명 코치들이 하는 것처럼 어느 대학의 언어 교수가 학생에게 막말을 한다고 상상해보자. 만일 교수가 학생에게 침과 뜨거운 호흡을 느낄 수 있을 정도로 가까이 얼굴을 들이밀고는 "빌어먹을 동사 변화 해봐! 빌어먹을 동사 변화를 도대체 몇 번이나 가르쳐줘야 해?"라고 소리친다면 어떻게 될까?

몇 년 전, 일본에서 열린 릴레이 마라톤 영상이 나의 소셜 미디어 피드에 뜨기 시작했다. 게시물을 공유하는 사람들은 동영상에 등장한 선수가 보여준 용기와 영웅주의를 칭찬하며 존경심을 표했다. 주인공 선수는 열아홉 살의 대학생 레이 리다_{Rei Lida}였다. 3.5킬로미터 구간이 끝날 무렵, 리다는 그만 발을 헛디뎌 오른쪽 다리가 골절되었다. 영상에는 약 200미터 떨어진 곳에서 기다리고 있는 동료의 모습이 나온다. 리다는 겨우 고통을 참으며 남은 거리를 기어갔으며, 그 과정에서 무릎은 피투성이가 되었다. 마침내 리다는 결승점에 도착해 동료 선수에게 배턴을 넘겨주고 일어서려 했으나 다시 땅에 주저앉고 말았다.

영상을 본 어느 시청자는 "놀라운 근성과 결단력"이라고 말했으며, 또 다른 시청자는 "리다 선수의 힘과 결단력은 말로 표현할 수 없을 정도예요! 진정한 챔피언의 마음을 과소평가해서는 안 됩니다."라고 말했다.

이는 스포츠계의 문화가 얼마나 전투적인 분위기를 칭송하는지 잘 보여주는 사례다. 전사와도 같은 선수들은 얼마 안 되는 보상을 받는 대가로, 잠재적으로 위험한 상황에 자신을 몰아넣는다. 전사가 된 선수들에게는 오히려 자기 자신이 최악의 적이 된다. 선수들은 자신을 돌볼 수 없으며, 안타깝게도 장기적인 피해를 감당하지 않을 이해관계자들에게 희망 고문처럼 응원을 받는다. 스포츠란 그런 것이다. 이것이 스포츠 문화의 현실이다.

어떤 선택을 하느냐에 따라 문화는 달라질 수 있다

그러나 이는 단순히 문화의 문제가 아니다. 선택의 문제다. 스포츠계의 문화는 권력의 사다리를 오르락내리락하는 윗선들이 선택한 결과로 만들어진 것이다. 윗선은 여성 선수들을 억압하고 성소수자의 권리를 폭력적으로 배척하는 행사하는 나라에 대회 개최권을 주는 선택을 한다. 한 대학 축구 코치는 휴일 저녁 식사 때 인종차별에 저항한 미식축구프로리그 선수 콜린 캐퍼닉 Colin Kaepernick의 메시지와 의도를 왜곡해서 전달한 삼촌의 잘못을 바로잡지 않는 선택을 한다. 또한 사람들은 그 대학 축구 코치를 주에서 가장 높은 급여를 받는 '공직자'로 만드는 선택을 한다. 청소년 축구 경기에서 학부모가 10대 심판에게 소리를 지르며 무례하게 구는 것도 선택이다. 그것에 대해 그 누구도 바로잡으려는 노력을 하지 않을 때 이 행동들은 '문화'라는 이름으로 굳어진다.

'스포츠'는 본질적으로 그 어떤 것도 아니다. 본질적으로 동성애 혐오, 마초 문화, 인종차별을 옹호하는 분야가 아니다. 어느 정도 좋은 리더십과 더 나은 선택이 있으면 스포츠는 우리가 원하는 방향으로 바뀌갈 수 있다. 어떤 선택을 하느냐에 따라 결과가 달라진다.

내가 스포츠 문화를 계속 이야기하는 이유는 명백한 예시를 제공하기 때문이다. 사회에서는 스포츠 문화를 긍정적인 집단의 힘이라고 여기지만, 스포츠계에서 문화는 경기를 위해서 받아들여야 하는 오래된 관행이다. 좋은 것과 나쁜 것이 공존한다. 문화라는 바늘이 더 나은 방향으로 움직일 수 있게 우리가 할 수 있는 선택이 있지만, 사람들은 이를 과소평가한다.

이는 직장에서도 일어나는 일이다. 실제로 문화를 만들어가는 당사자들은 문화가 좋은 방향으로 가든 나쁜 방향으로 가든 책임을 지지 않는다. 나는 회사 동료들과 함께 고객사를 만날 때 관리자들에게 익명으로 설문조사를 했다. '본인의 행동이 몸담고 있는 기업의 문화적 가치와 잘 맞는다고 보느냐'는 질문에 조사 대상인 관리자 중약 80퍼센트가 "예, 저는 문화적 가치에 맞는 행동을 합니다."라고 대답했다. 하지만 '같은 조직에 있는 다른 사람들의 행동이 본인이 추구하는 가치와 일치하느냐'고 묻자 관리자 중 30퍼센트만이 그렇다고 대답했다. 나머지 70퍼센트는 "아니요, 동료들의 행동은 제가 추구하는 가치관과 맞지 않습니다."라고 대답했다.

이제는 심리학자로서 나의 전문 분야에 충실하려고 한다. 수학은 내 전문 분야가 아니지만, 위 숫자들이 보여주는 괴리가 어떤 의미인지는 알 수 있다. 조사 결과, 대다수의 관리자가 스스로 사내 문화에 긍정적으로 기여하고 있다고 생각하는 것 같다. 하지만 응답자 가운데 70퍼센트는 다른 관리자들이 조직 문화에 좋지 않은 영향을 주고 있다고 말했다. 그 다른 관리자들이 구체적으로 누구인지는 분명하지 않다. 조사 대상의 관리자들은 결국 조직 문화를 망치는 것이 '자신이 아닌 다른 관리자'라고 말할 뿐이다.

하지만 조사에 응한 관리자들은 책임이 있는 주체들이다. 모두가 문제를 해결하는 데 도움을 줄 수 있고, 동시에 모두가 문제에 어느 정도 책임이 있다. 그 누구도 책임을 면할 수 없다. 우리는 모두 현재의 문화를 지키는 수호자이기 때문이다. 따라서 거인으로서 그 책임에서 등을 돌리지 않겠다고 약속해야 한다. 우리 주변에서 만들어진 문화는 우리 각자가 한 선택이 합쳐진 결과다.

내가 사는 곳 주변에는 작은 사무실 건물이 몇 개 모여 있다. 발코니에서 내려다보면 사무실 건물 밖에서 직원들이 휴대폰을 보거나 동료들과 수다를 떨며 쉬는 시간을 보내는 것이 보인다. 꽤 많은 직원이 담배를 핀다. 흡연자들은 담배를 다 피우고 나서 아무 생각 없이 담배꽁초를 길에 던진다. 직원들이 사무실로 다시 들어가면 담배꽁초가 길에서 굴러다니다가 필터까지 서서히 타들어간다.

이는 공공질서를 어기는 행위지만, 사람들은 이런 일을 봐도 사소하게 생각하며 아무런 행동도 하지 않는다. 때로 몇 사람이 이런 장면을 목격하고 안타까운 표정을 짓겠지만, 이내 어쩔 수 없다며 체념하는 표정으로 바뀔 것이다. 담배꽁초는 사람들에게서 조금 떨어진 길가에 계속 버려져 있을 것이다. 하지만 사람들은 그저 어깨를 으쓱하고 조용히 혀를 찰 뿐이다. 그리고 그들도 곧 건물로 다시 들어가 각자의 일에 몰두할 것이다.

이것이 바로 그 회사 건물 주변에 만들어진 문화다. 이 건물을 수

시로 드나드는 사람들은 길에 쓰레기를 아무렇게나 버려도 된다는 선택을 했다. 결국 눈에 잘 띄지 않을 정도로 작은 경범죄이기 때문에 이에 간섭하면 과민 반응을 하는 것이 된다. 안 그런가?

한 주 동안 지켜본 결과, 월요일에는 담배꽁초 몇 개비가 버려져 있었고, 수요일에는 빈 주스 병과 샌드위치 포장지가 버려져 있었으며, 목요일에는 쓰레기통 주변에 커다란 골판지와 매트리스까지 놓여 있었다. 금요일 첫 휴식 시간에는 한 사람이 담배를 다 피운 뒤 담배꽁초를 길가에 버리기는 뭐해서 담배꽁초가 쌓여 있는 곳에 던졌다.

잠시 후 버려진 매트리스에 담뱃불이 붙었다. 불이 나자 모두가 반응을 보였다. 사람들은 창가에서 아래를 내다봤다. 건물에서 나와 불타는 매트리스를 둘러싸고 툴툴거리는 사람도 있었다.

"누가 이런 짓을 한 거야? 어쩌다 이렇게 된 거야? 누가 이걸 처리할 거야?"

매트리스에 붙은 불길이 커지자 사람들은 어떻게 손을 써볼 수 없어서 결국 신고를 하려고 했다. 마침내 소방차가 왔다. 건물 담당 환경미화원들은 양동이, 걸레, 빗자루를 들고 나왔다. 불이 꺼지자 사람들은 퇴근하면서 "진작 이렇게 했어야지."라고 중얼거리며 고개를 끄덕였다.

이곳을 매주 관찰하면서 교훈을 얻을 수 있었다. 왜냐하면 아주 많은 직장에서도 이곳과 똑같은 원리가 적용되기 때문이다. 누군가가 작지만 부적절한 행동이나 발언을 할 때 주변 사람들은 별것 아니라며 넘어가곤 한다. 마치 버려진 쓰레기를 보고 그냥 가는 것처럼 말이다. 누군가가 해결하겠지 하고 생각한다.

그러나 부적절한 행동이나 말이 비슷하게 몇 번 더 반복되면 어느새 사람들은 익숙해진다. 일단 리더가 약간의 쓰레기를 그냥 참기로 하면 사람들도 따라서 참는다. 이런 선택이 더 안전하다고 느끼기 때문이다. 그렇게 방치된 쓰레기는 길에 빠르게 쌓인다. 인사팀 혹은 법무팀의 전문가가 일시적으로 개입해 상황을 어느 정도 정리할 수는 있지만, 구성원들의 선택이 바뀌지 않으면 문화는 그대로 유지되고 쓰레기는 다시 생길 것이다.

그 누구도 쓰레기를 보고 그냥 지나쳐서는 안 된다. 무언가를 보았다면, 무언가를 해야 한다. 어떤 일을 선택할지는 조직에서 자신이 차지하는 위치에 따라 달라지겠지만, 그래도 누구나 무언가를 할 수는 있다. 누구나 문화에 대해 어느 정도 책임이 있다.

내가 하는 작은 행동이 쌓여 문화가 된다

내가 이런 식으로 책임 문제를 언급하면 사람들은 극적이거나 혁명적인 행동을 부추긴다고 생각한다. 권위에 대항하여 침을 뱉거나 정당한 요구가 받아들여질 때까지 선로에 엎드려 꼼짝도 하지 않는 도전을 떠올린다. 하지만 이는 이번 장에서 말하는 약속의 조건이 아니다. 기계화에 반대하는 격렬한 행동을 벌이라는 뜻이 아니다. 대부분의 사람은 공정함과 정의에 대한 기준에서 벗어나는 일을 보더라도 직장을 그만둘 형편이 못 된다. 때로는 쓰레기를 버리는 사람이 너무 강력해서 직접 대응하기 어려울 수도 있다. 하지만 누구나 쓰레기를 치울 순 있다. 대립 구도를 만들 필요는 없다. 예를 들어 청소년 축구 경기장에서 어린 심판을 비난하는 부모들에게 굳이 대적할 필요는 없어도, 경기가 끝난 후 여유를 가지고 심판에게 친절하게 말하고 감사 인사를 할 수는 있다.

마찬가지로 직장에서 불쾌한 행동이나 태만한 행동을 목격했을 때, 그로 인해 피해를 입은 사람들을 도울 수 있다. 같이 일하는 사람에게 무슨 일이 일어났는지 알고 있으며 혼자가 아니니 걱정하지 말라는 메시지를 줄 수 있다. 사람들과 상호작용하며 선택한 것, 즉 사람들과 만나 악수하고 다른 사람을 호기심 있는 눈으로 바라보는 등의 방식을 통해 문화를 만들어가는 것이다. 직장에는 외로움이나 불안감에 시달리는 사람이 너무나 많다. 이들은 진심으로 대해주는 사람들과 상호작용할 때 하루를 견뎌낼 수 있는 능력이 극적으로 향상될 수 있다. 이들은 평소 다니던 길에 쌓인 쓰레기가 감당이 되지 않아 두려움으로 하루를 맞이한다. 하지만 이들에게 따뜻하고 진심 어린 미소로 안부를 물어봐줄 한 사람의 얼굴이 있다면, 이는 세상을 바꾸는 힘이 된다. 험난한 물결에도 버틸 수 있는 구명보트인 셈이다.

내가 방문하는 고객사 현장에서 나는 습관적으로 소위 '서비스 노동자', 즉 경비원, 접수원, 청소 직원처럼 가장 힘이 약한 사람들과 교류하며 관심을 주고자 한다. 왜냐하면 대부분의 조직에서는 이들을 대체 가능한 존재, 주목받지 않는 주변 인물이라고 생각하기 때문이다. 점심시간에 회의가 있다면 익명의 노동자들이 회의실에 내려와 식음료와 일회용 식기를 세팅할 것이다. 이들의 존재는 실제로 비즈니스를 하는 중요한 사람들에게 묻혀 보이지 않는다. 승무원들이 왔다 갔다 할 때 승객들이 이들에게 고개를 끄덕이며 인사하는 일이 거의 없는 것과 마찬가지다. 승무원들은 기어의 윤활유일 뿐, 실제 기어로 여겨지지 않는다. 사람들이 승무원들을 그렇게 보고 대하기로 선택했기 때문이다. 많은 직장에서 이것이 문화가 되어버렸다.

나는 이런 상황이 너무 싫다. 그래서 고위층 리더들과 함께 있을 때 다른 행동을 선택했다. 점심 모임에서 행동을 잠시 멈추고 배달 기사에게 감사하다고 인사를 하며 눈을 마주쳐 그의 존재에 관심을 표한 것이다. 이는 시간이 오래 걸리는 행동도 아니고, 시스템을 바꾸거나 반항하려는 행동도 아니다. 사내 문화에서 일상적으로 하는 행동이 아니라서 때로는 어색해 보일 수 있다. 하지만 나는 그저 다른 사람이 어떻게 대우받아야 한다고 믿는지를 공개적으로 보여주었을 뿐이다. 이것이 기존의 사내 문화와 다르다 해도 말이다.

누구나 담배꽁초를 주울 힘을 가지고 있다. 담배꽁초를 줍는 일은 모두의 몫이다. 여기에 다른 생각을 지니고 있을지도 모른다. 왜 내가 담배꽁초를 주워야 하냐고, 불공평하다고 생각할지도 모른다. 바닥에 담배꽁초를 버린 것은 다른 사람이기에 본인이 할 일이 아니라고 생각할지도 모른다.

이렇게 생각하는 사람도 다른 부분에서는 매우 양심적일 수 있다. 평소 재활용을 하거나 뒷정리를 잘하는 식으로 말이다. 설령 길에 떨어진 담배꽁초를 줍는 일에 동참하겠다고 해도 본질적으로 무엇이 달라졌냐고 물을지도 모른다. 쓰레기 더미에는 여전히 담배꽁초가 버려지고 있는데 말이다.

혹시 당신이 '내가 한 짓이 아니니 내가 할 일이 아니다.'라고 생각하는 사람이라면, 진지하고 신속하게 마음가짐을 다르게 먹을 필요가 있다. CEO든 서비스 용역 직원이든 문화를 관리하는 사람이라는 점은 똑같기에 올바른 문화를 만들겠다는 약속을 지키겠다고 맹세해야 한다.

사람들은 선택을 한다. 그리고 그 선택은 문화를 만든다.

오늘은 어떤 선택을 했는가? 그리고 내일은 어떤 선택을 할 것인가? 이 질문에 대한 답은 중요하다. 그렇지 않다고 스스로를 속이지 말자.

약속한다,
조직을 비판적이면서
진실하게 바라보겠다고

나는 많은 기업의 사훈과 '우리의 믿음' 목록을 읽었다. 이는 내 일이기도 하지만, 개인적으로 중독이라 부를 정도로 집착하는 부분이기도 하다. 마치 소셜 미디어를 계속 확인하는 것 같은 중독이라고나 할까? 처음에는 순수한 의도로 읽기 시작하지만 미사여구로 포장된 공포스러운 토끼 굴에 빠지는 듯한 느낌이 들어 점점 기분이 나빠진다.

사훈을 읽을 때 나는 주로 잠재 고객이나 경쟁사와 친숙해지기 위해 노력한다. 그러다 너무나 우스꽝스럽거나 망상에 사로잡힌 글을 접하게 되면, 그 업체를 인터넷으로 검색해 그들의 사업 소개 페이지에 실제로 그런 짜증 나는 글을 썼는지 확인한다. 그리고 거의 항상 그렇게 쓰여 있다.

대부분의 조직은 공개적으로 하는 약속과 실제로 제공하는 것이 많이 다르다. 11장에서는 스포츠 문화를 좀먹는 요소를 살펴봤다.

이러한 현실에 대해 가장 영향력 있는 스포츠 기관들은 어떻게 설명할까? 전미고교협회NFSHSA는 '교육 기반 고등학교 체육'을 앞장서서 내세우고 있다. 그들은 '우리의 믿음' 선언에서 체육의 의미를 길게 나열한다. 이는 '존중, 진실성, 스포츠맨십 증진, 글로벌 커뮤니티에서 준비하는 미래' 등으로 표현되어 있다. 그런데 이상하게도 꽤 중요하다고 생각하는 목록의 마지막 내용은 '해야 한다'라고만 되어 있을 뿐, 실제로 '하고 있다'라고 쓰여 있지 않다. 체육은 재미있어야 한다는 내용이다.

전미대학체육협회의 사이트에 가면 세 가지 핵심 우선순위가 눈에 띈다. '학업, 웰빙, 공정성'이다. 실제로 이 세 가지 핵심 우선순위를 지지하고자 고안된 것이 체육 활동이다. 사실 전미대학체육협회 규약에는 "대학 간 운동 경기에 학생들이 참여하는 것은 '여가 활동avocation'이다."라고 명시되어 있다. 여가 활동? 단어 선택이 이상하지 않은가? 〈메리엄-웹스터〉 사전에 따르면 '여가 활동'은 다음 두 가지 의미로 정의된다. (1) 즐거움을 위해 특별히 본업 외에 추구하는 일이나 취미 (2) 사명감을 가지고 하는 일의 일종.[1]

어떤 수준이든, 아마추어 스포츠에 참가한 사람에게 '취미'로 참여했느냐고 물어보면 누구나 아니라고 대답할 확률이 높다. 두 번째 정의도 이상하기는 마찬가지다. 분명 전미대학체육협회는 학생 선수들의 본분이 학문이지 경기가 아니라고 했기 때문이다. 더구나 운동경기는 임금이 나오기에 취미로 하는 일이 될 수 없다. 학업, 웰빙,

공정성. 이것이 바로 전미대학체육협회가 우선적으로 내세우는 핵심 가치이며, 아마 여러분도 이렇게 알고 있을 것이다. 그 뒤에서 벌어지는 경기와 대회는 수십억 원짜리 산업이 아니다. 그저 소중한 '취미'일 뿐이다.

피파FIFA 웹사이트는 최근 동성애지 선수들을 보호하기 위해 추가로 징계 규정을 업데이트했다. 웹사이트에는 "인종, 피부색, 민족, 출생 국가, 출생 신분, 성, 장애, 성적 지향, 언어, 정치적 견해, 부, 타고난 특징 등을 이유로 차별적이고 모욕적인 말이나 행동을 해서 특정 개인과 집단의 존엄성 및 진실성을 해치는 모든 사람에 대해 엄중한 제재를 가한다."라고 되어 있다.[2] 당시 피파는 2022년 카타르 월드컵을 준비하고 있었다(카타르는 동성애를 하면 사형에 처해질 수 있는 나라다).

원칙과 가치가 대회 개최권을 부여할 때는 협상의 대상이 될 수 있는 것으로 보인다. 분명 이는 국제올림픽위원회IOC도 공유하는 철학이다. 올림픽은 스포츠 정신의 정점으로 알려져 있다. 국제올림픽위원회는 "스포츠란 인류의 조화로운 발전을 위해 봉사하고 인간의 존엄성을 보존하는 평화로운 사회를 위해 봉사하는 것"이라고 설명한다. 하지만 이웃 국가를 위협하고 성소수자를 억압하는 법안을 통과시킨 러시아를 어떻게 2014년 올림픽 개최지로 선정할 수 있었는지 이해되지 않는다. 그 후에는 중국이 2008년 베이징 올림픽으로부터 20년도 지나지 않아 다시 2022년 올림픽 개최지로 선정되었다. 하지만 100만 명이 넘는 무슬림 소수 민족을 수용소에 가둔 중국이 어떻게 2022년에 인간의 존엄성을 보존할 수 있을까?

여기서 몇몇 정부를 언급했으나, 최근에는 영국, 미국, 일부 유럽 연합 회원국까지 비양심적인 행동을 했다. 영국에서 일어난 이민자 강제 추방 계획인 '윈드러시 스캔들'부터 미국에서 난민 어린이들이 우리에 갇힌 사건까지 모두 포함한다. 물론 그 나라에 사는 모든 사람이 나쁜 것은 아니지만, 정부의 이 같은 행동은 우리에게 수치심을 가져다준다.

조직은 가장 이상적인 모습만 말한다

이러한 사례는 비즈니스 세계에도 만연한, 모순적인 현상을 적나라하게 보여준다. 우리가 일터에 대해 이야기하는 것과 실제로 그 일터에서 일하는 사람들이 겪는 경험 사이에는 큰 차이가 존재한다. 나름 똑똑한 조직들은 사훈에 현재 상태를 평가하기보다는 미래에 바라는 것을 야심 차게 선언하며 최소한 거짓말은 피하고자 한다. 특히 다양성과 포용성 문제에서 많이 나타나는 현실이다. 우리 모두 장밋빛 미래를 이야기하며 개성이 존중받고 평화와 화합 속에서 함께 생산적으로 일을 할 것이라고 말한다. 미래를 이야기하면 즐겁고 쉽다. 그래서 많은 조직이 유토피아적인 미래에 초점을 맞춘다. 현실은 그리 유토피아적이지 않기 때문이다.

대부분의 조직은 거짓 전망을 내놓는 것에 별로 거리낌이 없는 듯하다. 조직 소개란을 읽으면 우리가 사는 세상은 마치 개개인 모두가 공정한 기회 속에서 성장하며 축복과 지원을 받는 것 같다. 대부분의 조직은 서로 다른 표현을 사용해 이 책에서 맹세하라고 이야기한 약속들을 나열하며 직원을 모집한다. 하지만 막상 취업해 들어가면 기업이 자신들에게 헛된 약속을 팔았다는 사실을 금세 알게 된다. 얼마 지나지 않아 직원들은 회사를 떠나거나 나름의 출구 전략을 계획하기 시작한다. 회사는 이렇게 생각할 것이다. "어떻게 그럴수 있지? 이 밀레니얼 세대는 정말 변덕이 심해! 모든 것을 그저 원하기만 하잖아!" 하지만 그들이 모든 것을 원하지는 않는다. 그들은 단지 조직이 약속한 경험만을 원할 뿐이다.

이제 나는 조직들이 완벽히 객관적으로 현재의 조직 상황을 설명해주리라 기대할 정도로 순진하지 않다. 객관적으로 서술하기에는 너무 추악할 때도 있다. 조직의 과대광고를 믿어서는 안 된다. 특히 조직을 개선하는 데 관심이 있다면 더욱더 그렇다. 기업의 리더십과 이를 보여주는 관리자와 동료들은 상황에 대한 명확하고 정확한 평가를 받아야 한다. 내가 첫 번째 약속(1장)에서 여러분에게 내면을 향한 성찰을 요청했던 것과 똑같은 수준의 철저한 검토가 필요하다. 자신을 비판적이고 진실하게 바라보겠다고 약속했던 것처럼, 여러분의 조직도 비판적이고 진실하게 바라보겠다고 약속해야 한다.

전망과 현실이 일치하는지도 생각해봐야 한다. 조직이 그리는 장밋빛 미래를 위해 명확하고 구체적인 비전을 가지는 것은 필수적인 일이다. 그러나 이루고 싶은 미래만큼 현실도 명확하고 구체적으로 인식해야만 한다. 그런 인식이 없다면 원하는 미래에 도달할 수 없다. 따라서 '현재'를 기준으로 함께 일하는 사람들과 팀의 진정한 본성을 분명히 인식하겠다고 약속해야 한다. 이는 우리 자신을 정확하게 묘사하는 일이자, 실제로 상황이 어떻게 돌아가는지 외면하지 않고 똑바로 보겠다는 약속이기도 하다.

또한 '능력주의의 부재, 평범함의 존재, 이상에 도달하는 데 필요한 변화'를 인정하겠다는 약속이기도 하다. 조직이 제대로 작동하지 않고 있으며, 진정한 능력주의로 움직이지 않고 있다는 사실을 받아들여야 한다. 그래야 성과와 동료 경험을 최적화하기 위한 긍정적인 변화가 시작될 수 있다.

여러분이 몸담고 있는 조직은 예외일지도 모르겠다. 하지만 막연히 여러분이 몸담고 있는 조직에 문제가 없다고 믿는다면, 계급과 불평등을 그저 능력에 따른 결과일 뿐이라고 믿는 것과 마찬가지다. 고위 임원으로 백인과 남성이 많은 이사회실에 들어가면 늘 한번 생각해보라며 던지는 질문이 있다.

"그럴 확률이 얼마나 될까요?"

고위 임원직에 적합한 두뇌가 모두 백인 남성의 머릿속에 있을 확률은 과연 얼마나 될까?

'능력주의'라는 개념은 현재의 상태가 아니라 하나의 목표로 인식된다면 나쁠 게 없다. 우리는 현실을 있는 그대로 보겠다고 약속해야 한다. 그리고 리더들의 비효율적인 결정과 시스템의 면밀한 검토 부족으로 점점 더 조직이 불공정한 경쟁의 장이 되었다는 사실을 인정해야 한다. 이러한 진실을 부정한다면 아무리 상황을 개선하기 위해 노력해도 회의적인 사람들에게는 사회 공학(조직의 구조, 규범, 행동 양식 등을 변화시키기 위한 인위적인 계획이나 조치 ─ 편집자)이나 긍정적 차별(특정 사회적 집단이 겪고 있는 불이익을 완화하기 위해 일부러 그들에게 유리한 정책을 시행하는 것 ─ 편집자) 같은 것으로 잘못 해석될 것이다.

진정한 동료와 진정으로 협력하려면

능력주의로 가는 길을 막는 커다란 장애물 중 하나는 우리 내부에 만연한 평범함이다. 오해하지 않길 바란다. 신입사원, 새로 기술을 배우는 사람, 새로운 역할에 적응하는 사람, 내외부적인 도전을 경험해 성과를 이루려는 사람을 말하는 것이 아니다. 충분히 특별한 존재가 될 수 있음에도 평범하게 사는 길을 선택하는 사람들을 이야기하는 것이다. 어떤 이는 적게 기여해도 별다른 결과 없이 넘어갈 수 있기에 평범함을 선택한다. 업무에 능숙하고 오래 근무하여 사업을 잘 알기에 비범함을 숨기는 사람도 있다. 제대로 관리되지 못하는 조직에 환멸감을 느껴 최고 수준의 성과를 낼 수 없게 된 사람도 있다.

더 많은 이유들이 있지만, 여기서 나를 잔인하다고 비난하기 전에 우리가 이런 사람들을 부르는 이름이 있다는 것을 기억하길 바란다. 우리는 이들을 '영구동토층'이나 '마지팬층marzipan layer(기업의 최고 경영자를 제외한 임원단 및 관리자를 뜻한다. 조직 내에서 큰 기여를 하지 않으면서도 자신의 위치를 지키는 경우가 많다 — 옮긴이)'이라고 부른다. 이는 잠재력을 충분히 발휘하지 않고 적당히 일하는 사람들을 가리킨다. 여기에 속하는 사람이 꽤 많다. 이렇게 되면 무관심, 잘못된 관리 등으로 조직에 나쁜 영향을 끼치게 된다.

가끔은 그냥 이대로가 좋다며 만족할 수도 있다. 하지만 나날이 복잡하고 도전적인 세상에서 경쟁하고 승리하려면 더 많은 것이 필요하다. 최고의 인재가 필요하며, 무심코 사용되는 원대하고 강력한 말에 부응할 수 있는 높은 기준이 요구된다. 나는 '리더십'이 그저 '인재 관리'의 사례에 불과한 경우를 목격하곤 한다. 우리는 함께 일하는 사람들을 가리켜 '동료'라고 한다. 그러나 '동료'라는 말에는 동지애와 비전을 공유한다는 의미가 포함되어 있다. 그저 하루 종일 업무상 이메일을 주고받기만 하는 사람들은 '동료'가 아니다. 그저 '같은 공간에서 일하는 사람'일 뿐이다.

동료라는 단어를 제대로 사용하는 것이 중요하다. 그래야 조직이 잘 돌아가고 있다는 착각에 빠지지 않는다. 여러분 회사의 직원들은 정말로 '협조'하고 있는가? 실제로 프로젝트를 하고 있는가, 아니면 단순히 화이트보드만 같이 보고 있는가? 간혹 임원들은 협업이 개방형 사무실 구조를 갖추는 것만큼 간단하다고 생각하는 것 같다. 그러나 협업은 그 이상의 일이다. 협업은 지원과 도전을 결합한 동등한 파트너십이자, 조직 전체의 발전을 위한 공동의 목표를 가지는 일이다. 불편한 상황에서도, 당장에 이익이 나지 않더라도, 무엇인가를 이루고자 서로 기여하는 것이 협업이다. 협업은 외적인 보상뿐만 아니라 내적인 동기부여를 통해서도 일어나며, 상호적인 것이 아니라 주도적인 것이다. 누가 무엇을 빚졌는지 따지는 것은 협업이 아니다. 다른 사람의 등을 긁어주면 내 등도 긁어줄 것이라는 의미가 아니라는 말이다. 처음에는 거절당해도 도움이 필요할 것이라 예상하고 끈질기게 도움을 '제공'하는 것이 협업이다. 협업은 팀 구성에서 핵심적인 부분이며, 자신의 이익을 계산하는 이기심이 없을 때 진정한 팀이 구성된다.

진정한 팀원들은 단순히 프로젝트 작업을 하는 것이 아니라 협력한다. 조직 안에서 같이 일한다고 해서 무조건 팀이라고 생각해서는 안 된다. '팀'이라는 표현도 습관적으로 잘못 사용되고 있다. 사람들이 팀에 대해 말할 때, 대부분은 사실 개인들의 집단에 대해 이야기할 뿐이다. 우리가 '팀'이라고 부르는 조직은 사실 스펙트럼이 넓다. 공통된 업무만으로 묶인 자율적인 근로자들의 집합에서부터 하나의 단위처럼 운영되는 최적화된 팀까지 다양하다. 그 사이에는 명목상의 집단, 고기능 집단, 신생 팀이 포함된다. 이러한 여러 유형의 팀들은 응집력과 효과 면에서 큰 차이를 보인다.

조직들과 만날 때면 이처럼 다양한 종류의 팀에 대해 설명하면서 스스로 어떤 종류의 팀에 속한다고 생각하는지 물어본다. 지금까지 익명으로 응답한 사람들 가운데 압도적 다수가 '고기능 집단'에 속해 있다고 대답했다. 이는 정말로 그래서라기보다는 고기능 집단이 무난하게 중간에 속하는 팀이라 안전하기 때문이다. 다시 말해, 소속 팀을 낮게 평가하면 자기 얼굴에 침을 뱉는 것 같고, 그렇다고 소속 팀을 높게 평가하자니 그럴 가능성이 낮아 보이기 때문이다. 대부분의 사람은 정직하고 비판적인 시각을 가지기보다는 소속 팀을 무난하게 효율적인 팀이라고 평가하고 싶어 한다. 그리고 그런 결과에 만족한다. 나쁘지 않아 보이는 데다, 편리하게도 개선할 필요 또한 없어 보이기 때문이다.

고기능 집단은 늘 가장 인기 있는 대답이다. 그 외에는 극단적으로 다른 두 팀이 있다. 하나는 노동자들의 정체성이 강하고 자기 주도적이라서 어떤 체계나 기반에 파묻혀 있든 스스로 완전히 독립적이라고 생각하는 팀이다. 지원이 필요하지만 인지도가 높지 않거나 수익을 창출하지 못하는 프로젝트가 있다면 팀원들은 각자도생한다. 문제를 다루며 대화를 해야 하는데도 각자도생한다. 팀원들 모두 그렇게 느낀다. 반대편 극단에는 일종의 목표 지향적 환상이 작용한다. 이들은 자기 조직이 '최적화된 팀'이 되어야 한다는 열망에 따라 스스로를 평가한다. 하지만 이는 관대한 기준에 따른 착각일 가능성이 높다.

그저 충분한 정도로 만족하는 것이 편할 때가 있듯이 어느 정도 적당한 조직으로도 충분히 만족할 수 있다. 제한적이고 형식적이라고 해도 소속 조직에서 하루하루 함께 일하는 사람들과 주어진 프로젝트 작업을 하고 필요한 관리만 하면 된다. 하지만 더 높은 성공과 성장을 바란다면 제대로 된 팀, 동료, 협업, 리더십이 필요하다. 치열한 경쟁, 지정학적 불안정성, 사이버 위협, 디지털 혼란, 불안정한 시장, 증가하는 자동화, 직원과 고객의 변화하는 기대… 이러한 것들에 직면했을 때 적당히 하는 것만으로는 충분하지 않을 것이다.

조직을 구성하는 여섯 가지 유형의 사람들

지각변동이 일어나고 있다. 앞으로 계속될 극적인 변화에 효과적으로 대응하려면 우리는 과연 누구인지, 무엇을 하고 싶은지 솔직해져야 한다. 나는 조직과 마찬가지로 내가 방문하는 직장마다 예측 가능한 유형의 사람들이 있다는 사실을 알게 되었다.

이들을 '6대 주역'이라고 부르겠다. 바로 선구자, 이성적인 신봉자, 비관론자, 무심한 사람, 안주하는 사람, 반란자다. 이들은 직위, 담당 분야, 경험, 전문 지식이 다양하다. 만일 여러분이 이러한 유형을 구분하고 이해할 수 있다면 곁에 있는 사람들에게 영감을 줄 수 있고,

우유부단한 사람들에게 동기를 부여할 수 있으며, 반대자들을 무력화할 수 있다.

물론 6대 주역에 속하지 않는 회색 영역도 있으며, 모든 사람이 6대 주역 중 하나에 완벽하게 들어맞는 것도 아니다. 그래도 6대 주역은 전 세계 수많은 비즈니스 부문에 걸쳐 10년 넘게 구축된 데이터와 관찰을 토대로 분류한 결과다. 경험상 이러한 유형 분류를 통해 조직을 평가하면 어느 정도 차별화된 방식으로 접근할 수 있다.

| 6대 주역 |

선구자	적극적으로 참여하며 앞장선다. 자신이 조직을 구축하는 데 중요한 역할을 하는 사람이라고 인식한다.
이성적인 신봉자	선구자를 따르지만 리더를 면밀히 검토한 후 적극적으로 조직 구축에 참여한다.
비관론자	자신이 조직에 하는 기여가 과연 중요한지 궁금해한다. 계획에 대한 믿음도, 계획을 위해 자신이 할 역할에 대한 믿음도 잃은 지 오래다.
무심한 사람	자신의 기여가 조직에 중요한지 더는 걱정하지 않는다. 계속 일은 하지만 남 좋은 일만 한다.
안주하는 사람	일종의 '비양심적인 반대자'로, 최소한의 일만 하며 눈에 띄지 않게 현 상태를 유지하려고 한다.
반란자	어떤 조직 계획도 은밀하게 실패하게 만든다. 경계심이 강하고 정교하며 조직에서 눈에 잘 띄지 않는다.

6대 주역 분류는 우열을 가리는 기준이 아니다. 이성적인 신봉자보다 선구자가 나은 것도 아니다. 선구자든 이성적인 신봉자든 전부 조직에 필요하다. 6대 주역 이외의 유형들도 있으니 6대 주역에 대한 설명을 읽을 때 특별히 편견을 갖지는 말자.

선구자

조직을 가장 열렬하게 지지하는 존재다. 당연히 지원과 문화 혁신의 선두에 선다. 어떤 역할을 하든 변화를 추진할 때 적극적으로 참여하면서 인정받고 싶어 한다. 산더미 같은 증거를 모은 후 변화에 참여하는 것이 아니라, 바로 변화에 참여하려는 성격으로 성장형 사고방식을 가지고 있다. 무조건 수동적으로 따르지도 않고, 흔한 아첨꾼도 아니다. 이들은 조직 내 불일치에 대한 예리한 감각을 지니고 있으며, 기준, 가치, 규칙에 이르기까지 조직에서 말하는 모든 것이 현실과 밀접하게 일치하기를 기대한다. 그 기대가 충족되고, 일관되게 윤리적이며, 진정성 있는 리더십과 연결된다면 크게 발전할 수 있다. 경영진이든 아니든 간에 선구자 유형은 성과를 높이고, 변화나 설득이 힘든 사람들을 잘 이끈다.

변화를 위한 초기 단계에서는 이 같은 얼리 어답터 성향을 지닌 사람을 참여시키는 것이 가장 좋다. 아이디어와 전략이 완전히 만들어질 때까지 기다리지 말고 이들을 참여시켜라. 그러면 변화에 탄력을 받을 수 있다. 이들은 리더의 의견을 듣고 싶어 하고, 매 단계에서 자신의 목소리가 받아들여지기를 원한다. 또한 자신이 항상 행동의 일부여야 하며, 이를 위해 정보를 얻고, 권한을 부여받고, 신뢰받으며, 도전받기를 원한다. 하지만 이러한 바람이 충족되지 않으면, 나아가 자신이 배제되거나 무시당한다고 느끼면, 선구자에서 반란자로 빠르게 바뀌거나 조직을 떠날 수 있다.

이성적인 신봉자

조금씩 상황이 변하고 있긴 하지만, 여전히 현실적인 세계에서는 이성적인 신봉자가 조직의 대다수를 구성한다. 이성적인 신봉자는 열성적이고 꼭 필요한 추종자로, 이들의 자연스러운 회의주의는 조직과의 일관되고 일치하는 경험, 신뢰할 수 있는 동료들과의 목적 있는 연결, 그리고 리더와의 구체적이고 진정성 있는 연결을 통해서만 상쇄될 수 있다. 그렇다고 계획이나 전략의 모든 세부 사항을 알아야 이를 지지하는 것은 아니다. 하지만 미래의 비전이 논리적이고, 실행 가능하며, 잘 고려되었고, 조직의 발전을 위해 구상되었다고 믿어야 적극적으로 참여할 것이다. 이들은 변화나 결정에 대해 일관되고 명확하게 소통한다면 일을 잘 해낸다. 또한 신뢰하는 리더가 불확실한 부분에 대해 투명하게 대처하기를 바라며, 자신의 피드백을 제공하고 우려를 표명할 수 있는 개방적인 기회를 중요하게 여긴다.

이런 조건이 마련되면 이들은 조심스러우면서도 자신감을 가지고 잘 따라올 것이다. 불안하거나 불편한 부분이 있어도 잘 참고 따라온다. 그러나 지원이나 과정의 투명성이 부족하면 조직의 결함이라고 생각하며 즉각 지적한다. 조직에서 많은 수를 차지하는 이성적 신봉자는 조직에 실망하면 비관론자가 된다.

비관론자

조직에 실망해 다시는 속지 않겠다고 결심한 이성적인 신봉자는 비관론자가 된다. 변화하겠다고 약속해놓고 지키지 못한 사람이나 정책에 분노한 상태다. 새로운 아이디어가 있으면 다시 동기부여될 수도 있지만, 조직이나 본인에게 이익이 되는 새로운 아이디어여야 한다. 다만 두 번은 속지 않는다. 믿을 수 있는 동료나 직속 상사와 함께해도 이 새로운 아이디어를 실현하기 어렵다고 생각하면 동기부여는커녕 스트레스와 불안에 시달린다.

이들은 전문 지식을 가지고 있거나, 그렇다고 믿고 있다. 어렵게 얻은 지식을 다시 배우거나 이미 스트레스를 느끼는 역할을 재설계해야 한다는 압박이 없어도 지금 맡은 일에서 압도감을 느끼는 상태다. 악의로 하는 행동은 거의 없으니 그나마 다행이다. 비관론자가 저항하는 것은 반항이 아니라 대처하기 위한 태도다. 맡은 일은 일단 한다. 절망해봐야 기분만 안 좋으니 실용적이고 단계적이며 빠른 성과를 보장하는 실행 가능한 방식이라면 안 좋은 상황에서 벗어날 방법을 기꺼이 고려한다.

비관론자를 달래려면 조직은 일관성 있고 유익하며 투명한 메시지를 꾸준히 보내야 한다. 그리고 그다음은 행동이 필요하다.

행동에는 직속 상사의 지원과 신뢰가 필요하다. 비관론자는 이미 '큰 그림'을 잃어버렸기에 어설픈 비전으로는 안 된다. 이 때문에 선구자, 이성적인 신봉자와 진정한 관계를 맺는 일이 매우 중요하다. 이를 '달래주기'나 '차별적 감싸기'로 폄하해서는 안 된다. '밀레니얼 세대는 이렇다니까!'라는 생각도 버리자. 비관론자를 포용하는 것은 조직의 성장을 저해하는 사람을 조직의 편으로 끌어들이는, 쉽고 실질적이며 꼭 필요한 방법이다.

비관론자를 달래지 않고 방치한다면? 안주하는 사람과 반란자에게 영향을 받게 된다. 방치된 비관론자는 이 두 집단의 영향력에 포섭되어 이들과 암묵적이고 긴밀한 관계를 맺을 수 있다. 이러한 관계는 생각보다 빠르게 성장할 수 있으므로 반드시 대비해야 한다. 이는 긍정적인 변화의 길을 이끌 사람들과 지속적인 비관론으로 이익을 얻으려는 사람들 사이에 벌어지는 주도권 싸움이라 볼 수 있다.

무심한 사람

위에서 안주하는 사람과 반란자를 언급했으나, 그 전에 먼저 '무심한 사람'을 살펴보자. 이들은 비관론자와 달리 절망에서 탈출하는 모습을 보여주지 않는다. 이들은 이런 열정이 없고, 적극적으로 분리된 상태에 있다. 몸을 웅크리고 눈을 감은 채 손가락으로 귀를 막고 있는 모습과 같다. 비관론자는 수동적이더라도 이탈을 시도하거나 더 나은 것을 갈망하지만, 무심한 사람은 이런 것도 에너지가 너무 많이 드는 피곤한 일이라고 생각한다. 무관심을 방어 메커니즘으로 사용하며, '고용주와의 계약을 준수하기' 위해 오직 시키는 일만 한다.

그렇다고 자기계발이나 조직의 개선에 신경 쓰지 않는 것은 아니다. 다만 새로운 것이나 기존과는 다른 것을 시도할 때 불확실성 때문에 걱정하고 스트레스와 불편한 감정을 느끼기에 버거워하는 유형이다. 또한 조직의 약속이 지켜지지 않아 환멸을 느낀 나머지, 더 이상 가치, 변화에 대한 계획을 기대하지 않고 맡은 일에만 집중하기로 한 유형이기도 하다. 그래야 사람들이 자신의 완전한 참여를 기대하지 않도록 만들 수 있기 때문이다.

안타까운 일이다. 왜냐하면 그들에게도 한때는 문화와 변화를 받아들이려는 동기가 있었다고 생각되기 때문이다. 하지만 지금은 그것이 허황된 꿈처럼 보이고, 대부분의 경우 개인적인 손실로 이어지는 도박처럼 받아들여질 것이다. 실망과 오랜 상처로 마음을 닫은 무심한 사람의 마음을 다시 열려면 절대적으로 빛나는 동기와 빠른 성공의 경험이 필요하다. 하지만 이들은 조금이라도 자신이 정한 기준을 넘는 일이라면 젊고 더 활기찬 다른 구성원에게 양보한다. 이들도 한때는 지원을 갈망했으나, 그 지원은 결국 도착하지 않았다. 이제 배는 저 멀리 떠나버렸다.

무심한 사람을 획기적으로 바꿀 좋은 소식은 많지 않다. 이들을 성공적으로 다시 참여시킬 방법을 제시하기는 힘들다. 오직 뛰어난 인사 관리와 시간이 지나면서 알게 될 일관된 경험만이 그나마 변화를 일으킬 것이다. 무심한 사람이 자연적으로 끌리는 대상은 안주하는 사람이다. 안주하는 사람은 조직의 변화와 함께하지 않아도 확실한 목표를 향하기에 안정감을 주기 때문이다.

무심한 사람은 안주하는 사람과 정기적으로 교류할 가능성이 크다. 심지어 안주하는 사람들에 의해 무심한 사람이 관리될 가능성도 크다. 이는 개인 발전과 혁신 그리고 회복탄력성을 위한 성장형 사고방식에 걸림돌이 된다. 하지만 그렇다고 무심한 사람을 속이면서까지 동기를 부여하려는 어설픈 시도를 했다가는 그들과 더 멀어질 것이다. 나아가 피해의식까지 가질 수도 있다.

무심한 사람은 다가가기 어려운 집단이다. 접근을 시도하는 데 요구되는 인내심이 그들의 개인적 가치에 비해 지나치게 큰 것처럼 보일 수도 있다. 이 뒤에 남은 두 유형의 경우와 마찬가지로, 무심한 사람의 영향력을 줄이는 가장 좋은 방법은 애초에 이들의 수가 늘어나지 않도록 하는 것이다. 한번 무심한 사람이 되면 놀라운 리더십이 아닌 이상 되돌리기 힘들기 때문이다.

안주하는 사람

'영구동토층' 혹은 '마지팬층'이라는 이름으로도 불린다. 무심함을 훨씬 넘은 상태다. 이들은 잘못된 양심을 교묘하게 내세워 반대를 주장하며, 현 상태를 유지하기 위해 노력한다. 이는 현상 유지가 이익이 되기 때문이며, 이들에게 변화란 추가적인 일, 불편함, 희생을 의미할 가능성이 크다. 안타깝게도 많은 조직에서 가장 많은 수를 차지하는 유형이다. 노련하지만 야망이 없고, 평범하거나 소외된 노동자다. 시스템을 게임처럼 다루는 데 능숙하며, '이 정도면 충분하다'는 태도의 진정한 달인들이다. 안주하는 사람은 변화와 개선을 위한 전략에 저항한다. 기술 업데이트, 멘토링, 리더십 개발, 포용하려는 노력 등에 관심이 없다. 이들은 평가에 필요한 최소한의 점수만 달성하는 방법을 알고 있으며, 이러한 평가가 수년간 함께 일했던 상사나 화상으로만 마주할 수 있는 관리자에 의해 이루어진다는 것을 잘 알고 있다.

누가 안주하는 사람 유형인지 알아내기가 쉽지 않을 수도 있다. 이들은 새로운 고위 임원이나 리더가 나타나거나, 조직이 대대적으로 변혁될 때 비로소 모습을 드러내기 때문이다. 회사의 사명과 가치를 능숙하게 외우며, 고객이나 고위 임원을 대할 때처럼 계산된 시나리오 안에서는 적극적으로 참여하는 것처럼 보인다. 그러나 안주하는 사람은 말만 많고 행동은 더디다. 부지런하고 성실한 듯해도, 보이지 않는 곳에서는 변화를 방해하는 행동을 한다. 고위직 임원 중에서 안주하는 사람을 많이 찾을 수 있다. 높은 성취를 이루었으나 단순히 귀찮다는 이유로, 또는 변화로 인한 노력이 충분히 보상받지 못한다고 판단하여 변화를 원치 않을 수 있다.

안주하는 사람은 조직 문화에 매우 해롭다. 수적으로도 우세한데다, 영향력 있는 상급자까지 포함되어 있기에 강력한 세력이 된다. 이들이 만든 분위기는 조직에 영향을 미치면서 암묵적인 규범이 된다. 안주하는 사람은 11장에서 언급한 것처럼 용인할 수 있는 최악의 행동으로 문화가 만들어진다는 말을 그대로 보여준다. 직접 부적절한 행동을 하거나, 그런 행동을 용인하는 것이다. 또한 최대한의 성취와 추진력은 그저 '있으면 좋은 것'일 뿐이라고, 조용하지만 분명하게 보여준다. 업무의 일부 요소를 적당히 넘기더라도 결정적인 문제가 되지 않는다고 생각한다. 마음 한구석에는 언젠가 은퇴하거나 조직이 침몰할 때 배를 버리고 도망치겠다는 생각이 있다.

스트레스, 경쟁, 급격한 변화가 증가하면 점점 더 많은 구성원이 안주하는 사람이 된다. 이 집단 자체가 조직의 생존을 가장 크게 위협한다고 해도, 안주하는 사람은 나름 생존자라고도 할 수 있다. 어렵기는 하지만 안주하는 사람의 마음을 다시 얻을 수도 있다. 지금까지 상사 혹은 '방법을 가르쳐주겠다'며 친절한 얼굴을 하고 다가온 동료에게 넘어가 잘못된 길로 갔을 뿐이기 때문이다. 안주하는 사람 유형에 속하기는 해도 내심 개선을 모색하고 싶은 사람도 적지 않다. 하지만 이들을 이끌려면 이들이 내는 새로운 목소리를 들어야 한다. 안주하는 사람 유형에 속해 있다가 정신을 차리고 빠져나온 사람은 그동안 낭비했던 시간을 만회하기 위해 새로운 열정을 가지고 일할 것이다.

반란자

마지막으로 다룰 반란자 유형은 최악의 환경에서도 소수에 불과하지만, 영향력이 큰 소수다. 한때는 무난하고 공식적인 방식으로 변화를 추구했을지 모르지만, 자신들의 의견이 번번이 무시되자 좌절감을 넘어 분노를 느끼게 된 사람들이다. 반복적으로 조직 시스템이 실패하거나 코로나19, 흑인 인권 운동처럼 급진적인 변화의 시기 이후에 나타날 수 있는 유형이다. 반란자는 리더십의 가치와 조직에서의 실제 경험이 일치하지 않는다고 지적하면서 자신의 전복적인 저항을 합리화한다. 긍정적인 방향으로 갈 수 있는 정당하고 온건한 기회가 와도 이들은 다른 방법을 선택할 것이다. 자신이 처한 환경을 개선하기 위해서, 또는 자신을 배제한 시스템과 전략이 성공하는 것을 부당하다고 생각해 이를 방해하기 위해서 조직의 노력을 약화시키는 미묘한 방법을 선택할 가능성이 크다.

이들은 뜻을 같이하는 몇몇 공모자들과 함께 활동할 수도 있지만, 그들에게 진짜로 힘을 주는 것은 바로 안주하는 사람들의 조용한 동조다. 이는 종종 위험할 정도로 긴밀히 연결되어 있으며, 영향을 받기 쉬운 주변 동료들에게 잠재적으로 독이 될 수 있다. 이렇게 위험한 존재인데도 반란자 유형은 눈에 잘 띄지 않아 알아보기 어려울 수 있다. 대신 반란자 유형이 끼치는 효과는 분명하다. 조직이 예상치 못한 장애를 만나 계획이 무산된다면, 이들의 소행일 수 있다.

이들을 변화시키려면 에너지가 가장 많이 필요하다. 이들 중 일부는 필수적인 결과를 제공하는 고성과자로 보일 것이다. 하지만 반란자 유형은 안전하게 은퇴할 나이가 되거나 새로운 조직에서 비슷한 직종으로 일할 수 있을 때까지는 잘 변하지 않을 것이다. 조직이 진정으로 발전하고 싶다면 반란자 성향의 개인들을 어떻게 관리하느냐가 관건이다.

눈에 띄는 성과를 보여주는 동시에 반란자인 사람을 어떻게 대처하느냐는 여러분이 목표로 하는 조직의 모습을 대변할 것이다.

조직은 역동적으로 변화하고 민첩하게 대응할 수 있는 능력이 필요하다. 선견지명을 발휘해 변화가 일어났을 때 또는 그 전에 적응할 수 있어야 한다. 이를 위해서 리더는 조직 내에서 6대 주역의 비율과 영향력이 어느 정도인지 명확하게 이해해야 한다. 선구자의 수를 급격히 늘리거나 반란자를 모두 제거할 수는 없겠지만, 바람직하지 않은 유형에 속한 사람 중 아주 적은 수의 사람이라도 좀 더 나은 유형에 속하도록 조치를 취하면 꽤 이익을 얻을 수 있다.

맥킨지의 연구에 따르면 적극적인 전략이 실패하는 이유의 약 14퍼센트만이 예산 부족 때문이었고, 내부 세력의 방해가 주요 원인으로 나타났다. 관리자의 부적절한 행동이 33퍼센트를 차지했고, 직원들의 직간접적인 저항이 39퍼센트를 차지했다.[3] 즉, 성공적인 변화를 위해서는 실패의 원인을 차지하는 72퍼센트의 사람들을 효과적으로 관리하고, 그들에게 동기를 부여해야만 한다.

하지만 리더로서 조직을 구성하는 사람들이 어떤 성향인지 제대로 파악하지 못하면 동기를 부여할 수 없다. 또한 조직 내에서 협업을 정확하게 정의하지 않으면 협업을 개선하는 방법을 생각할 수 없다. 또한 이미 능력주의가 자리를 잡았다고 믿고 있다면 더는 능력주의로 나아갈 수 없다.

조직에 대한 비판적인 평가를 피하지 않겠다고 약속해야 한다. 직원들을 대상으로 한 설문조사, 직원들의 성과 점수, 고객의 반응, 온라인에 떠도는 말도 안 되는 글을 가지고 직원들의 능력이나 성격, 실제 사내 문화를 함부로 추정하지 말자. 영구동토층을 녹이려면 에너지가 필요하다. 각 그룹을 팀으로 끌어안기 시작하자. 리더로서 말한 것을 지키기 위해 노력하자. 하지만 그 전에 우선 출발점을 객관적으로 분석해야 한다. 우리는 지금 어디에 있는가? 이는 절대로 건너뛸 수 없는 단계다.

The Promises of Giants

약속한다,
서로 터놓고 지낼 수 있는
일상적인 포용 문화를 만들겠다고

몇 년 전의 일이다. 나는 4대 전문 서비스 회사 중 한 곳에서 일하는 여성을 코칭한 적이 있다. 그 여성은 당시 회사에서 2년 동안 근무하고 있었다. 우리는 처음 만난 자리에서 약 한 시간 동안 멋진 대화를 나누었고, 서로 함께 일하고 싶다는 생각을 했다. 그리고 다음에 그 여성을 다시 만났는데, 그가 말을 시작하자 무엇인가 다르게 느껴졌다. 그 여성이 말을 끝내기도 전에 내가 끼어들었다.

"실례지만 울버햄프턴에서 오셨군요!"

처음에 만났을 때는 울버햄프턴 억양이 전혀 느껴지지 않았다. 런던 중심부의 어딘가에서 흔히 들을 수 있는 억양이었다. 그러니 놀라울 뿐이었다.

울버햄프턴은 영국 웨스트미들랜즈주에 있는 노동자 마을이다. 이 중 일부는 '검은 나라'로 알려진 곳에 있다. '검은 나라'라는 이름은 1840년대에 처음 생겼다. 한창 산업이 발달했을 때 탄광, 공장,

제분소에서 나온 그을음과 대기오염이 주변을 가득 메웠기 때문이다. 이 지역의 사람들은 독특한 방언으로 말할 때가 많은데, 그 억양을 '검은 나라 말투'라고 부른다. 이 지역 사람들은 일반적으로 따뜻하고 친절하지만, 그리 지적이지는 않다고 여겨진다. 이는 내 생각이 아니니 이해해주길 바란다. 울버햄프턴이나 내 고향 스톡포트에서 자라지 않았다 해도, 이 억양이 부정적인 편견과 이어지고 있다는 것을 알 수 있을 것이다.

나의 질문에 여성은 울버햄프턴 출신이 맞지만 일할 때는 가능한 한 이 지역의 사투리를 쓰지 않으려 한다고 했다. 그는 이 문제에 대해 이야기하고 싶지 않았는지 그냥 별것 아닌 것으로 넘겼다. 하지만 나는 그냥 넘어갈 수 없었다.

"일할 때와 생활할 때 다른 억양으로 말하다니, 신경 쓰이시겠어요. 특별한 이유라도 있나요?"

그 여성은 머뭇거리더니 사정을 설명했다.

"울버햄프턴 출신 여성은 여기서 파트너로 일하기 힘들거든요."

그녀의 성공은 스톡포트에서 태어난 통통한 책벌레가 NBA에 진출하는 것만큼 희박한 일이었다. 이 여성은 아침에 집을 나서는 순간부터 밤에 런던 지하철역까지 걸어가 지하철을 타고 퇴근하기까지 억양을 숨기며 살아야 했다. 그렇게 해야 한다고 믿었다. 여성은 힘들었다고 솔직히 고백했다.

울버햄프턴 출신이라는 것을 숨기기 위해 얼마나 많은 에너지를 썼을까? 매일 정신적으로 얼마나 피곤했을지 상상해보자. 하지만 왜 이렇게까지 할까? 회사 제품을 더 많이 팔려고? 고객들에게 만족감을 주기 위해서? 일을 제대로 하기 위해서? 아니, 전부 아니다. 단지 동질성을 얻어 사회적으로 조작된 환경에 적응하기 위해서였다. 이 여성은 더 가치 있는 일을 위해 에너지를 쏟아부어야 했으나, 조직의 성공이나 발전에 큰 관련이 없는 억양을 교정하는 데 힘을 써야 했다.

잠시 생각해보자. 아무런 흠도 없고, 믿을 만한 배경까지 갖춘 전혀 다른 사람처럼 보이려면 얼마나 많은 에너지를 들여야 할까? 다른 사람처럼 계속 행동하고 들키지 않기 위해 얼마나 힘들었을까? 살면서 만나는 모든 사람에게 그들이 원하는 모습을 보이기 위해서 말이다.

사람의 에너지는 유한하다. 에너지는 조직과 공유하는 목표에 집중적으로 사용할 수도 있고, 자신의 목표를 위해 사용할 수도 있다. 혹은 그저 적응하기 위해 불필요한 업무에 사용하기도 한다. 에너지를 쓸데없는 곳에 소모하면 점점 힘을 잃는다.

포용하는 문화에서는 자신을 그대로 드러낼 수 있다

이것이 포용하는 문화가 중요한 이유다. 포용하는 문화가 자리 잡아야 사람들이 솔직해져 조직의 성과가 높아진다.

포용하는 문화는 윤리적으로 필수적인 사항이며, 요즘은 고용 관행에 대한 조사가 점점 정밀해지면서 대외 관계에서도 필수적인 요소가 되었다. 무엇보다도 포용하는 문화가 있어야 조직의 성과가 높아진다. 직장에 일상적으로 포용하는 문화를 만들겠다고 약속하는 이유는 사람들을 '착하게' 대하는 방법이라서가 아니다. 그것이 사람들의 잠재력을 끌어낼 수 있는 유일한 방법이기 때문이다.

'일상적인 포용everyday inclusion'과 '자발적 공개earned disclosure'가 무엇인지 분명히 설명하고자 한다. 먼저 '일상적인 포용'부터 살펴보자. 포용은 표준이 되어야 한다. 그래야 포용이 우리의 선택지가 되고 행동으로 만들어지기 때문이다. 반면 다양성은 우리의 집단적 운명이다. 현대사회에서 다양성은 피할 수 없으며 나날이 증가하고 있다. 그러나 포용은 선택적이다. 매일 새롭게 이루어지는 일상적인 선택에 뿌리를 두고 있다.

조직은 교육 프로그램으로 포용이 부족한 분위기를 해결할 수 있다고 보는 것 같다. 이 문제를 해결하기 위해 단기간의 조악한 커리큘럼이나 훈련 계획을 마련해 특정 비율의 직원들을 참여시킨 후 컨설턴트나 연사를 초청한다. 그러고는 문제가 해결되었다고 여긴다.

하지만 장담하건대 그렇지 않다. 나도 나름의 전문 지식을 가지고 있고, 우리 회사 동료들의 능력을 나보다 더 높이 평가하지만, 그럼에도 우리가 대신 여러분의 직장에 포용하는 문화를 심어줄 수는 없다. '일상적인'이라는 부분이 필수적이다. 포용은 사소한 것들, 즉 지루하고, 부담스럽고, 단조로운 것들에 있다. 포용을 가로막는 것은 생각보다 미묘하고 정교하다. 무심코 민감한 용어를 사용한다거나, 무언가 다르다는 이유로 함께 일하기를 거부하는 것처럼 노골적이지 않다. 준비된 매뉴얼만으로 해결할 수 있는 문제도 아니다. 일상적인 포용은 이러한 것들과 거리가 멀다. 일상적인 포용은 구성원들이 온전하고 독특한 개인으로서 지속적으로 인식되고 존중받는다는 확신을 느낄 때 이루어진다. 사람들로 둘러싸여 있으면서 외로움을 느끼는 것만큼 고립감을 주는 것은 없다. 그것이 바로 배제의 본질이다.

1990년대 초, 연구원 윌리엄 칸William Kahn은 '심리적 안전psychological safety'이라는 개념을 도입하며 "자신의 이미지, 지위, 직업이 타격받을까 봐 두려워하지 않고 자신을 보여줄 수 있는 능력"이라고 정의했다.[1] 또 다른 연구원 에이미 에드먼드슨Amy Edmondson은 이 개념을 팀 차원에서 더욱 발전시켜 "인간관계에서 위험을 감수할 수 있는 안전한 환경에 대한 공감"이라고 정의했다.[2]

심리적으로 안전한 팀은 저성과자들이 감시를 피해 숨을 수 있는

'물렁한' 곳이 아니다. 오히려 모든 것이 투명하게 드러나 감시를 피하지 못하는, 가장 강력하고 도전적인 환경이다. 안전한 팀을 구성하는 사람들은 초기 아이디어를 나누면서 객관적인 도전, 제안, 지원을 동일한 비율로 기대한다. 심리적으로 안전한 공간은 사람들끼리 서로에게 미치는 영향을 개인적으로 책임지기로 한다는 점에서 독특하다.

심리적으로 안전한 팀은 동료들이 제안한 아이디어가 기준을 통과하지 못했을 때, 그 아이디어와 그것을 제안한 사람을 동일시하지 않는다. 이러한 환경에서 동료들은 모든 사람이 같은 방식으로 조직에 기여해야 한다고 생각하지 않는다. 동시에 더 나은 것을 추구하는 과정에서 긴장이나 마찰이 발생할 수 있다는 점도 인정한다.

심리적인 안전이 자리 잡아야 일상에서 포용하는 환경이 만들어진다. 심리적으로 안전한 팀은 안전과 자유를 제공하면서 구성원들이 서로 신뢰할 수 있도록 해준다. 해결책을 추구할 때 아이디어를 투명하게 공개한 상태에서 교환하기 때문에 파문이 일어날 염려도, 굴욕을 느낄 염려도 없다.

그런데 포용에서 말하는 '공개'에는 오해가 있다. 공개는 커밍아웃과 다르다. 커밍아웃은 주로 성적 지향에 관한 고백과 관련이 있다. 이러한 커밍아웃은 다른 사람이 어떻게 받아들일지 확신이 없는 상태에서 정보를 공개할 때 일어난다.

우리 자신의 정체성보다 소중한 것은 없다. 물론 정체성은 복잡하게 이루어져 있다. 우리의 정체성에서 모호한 부분을 공유하는 것은 마치 귀중한 보석인 '파베르제의 달걀'을 선물하는 것과 같다. 우리가 제공하는 것은 섬세하고 가치 있는 진실이며, 일단 이러한 진실이 제공되면 상대방이 이 진실로 무엇을 할지 통제할 수 없다. 다만 다른 사람들의 배려를 바랄 수밖에 없다.

누군가가 자신에 대해 말하면 여러분은 상대방에 대해 무엇인가를 알 수 있다고 믿지만, 사실 그렇지 않다. 그보다는 상호적인 면이 강하다. '자발적 공개'는 언제나 정보를 제공하는 사람만큼이나 정보를 받는 사람에 대한 진술이기도 하다. '당신이 어떻게 행동하고 말하는지 지켜본 결과, 믿을 수 있게 되었다. 그런 당신을 믿고 나에 대해 알려준다.'라는 논리다. 그러한 신뢰, 즉 통제할 수 없는 나의 진실을 전달함으로써 취약해질 수 있는 능력은 조직 내 유대 관계를 끈끈하게 만들어준다.

팀이 성공하려면 이처럼 신뢰를 기반으로 한 자발적 공개가 필요하다. 신뢰를 위한 도약을 필요로 하면서, 동시에 그러한 신뢰가 적절한 것임을 팀원들에게 확신시킨다. 진정한 팀이 구성원들에게 신뢰를 요구하는 이유는 보답이 오거나 의무가 있기 때문이 아니라, 신뢰가 신뢰를 낳는 것이 자연스러운 질서이기 때문이다. 이는 개인적인 정보가 공개되어도 제재, 비웃음, 따돌림으로 이어지지 않는 문화에서만 가능하다. 그런 문화에서는 실수를 인정해도 그 사람 인생의 낙인이 되지 않는다. 누군가의 특별한 정체성이 공개되었을 때

구성원들에게 이용당하거나 조롱받을 것이라고 걱정하는 팀은 크게 성장할 수 없다.

많은 직장에는 '나답게 있을 수 있는 자유'를 쓸데없는 것으로 생각하는 문화가 있다. 그저 '있으면 좋은 것' 중 하나로 여긴다. 조직들은 갈색 피부의 사람, 아시아인, 동성애자로 추정되는 사람, 눈에 띄는 장애가 있는 사람을 모아 밝은 미소를 짓는 사진을 찍으며 스스로 얼마나 따뜻하고 포용적인 조직인지 보여주려고 한다. 그러나 이런 1990년대 베네통 광고 같은 이미지를 만드는 것으로는 충분하지 않다.

자발적 공개에 기반한 일상적인 포용은 본질적으로 높은 성과를 위한 핵심이라 할 수 있다. 연구에 따르면, 직원들은 소속 조직이 포용하는 문화를 위해 노력할수록 그 조직을 선호하는 것으로 나타났다. 조직이 다양성과 포용성을 적극 장려한다고 믿을 때, 80퍼센트의 직원들이 조직의 성과가 높아질 것이라고 생각했다. 또한 팀이 다양한 아이디어를 공유해 혁신적인 해결책을 만들어낸다고 직원들이 보고할 가능성도 84퍼센트 높게 나왔다.[3]

다양성과 포용성에 신경 쓰는 기업일수록 경쟁사를 앞선다는 것을 보여주는 증거가 많다. 최근 〈월스트리트저널〉의 연구는 다양성과 포용성 부문에서 점수가 높은 회사들의 5년 및 10년 주가 상승률이 점수가 낮은 회사들보다 크게 앞선다고 발표했다.[4] 마찬가지로 미국사회학협회의 메타 분석에 따르면, 성별과 인종의 다양성이 1퍼센

트만 높아져도 각각 3퍼센트와 9퍼센트의 수익이 증가한다고 한다.[5]
이러한 인구통계적 다양성뿐만 아니라 인지적 다양성도 중요하다.
세상을 다른 시각으로 보고 다른 의견을 내는 구성원이 있어야 조직
의 논리적 결함과 놓치고 있는 기회가 무엇인지 알 수 있다.

포용이 힘을 발휘하려면
다양성을 이끌어가는 리더십이 필요하다

보여주기식 다양성은 홈페이지에 올릴 베네통 사진을 만드는 것
에 불과하다. 국제경영개발대학원IMD의 조직 행동 및 국제 비즈니스
명예 교수인 조셉 디스테파노Joseph Distefano가 이끄는 대규모 연구에
따르면, 다양한 구성원으로 이루어진 팀이 비슷한 구성원으로 이루
어진 팀을 능가할 때는 오직 팀이 잘 이끌어질 때뿐이었다.[6] 두 팀 모
두 비슷한 리더십을 보여준다면 비슷한 구성원으로 이루어진 팀이
더 나은 성과를 낼 가능성이 크다. 왜냐하면 다양한 구성원으로 이
루어진 팀보다 비슷한 구성원으로 이루어진 팀을 이끌어가는 것이
리더 입장에서는 더 쉽기 때문이다. 따라서 리더십 역량을 높이지
않고 다양성만 증가시키면 편견, 부주의, 왜곡된 정보, 파벌 형성 같
은 문제가 발생해 개인과 집단의 능력을 최대로 발휘하지 못하게 된
다. 그리고 조직에서는 이런 부정적인 결과가 나타나면 리더십이 충

분하지 않았다고 보는 것이 아니라 다양성이 문제라고 보는 시각이 생긴다.

비슷한 구성원으로 이루어진 집단을 이끄는 것은 비교적 쉽다. 비슷한 사람들은 유사한 해결책에 반응하기에 기본적인 리더십 능력만 있으면 된다. 하지만 내향적인 사람, 외향적인 사람, 창의적인 사람 또는 문화, 언어, 배경이 다른 사람들을 섞어놓으면 일률적인 접근 방식은 통하지 않을 것이다. 다양한 구성원으로 이루어진 팀은 서로의 상호작용에 대해 더 깊이 생각할 것을 요구하며, 리더들이 그룹 내 관계를 중재하는 데 도움을 줄 것을 요구한다. 이런 팀에 속한 리더와 구성원들은 비슷한 구성원으로 이루어진 팀에서는 무시해도 되는 부분까지 신경 써야 한다. 의사소통, 어조, 접근 방식, 동기부여, 표현, 배경, 경험 등의 차이를 받아들이는 전략을 개발해야 한다.

'다양한 구성원으로 이루어진 팀'이라는 도전은 관리자가 아니라 리더만이 할 수 있는 일이다. 관리자급은 기술적·경영적 역량을 활용해 명령을 수행하고 과업을 완수하며 기본적인 운영을 유지할 수 있다. 그러나 진정한 리더는 감정 노동 기술도 활용해야 한다. 리더는 주변의 다양한 사람이 효과적으로 업무를 하고, 동료들과 함께 조직의 목표를 위해 참여하며, 내외부 스트레스 요인을 개선할 수 있도록 돕는다. 이를 위해 진정한 리더가 노력하는 부분이 감정과 심리 상태를 파악하는 일이다.

1983년에 알리 혹실드가 처음 제시한 감정 노동의 정의는 이후

확장을 거쳐 다섯 가지 상호 연결 기술을 포함하게 되었다. 혹실드는 감정 노동의 정의를 "다른 사람들이 원하는 정신 상태를 만들어 내기 위해 감정을 유도하거나 억제하여 외적인 표정을 유지하는 능력"이라고 썼다.[7] 에너지가 많이 드는 일 같은가? 그렇기는 하다. 그리고 이제는 감정 노동과 관련해 더 다양한 내용이 있다.

우선, **감정 파악**부터 시작해보자. 감정 파악이란, 자신의 감정을 알고 다른 사람의 감정에 공감하는 것을 뜻한다. 또한 자신의 감정을 관리하는 방법을 배우는 것도 포함하는데, 감정을 관리하는 법은 바로 다음 설명하는 '감정 조절'의 요소에 해당하기도 한다. 동료들과 진실하고 적절한 감정적 관계를 맺을 수 있는 능력도 감정 파악에 속한다. 과거에는 동료들과의 감정 교류를 '쓸데없는 일'이라고 생각했다. 하지만 포스트 코로나 세상에서 우리가 깨달은 사실이 있다. 바로 동료를 감정이 있는 진짜 사람으로 생각하는 것이 중요하다는 사실이다.

그다음은 **감정 조절**이다. 이는 사람들이 자신의 감정과 주변의 감정적 상황이 행동에 미치는 영향을 조절하는 과정이다. 감정 조절과 관련된 능력은 다양하다. 우리가 느끼는 감정이나 다른 사람들의 말과 행동으로 전달되는 감정을 올바르게 해석하는 능력, 집단의 분위기와 여기서 나올 수 있는 반응을 이해하고 영향을 미치는 능력 등이 있다. 여러분은 방 안의 분위기를 읽을 수 있는가? 그리고 그 분위기와 그로부터 유발되는 행동에 영향을 줄 수 있는가? '감정적 온도'를 적절한 수준으로 유지할 수 있는가?

세 번째는 **메타 인지**다. 메타 인지는 복잡하다. 솔직히 메타 인지는 나의 전문 분야가 아니다. 그러면서 내가 메타 인지 능력을 발휘하고 있다고 말하다니! 메타 인지의 핵심 요소는 어떤 상황에서 자신의 지식이나 능력의 한계를 인식한 후, 그 지식이나 능력을 확장하는 방법을 알아내는 것이다. 여기서는 리더십의 감정 노동 분야를 중심으로 메타 인지를 다루어보려고 한다. 감정 노동 분야에서 자신의 강점과 약점을 아는 사람들은 학습 전략과 참고가 되는 자료를 적극 모니터링하고, 특정 작업과 성과를 위해 어느 정도 준비가 되었는지 평가한다. 이는 존 브랜스포드John Bransford, 앤 브라운Anne Brown, 로드니 코킹Rodney Cocking의 공저 《사람들은 어떻게 배우는가How People Learn》에서 다루는 내용이다.[8] 즉 우리가 스스로 능력의 한계를 알면 씹을 수 있는 양보다 더 많이 베어 물지 않도록 주의할 수 있다는 뜻이다. 여기서 능력의 한계란 매일 일어나는 변동이다. 적어도 우리는 리더여도 감정을 마음대로 할 수 없다는 사실을 이해할 수 있다. 끝없는 자기 성찰을 통해 자신의 정신과 감정 상태를 아는 것이 중요하다. 그래야 의사 결정이 제대로 되었는지, 소통은 적절한 어조로 효과적으로 이루어지고 있는지 알 수 있다.

네 번째는 **반응 억제**다. 정말로 다양한 구성원으로 이루어진 팀이라면 어쩔 수 없이 낯설고 불편한 곳에 와 있는 기분을 직면하게 될 것이다. 그렇다고 체념하는 것은 아무 도움도 되지 않는다. 비슷한 구성원으로 이루어진 팀보다 다양한 구성원으로 이루어진 팀과 있을 때 에너지를 더 많이 쓰게 되는 것은 사실이다. 하지만 동시에 다양한 구성원으로 이루어진 팀은 급격한 변화를 맞는 상황의 적응력, 혁신, 창의력 면에서 더 나은 결과를 제공한다.

다양한 구성원으로 이루어진 팀에 동료나 리더로 속해 있다면 시험을 받게 될 것이다. 사람들이 서로 다른 방식으로 일하는 상황만으로도 짜증이 날 것이다. 이때 반응 억제가 필요하다. 이는 무의미한 자극에 즉각적으로 반응하지 않는 능력을 말한다. 하지만 반응을 억제한다고 해서 그 어떤 것에도 반응하지 않는다는 뜻은 아니다. 따라서 여기서는 '무의미하다'라는 개념이 중요하다. 간단히 말해, 어떤 행동은 반사적으로 반응할 가치가 없다는 것을 알고 이를 내면화하는 것이다. 또한 반응할 가치가 있는 행동조차도 신중한 반응이 필요하다는 것을 의미한다.

마지막은 **대인 경계심**이다. 이는 앞에서, 특히 4장에서 많이 다룬 내용이다. 여러분의 영향력과 '규모'를 재구성하는 이야기다. 동료 입장이든 리더 입장이든 역할이나 경험과 상관없이, 여러분이 별생각 없이 하는 행동이 다른 사람에게 뜻밖에 해를 끼칠 수 있다는 점을 고려해 스스로에 대한 인식을 재구성하는 것이다. 화를 내는 행위부터 누군가를 무시하거나 따돌리는 행위에 이르기까지, 대인 경계심은 자신이 주변 사람들에게 어떤 영향을 끼치는지 거인다운 관점에서 생각하는 일이다.

이 같은 감정 노동 기술을 지닌 사람들, 즉 사람 사이의 역학을 공감하고 관리할 수 있는 사람들로 다양하게 구성된 팀에 속하거나, 이런 팀을 만들 수 있느냐에 따라 성공과 실패가 나누어진다. 다양한 구성원으로 이루어진 팀이 감정 노동 기술에 능숙하다면 비슷한 구성원으로 이루어진 팀보다 크게 앞설 것이다. 하지만 반대로 형식적인 감독에 그친다면 아무리 감정 노동 기술이 있는 다양한 구성원으로 된 팀이라도 비슷한 구성원으로 된 팀을 앞지르지 못할 것이다.

일상적인 포용이 중요한 이유

포용성이 부족한 행동은 혁신, 생산성, 협업을 지연시키는 독이다. 이 행동이 일으키는 결과는 분명하게 눈에 보이진 않아도 결국에는 악영향을 끼친다(기술적 성과 저하나 결근 등을 예로 들 수 있다). 일상적인 포용은 보편적으로 적용되어야 하지만 소수자를 채용하고, 재훈련하고, 개발하기 위해서도 필요하다. 일상적인 포용이 중요한 이유가 몇 가지 있다.

첫째, 일상적으로 포용성이 무시되면 추악한 현실이 펼쳐진다. 법적인 보호 대상이 되는 사람들을 포함한 소수자는 대부분의 경우 조직 인력의 아주 적은 부분을 차지하고 있다. 비율이 더 높아져도 대개 서비스직이나 행정직에서 일할 것이다. 따라서 대부분의 조직은 소수자들에 대한 경험이나 전문성이 제한적일 가능성이 크다. 현실이 이렇다면, 소수 정체성을 지닌 사람들은 불리한 상황에 놓인다. 다수에 속하는 사람들은 소수 정체성을 지닌 사람들이 세상으로부터 어떤 시선을 받으며 사는지 생각한 적도 없고, 생각할 필요도 없을 것이다. 따라서 다수와 소수를 구분하는 기준에 상관없이, 소수자들은 어떤 위치에 있더라도 소외감을 느낄 가능성이 높다.

따라서 소수 정체성을 지닌 직원들이 팀원으로 들어오면 이들이 배제되지 않고 진정한 팀원으로 포함되었다는 기분이 들도록 도와야 한다. 이런 도움을 주려면 당연히 노력이 더 필요하다. 그런데 소수 정체성을 지닌 직원들을 포용하며 품는 환경을 만들기 위해 더 노력해야 하는 또 다른 이유가 있다. 조직들이 이런 역할을 잘하지 못해서다!

2020년 5월에 일어난 플로이드 살해 사건에 대한 반응이 그 좋은 예다. 언론 보도에서는 따뜻하고 선의가 가득한 내용이 이어졌으나, 많은 조직은 내부의 소수 인종을 위한 포용적인 문화를 조성하는 데 얼마나 준비가 부족한지를 여실히 깨달아야만 했다.

현실은 정말로 당혹스럽다. 단순히 개인적인 경험 때문에 하는 말이 아니다. 이렇게 말하는 데 자신감도 있다. 다수파에 속하지 않는 직원과 대화를 해보면, 그중 대다수는 직장에서 무시당하거나 소외된 기분이 들었던 순간을 나열할 수 있을 정도다. 실제로 한 연구 결과에서 소수 정체성을 지닌 직원 중 3분의 1 이상이 다른 직원들과 가깝다는 기분이 거의 들지 않는다고 대답했다. 또 다른 45퍼센트는 직장에서 신경 쓰이는 문제가 있을 때 이를 대처하는 데 필요한 지원을 거의 받지 못하거나 전혀 받지 못한다고 생각한다는 답을 내놓았다. 그리고 20퍼센트는 직장에서 스스로 '쓸모 있는 존재처럼 느껴지지 않는다.' '직장에서 문제를 잘 처리할 수 없다.'라고 대답했다.[9]

일상적인 포용은 그 자체로 큰 선물이며, 누구나 나름의 기여를 할 수 있다는 믿음을 준다. 영화 〈메리 포핀스〉에서 주인공이 새로운 방으로 이사하는 장면이 있다. 그는 가방을 열어 모자걸이, 벽 거울, 식물, 바닥용 램프까지 끄집어내기 시작한다. 새로운 방에는 없는 유용한 물건들이다. 이는 두뇌에 대한 꽤 적절한 비유다. 작은 두뇌 안에 무궁무진한 정보와 통찰력이 담겨 있다는 사실을 믿기 어려울 때가 많다. 하지만 우리의 두뇌 속에는 예상치 못한 다양한 아이디어가 가득 들어 있다. 그리고 이것이 문제를 해결하기 위해 우리가 구성원들에게 요구하는 접근 방식이기도 하다. 어떤 경험이든, 전략이든, 요령이든 도움이 될 만한 것이 있다면 테이블 위에 전부 꺼내놓자. 우리는 그것을 보고 싶다. 그리고 이는 문제 해결의 실마리를 얻기 위해 꼭 필요하다.

물론 테이블 위에 모든 것을 쏟아내면 위험한 점도 있다. 어떤 물건(ADHD용 약, 던전 앤 드래곤 보드게임, 코란 사본, 아내의 사진과 아내가 아끼던 크고 작은 물건, 아내의 정체성 등)이든 쏟아질 수 있다.

사람들은 자신의 생각을 자유롭게 나눌 수 있는 환경에 있으면 자신의 본모습을 보여줄 수 있다. 반대로 자신의 생각이 무시당하거나 조롱받을 수 있는 환경에 있다면 생각을 자유롭게 밝히지 못하고 주저할 것이다. 그러면 사람들은 해결책과 혁신을 위해 자신의 가방을 비우는 대신, 공개해도 좋은 제안인지를 따져가며 일부만 내놓을 것이다. 조직에 기여하기 싫어서 이러는 것이 아니다. 다만 아직 무엇이든 공유할 수 있는 환경인지 확실하지 않기 때문에 남과 다른 면을 보이지 않도록 조심스러울 뿐이다. 진정으로 팀원들과 잘 맞는지 확신이 들지 않아 이런저런 생각을 하는 것이다.

'적합성'을 새롭게 정의하자

집단은 '잘 맞느냐'의 여부에 집착한다. 이 사람은 우리와 잘 맞을까? 이 사람은 적정한가? 이 사람은 정말로 우리 팀의 일원인가? 이 사람은 우리가 하는 방식에 맞춰나갈까? 하지만 진정한 팀이라면 적합한지 아닌지 별로 상관하지 않는다. 적어도 우리가 흔히 듣는 적합성에 대해서는 그렇다. 가치, 헌신, 기술적 능력에 초점을 맞추지, 피상적인 적합성 기준에 초점을 맞추진 않는다.

안타깝게도 '적합성'에 대한 비정상적인 정의는 조직에서 너무나 흔하다. '적합한 사람'이라는 개념은 채용에서부터 유지, 승진에 이르기까지 모든 단계에서 포용성을 저해하며, 조직이 추구할 고객의 범위에서도 다양성을 해칠 수 있다. 적합성을 기준으로 '우리와 비슷한 사람'들을 선별하는 것은 직원들에게 매우 위험한 메시지를 보낸다. 즉, 차이가 존재한다는 사실을 고려하지 않거나 다른 부류의 사람과 상호작용할 필요가 없다고 느끼는 사람들에게 다음과 같이 말하는 것과 같다.

겁내지 마세요. 우리는 여러분이 탄 배를 흔들지 않을 것입니다. 여러분은 습관처럼 지닌 마음가짐, 언어, 행동에 갑자기 신경을 쓰느라 에너지를 쓰고 싶지 않을 것입니다. 우리는 여러분에게 강요하지 않을 것입니다.

무늬만 전통주의자인 사람에게는 이렇게 말한다.

나름 그럴듯한 변명, 잘 들었습니다. 우리도 어느 정도 동의합니다. 현상 유지란 개인이 계속 편안한 상태로 있는 것입니다. 이는 개인이나 팀이 높은 성과를 달성하려는 의욕과는 완전히 반대되지만, 우리는 여러분의 편안함을 위협하지는 않을 것입니다.

평범하면서 안정적인 중간급의 다수에게는 다음과 같이 말한다.

늘 그렇듯이 잘하고 있습니다. 여러분은 확실히 만족감을 느끼고 있습니다. 우리의 정책, 절차, 약점을 잘 이해하고 있어서 큰 문제를 일으키지 않고도 최소한의 일을 해낼 수 있습니다. 이는 우리에게도 효과가 있습니다. 적합한 기준에 맞추려고 노력하면 여러분 다수를 지금 그대로 유지할 수 있기 때문입니다. 정말 잘했습니다. 지금처럼 계속해주세요.

끝으로 포용성 기술이 부족하고 포용성 교육을 제대로 받지 못한 관리자들에게는 다음과 같이 말한다.

포용성 기술과 훈련이 여전히 부족합니다. 몇 가지 다양성과 포용성에 관한 규정을 지킬 수 있도록 도움을 드리겠으나, 실제로 리더십 교육은 수익률이 낮은 투자입니다. 그런데 왜 이런 교육이 필요하냐고요? 여러분이 정한 적합성의 기준에 맞지 않는 사람에게는 여러분의 기술을 시험해보지 않으려고요!

조직의 비정상적인 적합성 기준으로 이익을 얻는 수혜자들도 있지만, 다양성이나 포용성과는 양립할 수 없으며, 두 가지 심각한 방식으로 인재풀을 축소시키게 된다.

첫째, 면접 과정에서 적합성 기준에 맞지 않는 사람들이 탈락한다. 둘째, 스스로 채용되는 것을 거부하는 사람들이 생겨난다. 실제로는 재능 있는 인재들이고 직무 설명을 들으면서 행간의 의미를 파악할 정도로 똑똑하지만 이를 드러내지 않는 것이다. 요즘은 비즈니스 소셜 플랫폼인 링크드인 Linked in 등을 통해 다른 직원들이 소속 회사를 실제로 어떻게 생각하는지 확인할 수 있다. 이러한 평가를 본 이들은 해당 회사에 지원하지 않기도 한다.

'적합성'이란 것을 새롭게 정의하는 것이야말로 일상적인 포용과 자발적 공개가 자리 잡는 문화를 만드는 첫걸음이다. 가치, 윤리적 기준, 공동 목표 및 전략적 목표가 중시되어야 가장 충실하고 숙련된 인재들이 개선된 공간을 만들어줄 것이다. 개선된 공간에서는 서로 솔직하게 아이디어를 교환하면서 나타나는 마찰이나, 조직이 진화하는 과정에서 나타나는 불편함이 자연스럽게 받아들여질 것이다. 이렇게 되면 리더들은 다양성을 통해 발전하고 성공하도록 독려할 수 있게 된다. 그리고 일을 할 때 특정 사람들에게 부당하게 편견을 갖지 않아야 한다는 점이 전제 조건이 될 것이다. 성과를 내는 스타일이 아니라 구체적인 결과로 나타나는 성과가 중시될 것이다. 이것이 바로 우리가 노력해야 할 바람직한 '적합성'의 새로운 정의다.

그러나 대부분의 직장에서 '적합하다'는 말은 여전히 '나와 비슷한 사람' 혹은 '편안함을 느낄 수 있는 사람'이라는 뜻이다. 이처럼 무난한 것이 중시되는 환경에서 무난한 기준에서 벗어나는 사람들은 불이익을 받지 않고자 남들과 다른 점을 드러내지 않으려고 노력할 것이다. 이러한 환경에서는 개성이 발휘될 수 없다. 얼핏 별것 아닌 것 같지만 그렇지 않다. 한 사람의 인재가 발휘할 수 있는 잠재력이 충분히 살아나지 못하는 것이다. 이러한 환경에 있으면 사람들은 자신의 외모, 생각, 감정, 언어를 부자연스럽고 불필요한 방식으로 자체 검열하게 된다. 마치 치수가 너무 작은 옷을 입은 것처럼 매 순간을 불편하게 보내는 것이다. 이렇게 숨 막히는 기분으로 일이 제대로 될 리가 없다.

불편한 옷을 입고 있다가 벗었을 때 하루의 피로가 풀리듯 편해지는 기분을 상상해보자. 그것이 일상적인 포용이 제공하는 안도감이다. 피상적인 제약에 방해받지 않고 일에 몰두할 수 있는 기회, 안전하면서도 도전적으로 감정을 드러낼 수 있는 공간, 자기다움을 누르지 않으며 거리낌 없이 일에 기여할 수 있는 자유…. 각 개인의 모든 것을 환영함으로써 포용적인 환경은 올바른 팀워크를 장려하고 혁신을 육성하게 된다.

일상적인 포용이 조직에 미치는 긍정적 영향

우연일지 모르겠으나 1999~2001년 사이에 올랜도 매직 팀에서 보낸 세월은 개인적으로나 팀의 관점에서 가장 생산적이었다. 글렌 닥 리버스Glenn Doc Rivers는 포용성이 뛰어났고, 시대를 앞서간 NBA 감독이었다. 그는 선수들이 개성을 발휘할 수 있는 조직 문화를 만들었고, 우리 모두 이를 받아들였다. 당시 나는 시와 공상 과학 영화를 좋아했고, 박사 학위를 따기 위해 쉬는 시간이 되면 늘 책을 읽고 글을 쓰는 희한한 영국인이었다. 물 밖으로 나온 물고기처럼 말이다. 그러나 독특한 나만의 개성과 학문에 대한 욕망이 나에게 불리하게 작용한 적은 없었다. 오히려 포용을 받았다.

나는 소속 선수로서 우리 팀의 비전에 헌신하겠다고 맹세했다. 경기장에서, 체력 단련실에서, 비디오 분석 때도 맹세한 대로 했다. 덕분에 코치들과 팀원들은 나를 있는 그대로 받아들였다. 우리 모두 서로에게 그렇게 했다. 팀에서 나는 남다른 괴짜 프로 선수였을지도 모르지만, 우리 팀 자체가 개성 넘치고 복잡한 성격의 캐릭터들로 가득했다.

경기장 이외의 공간에서도 나를 있는 그대로 존중해주는 동료 선수들 덕분에 농구 기량이 더 좋아졌다. 편견과 싸우거나 다수 구성원에게 '맞추기' 위해 쓸데없는 에너지를 낭비할 필요가 없었기 때문이다. 남들이 나에 대해 무슨 말을 하든 별다른 관심이 없었다. 어느 날 뒤통수를 맞을까 봐 두려워할 필요도 없었다. 오직 농구에 집중하면서 내가 할 일을 했다. 같은 팀 선수들이 나의 남다른 말투와 특이한 관심사를 있는 그대로 받아들여주니, 나의 또 다른 모습도 받아들여질 것이라고 굳게 믿을 수 있었다.

그래서 결국 나는 같은 팀 선수들에게 동성애자임을 고백했다. 그러나 별로 큰 문제는 아니었다. 사람들은 흔히 '커밍아웃'을 오해

한다. 극히 일부의 성소수자만 커밍아웃을 하고, 그 사실이 다음 날 온 세상에 공개되는 것이 아니다. 커밍아웃은 신뢰의 점진적인 확장이며, 반복해서 이루어지는 공개다. 나는 10년 전 첫 책을 출간하면서 커밍아웃을 했고, 수백 명의 사람이 그 책을 샀다. 그 책은 화제가 되어 많은 사람이 읽었으나 이미 오래전의 일이다. 살면서 계속 새로운 사람들을 만난다. 이렇게 내 인생에 새로 들어온 사람들은 나의 이야기를 알지 못할 때가 많다. 이것이 내가 여전히 커밍아웃을 하는 이유다. 물론 상대방을 믿을 수 있을 때만 할 수 있는 일이다.

내가 동료 선수들에게 커밍아웃을 한 것은 1만 미터 상공에서였다. 평소와 마찬가지로 동료 선수들과 함께 비행 중이었고, 좌석에 앉아 노트북으로 학교 과제에 열중하다가 고개를 들어보니 동료 선수들이 자리를 비웠다는 것을 알게 되었다. 동료 선수들은 전부 비행기 맨 앞에 옹기종기 모여 수다를 떨었다. 나는 애써 모른 척했다. 그들이 내가 없을 때 이야기를 하든 말든 관심 없는 척했다.

그런데 잠시 후 베테랑 동료 선수 한 명이 중앙 통로를 따라 어슬렁거리다가 내가 앉아 있는 좌석 쪽에 멈춰 섰다. 그가 말했다.

"너는 여자 이야기를 많이 안 하네."

나는 고개를 들어 미소를 지으며 대답했다.

"그렇긴 하지."

그러자 그는 "멋지네. 그냥 확인하고 싶었어."라고 말했다. 그것이 다였다. 그는 게이였다. 확실했다.

그는 다시 동료 선수들이 있는 곳으로 가서 상황을 전하는 듯했다. 이러쿵저러쿵 반응이 많지는 않았다. 그 후 우리는 모두 아무렇지 않게 각자 할 일에 몰두했다. 하지만 그 순간은 나에게 나름 묵직하고 의미 있는 전환점이 되었는데, 그 과정은 놀랍도록 간단했다. 시간이 지나면서 남과 다른 나의 개성을 동료 선수들과 공유하는 것이 점점 편안해졌다. 동료들에게 나를 솔직하게 보여주었을 때마다 괜히 털어놓았다고 후회한 적이 없었기 때문에 가능한 일이었다. 그래서 가장 민감한 부분을 공유할 때도 깊이 생각하지 않고 편안하게 할 수 있었다.

꽉 끼던 옷이 풀리면서 결국 완전히 벗겨질 때 느끼는 안도감과 기쁨은 얼마나 큰가! 허심탄회하게 이야기할 수 있는 포용적인 문화가 일상이 되면 얻을 수 있는 보상이 매우 많다. 그러나 이러한 포용적인 문화에 반대하는 사람도 만만치 않게 많다. 바로 진보와 혁신을 막는 획일적인 문화에서 오히려 이득을 보는 사람들이다. 이런 사람들에게는 오히려 평등과 포용이 답답한 억압처럼 느껴질 수 있다. 이들의 힘을 과소평가하면 안 되지만, 그렇다고 이들의 영향력 앞에 주눅 들 필요도 없다.

만약 리더로서 여러분의 직장에 일상적인 포용이 자리 잡게 만들겠다는 약속을 지킬 수 있다면, 분명히 이전과 다른 상황을 보게 될 것이다. 물론 쉽지만은 않을 것이다. 이를 반대하는 사람들은 약속에 따른 변화를 목격해도 여러분의 노력이 그저 정치적인 올바름을 보여주기 위한 가식이라고 폄하할 것이다. 이런 사람들의 헛소리에 휘둘리지 말자. 사실 이들이 보게 될 것은 진정한 능력주의의 시작이다. 이들에게는 위협이겠으나 다른 모든 사람에게는 기회이자 선물이다.

The Promises of Giants

약속한다,
사람들이 절대로 떠나고 싶지 않은
환경을 만들겠다고

올랜도 매직 팀에 대해 생각할 때면 고성과 팀이 가진 특별한 특성이 떠오른다. 뭐라고 딱 부러지게 정의하기 힘든 무형의 자질이었다. 간단히 말해, 단 한 번도 떠나고 싶다는 생각을 한 적이 없는 팀이었다.

경영진, 코치, 동료 선수들, 지원 요원들이 합심해서 팀을 성공으로 이끌어갔다. 신뢰. 투명성. 개성 존중. 심리적 안전. 명확하고 일관된 커뮤니케이션. 그 효과는 대단했다. 편안하고 잠재력을 발휘할 수 있는 환경이 만들어진 것이다. 즐거웠던 환경이자 다른 곳에 갈 생각이 들지 않을 정도로 마음에 든 환경이었다.

2000년에 좋은 기회가 생겨 올랜도 매직 팀을 떠날 수도 있었다. 누군가는 그때 더 좋은 기회를 찾아 팀을 떠났어야 했다고 말할지도 모른다. 당시 나는 자유 계약 선수였다. 그런 나에게 로스앤젤레스 레이커스 팀은 올랜도 팀보다 더 많은 연봉을 주겠다며 계약을 제안했다. 그 제안을 받아들이면 새롭게 잠재력을 발휘할 수 있는 팀에서 경기를 하면서 선수로서 더 발전할 수 있을지도 몰랐다. 이는 훗날 래리 버디Larry Bird나 매직 존슨Magic Johnson처럼 명예의 전당에 오르게 될 샤킬 오닐Shaquille O'neal, 코비 브라이언트Kobe Bryant와 함께 경기를 뛸 기회를 의미했다.

레이커스 팀은 재정적인 안정과 선수로서 성장할 수 있는 경기 기회를 약속했다. 하지만 레이커스 팀으로 가면 그동안 올랜도 팀에서 누린 귀한 것을 포기해야 했다. 나는 팀에 충실했지만, 진정한 의미의 팀을 만나는 일이 얼마나 드문 일인지 알 만큼 오래 몸담고 있었다. 그런 팀을 어떻게 놓아줄 수 있겠는가? 어떻게 올랜도 팀을 포기할 수 있겠는가?

NBA에서 진정한 팀에 있는지 아닌지 알 수 있는 방법이 하나 있다. 팀이 성공과 실패에 어떻게 반응하는지 보면 된다. 다른 직장에서도 마찬가지다. 하지만 2만 명의 팬들이 지켜보는 농구 경기야말로 이 같은 방법을 확실히 확인할 수 있는 곳이다. 진정한 팀이라면 단순한 슛이든 어려운 슛이든 득점을 한 선수는 자신에게 패스한 팀 동료를 가리킨다. 지목을 받은 동료는 자신에게 패스할 기회를 만들어준 다른 동료를 가리킬 가능성이 크다. 수비 진영으로 돌아올 때쯤이면 다섯 명의 선수가 모두 주먹 인사를 하고 엉덩이를 두드리며 격려할 것이다. 점수를 낸 선수는 관중의 존경과 찬사를 받으면 이를 동료 선수들과 나눈다. 팀 안에서 공개적으로 성공을 공유하는 셈이다. 이를 보는 사람들은 농구를 팀의 노력으로 만들어가는 것이라고 생각하게 된다. 설령 팀 전체가 아니라 뛰어난 선수 한 명이 승리를 이끈 것이라 해도 말이다.

우연히 같은 유니폼을 입는 것에 불과한 엘리트 선수들의 집합에서는 이런 모습을 보기 어렵다. 그런 집합에서 한 선수가 슛을 성공한다면, 그는 관중을 향해 몸을 돌리고 마치 태양광 패널이 햇빛을 흡수하듯 박수갈채를 빨아들일 것이다. 혼자서 성취의 영예를 차지할 뿐, 다른 동료 선수들의 기여는 인정하지 않는다. 한편 다른 동료 선수가 슛을 놓치거나 수비를 제대로 못하면 그 선수를 비난한다. 공개적으로 실패를 나누는 것이다. 눈을 굴리기도 하고 얼굴을 찡그리거나 찌푸리고 팔을 심하게 흔들기도 한다. "왜 저쪽으로 방향을 튼 거야? 왜 내 가슴 쪽이 아니라 무릎 쪽에 공을 패스했어? 왜 수비할 때 더 빨리 회전하지 않았어?" 여기서 팬들에게 보내는 메시지는 이것이다.

'내 탓도 있지만 다른 선수들 탓도 있어.'

진정한 팀에서 뛸 때는 슛, 수비, 패스가 어긋날 때 모든 선수가 책임을 나눈다. 진짜 실수를 한 선수 본인이 자신의 가슴을 쓰다듬으며 자기 탓이라는 신호를 보낼지도 모른다. 하지만 동료 선수가 그를 뿌리치고 "아니, 내 탓이야, 내 탓!"이라고 말하는 것을 보게 될 것이다. 선수 한 명의 실수일 수도 있고, 아닐 수도 있다. 하지만 팀에서는, 적어도 공개적으로는 그게 중요하지 않다. 왜냐하면 팀은 단순한 집합이 알지 못하는 것을 알고 있기 때문이다. 전체적으로 따져볼 때 선수 한 명이 모든 책임을 떠안게 되면 팀은 제 기능을 할 수 없다. 한 사람이 공개적으로 감당하기에는 실수의 무게가 너무 무거울 수 있다. 이러한 분위기에서는 개인이 책임의 무게를 견디기 힘들 것이다. 그래서 팀 전체가 그 무게를 짊어질 때 비로소 한 팀이라는 것을 알게 된다.

이것이 바로 내가 올랜드 매직 팀과 함께 즐겼던 종류의 지지였다. 나는 '즐겼다'라는 표현을 의도적으로 사용한다. 아무리 재능 있는 개인들이 모인 집단이라도 진정한 팀보다 뛰어날 수는 없다. 진정한 팀은 서로 함께하는 것을 즐길 것이다! 엘리트 개인들의 집합이 아니라 진정한 팀의 일원이 되는 순수한 기쁨은 그 무엇으로도 대체할 수 없다. 함께 힘든 시간을 보낼 때 그것은 놀라움이 되고, 함께 승리할 때 그것은 초월적인 경험이 된다.

사람은 관심과 존중을 받는 곳에 머무르고 싶어 한다

마지막으로 하는 약속은 사람들이 절대 떠나고 싶지 않은 환경을 만들겠다는 것이다. 사람들은 자신이 관심을 받고 목소리를 내며 존중받는 곳을 찾으면 떠나고 싶어 하지 않는다. 건설적인 피드백을 받으며 실패하더라도 버려지지 않는 곳, 결코 혼자가 아니며 소속되기 위해 억지로 '적합성'이라는 기준에 맞추지 않아도 되는 곳이 바로 떠나고 싶지 않은 환경이다. 지금까지 다룬 포용성, 신뢰, 심리적 안전, 관심이라는 재료를 건강한 양의 기쁨과 섞으면 먹을수록 중독되는 강력한 결과물이 탄생한다. 사람들은 이것이 얼마나 소중하고 귀한지 알기에 반응을 보일 것이다.

이와 관련해 처음으로 경험한 인상적인 맛이 기억난다. 이는 전혀 모르는 사람과의 우연한 만남으로 시작되었다. 10대 시절, 나는 스톡포트에 있는 우리 집에서 맨체스터에 있는 도서관까지 버스를 타고 가곤 했다. 책을 빌린 후에는 영국의 식당 체인점인 그렉스에 들르곤 했다. 그레이비소스(육즙과 밀가루를 섞어 만든 소스 – 옮긴이)와 소고기로 가득 찬 파이 '스테이크 베이크'를 파는 곳이었다. 스테이크 베이크는 꽤 맛있지만 몸에 좋은 음식은 아니었고, 한꺼번에 많이 들고 먹을 수 있는 메뉴도 아니었다. 하지만 열일곱 살 때 내 손은 이미 매우 커서 각 손가락 사이에 스테이크 베이크를 끼울 수 있을 정도였다. 그렇게 한 손에는 책을 들고 다른 한 손에는 서너 개의 스테이크 베이크를 들고 집으로 가는 버스를 탔다.

그날도 양손에 책과 스테이크 베이크를 가득 들고 버스를 타러 걸어가고 있었다. 그때쯤 나는 빠르게 걸으며 주변의 조롱이나 두려워하는 반응을 피하고자 했다. 세상을 픽셀화하여 A 지점에서 B 지점으로 가는 동안 내가 괴짜라는 사실을 상기하지 않기 위해서였다. 그런데 이날, 어느 나이 든 남자가 다가와 길 가던 나를 막아섰다. 나는 이 남자가 위쪽 날씨를 물으며 큰 키를 놀리거나, 다른 듣기 싫은 농담을 할 것이라고 생각했다. 그동안 사람들에게 온갖 말도 안 되는 말을 들어왔기 때문이다. 하지만 그는 이런 말을 했다.

"너 농구 아주 잘할 것 같은데."

그의 표현이 인상적이었기에 지금까지도 또렷하게 기억한다. 남자는 "넌 농구 해야겠다."라고 말하지 않았다. 누군가에게 무언가를 해야 한다고 들으면 그 '무엇'이 내가 유일하게 잘하는 것이라고 한정 짓는 것처럼 들린다. 쉰 살이 된 지금도 모르는 사람으로부터 나는 농구를 해야 한다는 말을 들으면 왠지 모욕적으로 들려 기분이 우울해지니 아이러니하다. 하지만 그 남자는 그렇게 말하지 않았다. "농구 해볼래?"라고 말하지도 않았다. 만약 남자가 "농구 해볼래?"라고 말했다면 나는 이렇게 대답했을 것이다.

"아저씨, 저에겐 아직 읽지 않은 책이 다섯 권이나 있고, 집에 가서 마저 먹고 싶은 스테이크 베이크가 두 개나 남아 있어요. 아저씨나 농구 계속하세요, 감사합니다."

대신 그는 나에게 "너 농구 아주 잘할 것 같은데."라고 말했다. 그 말을 듣고 조금 어리둥절했지만 기분이 묘했다. 어머니와 여동생들 이외에 나에게 가치 있는 존재일 수 있다고 말하는 사람은 거의 없었다. 그런데 낯선 남자가 나에게 무엇인가를 잘할 수 있다고 말해주었다. 남자는 나를 괴물이 아니라 잠재력 있는 사람으로 대해주었다.

"잘할 것 같다고요? 좀 더 자세히 말씀해주세요."

남자는 농구에 대해 조금 설명해주었다. 대부분의 영국 사람처럼 나도 농구에 대해서는 들어본 적이 없었다. 남자는 농구에 대한 기본적인 설명을 해주었고, 내 또래의 학생들이 모여서 농구하는 지역 체육관을 알려주었다.

그로부터 일주일 후, 나는 학교에서 남학생들에게 지급해준 럭비 유니폼을 입고 낮은 운동화를 신은 채 그 체육관으로 향했다. 비가 내리고 있었다. 나는 잠시 밖에 서서 유리문을 뚫어지게 바라봤다.

운동화가 끼익거리는 소리, 농구공이 팅기는 소리, 남학생들의 잡담과 웃음소리 등 내가 피해왔던 모든 것을 소리로 들을 수 있었다. 체육관의 문을 밀고 들어가자 마치 《이상한 나라의 앨리스》에 나오는 토끼 굴에 있는 것 같다는 생각이 들었다. 여기는 어디지? 나는 지금 무엇을 하고 있는 걸까?

내가 체육관으로 들어가 모습을 드러내자, 학생들은 하던 농구를 멈췄다. 일제히 나를 돌아보고는 그 자리에서 얼어붙은 듯이 잠시 가만히 있었고, 농구공은 손을 떠나 바닥을 굴러갔다. 순간, 나는 뒤로 돌아 도망쳐야겠다는 생각이 들었다. 왠지 잠시 후에 나를 쫓아낼 것 같았기 때문이다. 그때 한 명이 큰 소리로 말했다.

"넌 우리 팀이야!"

그러자 다른 학생들도 나를 향해 달려오면서 서로에게 큰 소리로 외쳤다.

"아니야, 저 아이는 우리 팀이야!", "우리 팀이 먼저 찍었어!", "우리 팀에 필요해!"

말 그대로 그들은 나를 자기 팀에 끌어들이려고 필사적이었다. 이런 식으로 내가 간절하게 필요한 존재로 대우받다니 신기한 기분이었다. 심장이 터질 것 같았다. 하지만 농구공을 만져본 적이 없기 때문에 동료 선수로서 도움을 줄 수 없을 것 같아 부담이 되었다. 흔히 키만 크면 자동으로 농구를 잘할 것이라고 생각한다. 하지만 YMCA 픽업 게임에서는 키가 큰 쟁쟁한 선수들이 많다. 농구를 할 때 키가 크면 유리하긴 하지만, 기술을 연습하고 개발하기까지는 똑같이 많은 시간이 걸린다. 마침내 내가 들어갈 팀이 정해졌다. 그리고 처음으로 경기를 해보면서 키가 크다고 곧바로 농구를 잘하는 것은 아니라는 사실을 증명했다.

나의 첫 플레이는 한마디로 '쿵'과 '짝'이었다. 한 아이가 나에게 공을 패스했다. 공이 내 가슴에 '쿵' 하고 맞았다. 나는 손동작이 느려 공을 놓치고 대신 허공에서 '짝' 하고 손뼉을 쳐야 했다. 마침내 공을 잡았지만 이 공을 가지고 어떻게 해야 할지 몰랐다. 그래서 공을 매우 높이 들었다. 공을 놓치지 않아 의기양양해하면서 그 자리에 서 있었다. 슛! 슛! 동료 선수들은 공을 넣는 골대 쪽을 가리켰다. 하지만 나는 잘 알아듣지 못했다. 동료 선수들도 내가 눈치채지 못했다는 것을 알았다. 슛이 무엇을 뜻하는지 몰랐던 것이다.

"공을 저 위로 던져. 골대 안에!"

그다음에 일어난 일은 마법과도 같았다. 나는 골대 쪽으로 방향을 틀어서 공을 날렸다. 시간의 흐름이 멈춘 것 같았다. 공중에서 공은 회전을 거듭하다가 골대를 지나고 백보드를 넘어 코트 밖으로 날아갔다. 마법 같은 순간은 한 소년이 공을 주워 와 팀원들에게 웃으며 말했을 때였다.

"와! 처음 시도한 슛인데 겨우 1미터밖에 안 빗나갔어."

지금은 캐럴 드웩Carol Dweck의 연구 덕분에 이러한 반응이 '성장형 사고방식'을 반영하고 있다는 것을 알고 있다. 훈련과 노력을 통해 더 크게 발전할 수 있는 잠재력에 대한 인식을 가리켜 성장형 사고방식이라 한다. 하지만 당시 나에게는 그들의 반응이 그냥 친절을 베푸는 것처럼 느껴졌다. 내가 실수했을 때도 학생들은 내가 계속 노력하기를 바랐다. 내가 경기에 함께 더 많이 참여하는 것이 중요하지, 실수하는 것은 개의치 않는 것 같았다. 그런 그들의 눈을 볼 때마다 나의 잠재력이 되살아나는 기분이었다. 이곳에는 두려움이나 비웃음이 없었다. 꼽추 콰지모도는 보이지 않았다. 내가 성공하는 것을 보고 싶어 하는 사람들이 보였다. 나처럼 되고 싶어 하는 사람들을 봤다. 이런 풍경이 너무 낯설었지만 영광스럽게 느껴지기도 했다!

나는 이 같은 포용력과 응원에 힘입어 농구의 길을 가게 되었다. 훗날 스포츠가 제공하는 교육의 기회와 그 교육을 통해 얻을 수 있는 행운을 알게 되었다. 그러나 뭐니 뭐니 해도 그 당시에 처음으로 농구를 하면서 느낀 소속감이 마음에 불을 지폈다.

경기가 끝난 후 우리는 신발을 벗고 체육관 바닥에 앉아 웃으며 서로에 대해 알아갔다. 몇몇 학생이 세계 최고의 농구 선수들이 경쟁하는 NBA 이야기를 하기 시작했다. 이야기를 들으면서 이런저런 상상을 했다. 이미 NBA에 앉아 있는 것 같은 느낌이 들었다. 그 느낌을 절대 잃고 싶지 않았다. 지저분하고 냄새나는 체육관에서 뛰는 것과 NBA에서 경기를 하는 것은 느낌이 어떻게 다를까? 알아보고 싶었다. 그래서 첫 번째 슛을 기록하고 한 시간도 채 지나지 않아 나는 새로운 친구들에게 NBA에서 뛸 것이라고 말했다. 그들 중 누구도 의심하지 않았다. 아무도 내가 미쳤다고 생각하지 않았다. 오히려 새 친구들은 "그래, 그렇게 해야 해. 해보자!"라고 했다. 그들이 보내주는 열정에 나는 넋을 잃었다. "해보자!" 그들이 말했다! 그들은 내 여정에 동참하고 싶어 했다. 내 성공에 기여하고 싶어 했다!

그때 느낀 감정이 끝나지 않기를 바랐다. 그곳을 떠나고 싶지 않았다. 할 수만 있다면 영원히 양말을 신은 채로 체육관 바닥에 앉아 있었을 것이다. 원래 책, 파이, 누운 자세를 좋아했던 나였다. 하지만 새롭게 알게 된 농구의 세계에서는 채소로 이루어진 식단과 땀과 근력 운동이 필요했다. 그동안 어떻게든 피했던 것들이었다. 하지만 이제는 나도 바뀌어야 했다. 그때 느낀 감정을 붙잡기 위해 최선을 다해야 했기 때문이다.

이것이 포용력의 힘이다. 스톡포트 출신의 통통한 아이에게 평소 관심 없고 지루하게 생각했던 스포츠에서 세계 최고가 되고 싶다는 영감을 준 것이 포용력의 힘이다. 정말 놀라운 힘이다. 최종 목표는 그리 중요하지 않다. 사람마다 흥미와 성격에 따라 최종 목표가 다를 수 있다. 자신을 가치 있게 존중해주고 정신적으로 힘을 주는 사람들에게 둘러싸여 있으면, 우리는 가장 지루한 작업도 높은 수준으로 해낼 것이다. 사람들이 우연히 경력을 찾는 것은 꽤 흔한 일이다. 어쩌면 어렸을 때는 존재조차 몰랐을 분야에 우연히 진출하게 된다. 다행히 곁에서 응원해주고 도전 의식을 심어주는 사람들과 연결될 수 있는 환경, 즉 자율성을 즐기면서도 고립되어 있지 않다는 느낌을 받을 수 있는 환경을 찾을 수 있다면, 지루하거나 단조롭게 느껴지는 작업은 없을 것이다. 심지어 선반에 물건을 쌓아두거나, 데이터를 입력하거나, 구멍 안에 공을 던지는 작업을 하면서도 즐거움을 찾을 수 있을 것이다. 목적지는 부수적이다. 여러분은 그저 이 소중한 사람들과 여정을 계속하고 싶을 뿐이다.

떠나고 싶지 않은 곳에서 일할 때 더 성과가 좋다

이러한 환경은 신성하고 중독성이 강하다. 동시에 이러한 이유로 약간 위험할 수도 있다. 농구 경력을 이어가면서 처음 느꼈던 순수한 기쁨과 포용력을 떠올리기 위해 애썼지만, 그 결과가 마냥 좋지만은 않았다. 처음 농구를 배우면서 느꼈던 감정을 끊임없이 추구하는 중독자 같았다. 다행히 내 곁에는 잘 잡아주는 가족과 코치들이 있었다. 이들이 없었다면 나는 중독성 있는 감정을 더 강하게 느끼고 유지하기 위해 극단적인 일을 저질렀을지도 모른다. 체육관에서 시간을 더 보내기 위해 수업을 빼먹거나, 경기 실력을 높이기 위해 약물에 손을 댔을 수도 있다. 더 높은 보수와 개인적인 이익을 주는 다른 팀의 제안을 거절했을지도 모른다(잠깐, 이미 그런 적이 있다!).

사람들이 절대 떠나고 싶지 않은 환경을 만들겠다고 약속하자. 야심 찬 생각이지만 충분히 실현 가능하다. 사람들은 누군가가 이끌어주기를 원한다. 거대한 손이 붙잡아주기를 바란다. 사람들은 거인의 그림자가 제공하는 따뜻한 보호막과 안전한 항구를 원한다. 그리고 우리는 각자 어떤 식으로든 다른 사람들에게 거인의 그림자를 제공할 수 있다.

주변에 여러분의 가치를 알아주는 사람들이 있으면 무엇인가를 초월하는 기분이 든다. 친근감을 쌓으려고 하는 사람들. 우리를 이끌고 진정으로 잘되기를 바라며 관심을 갖는 사람들. 이런 사람들이 있다면 떠나고 싶다는 생각이 절대로 들지 않는다. 우리를 편리하게 쓸 기계처럼 보는 사람들보다는 우리를 진심으로 대하는 사람들 사이에 있을 때 더 열심히 일하게 된다. 인간이라면 당연히 그렇고, 앞으로도 그럴 것이다.

1940년 찰리 채플린Charles Chaplin은 정치 풍자 영화 〈위대한 독재자〉를 발표했다. 이 영화에서 채플린은 놀랄 만큼 얼굴이 닮은 두 주인공을 연기했다. 가난한 유대인 이발사와 아돌프 히틀러Adolf Hitler 같은 독재자였다. 〈위대한 독재자〉는 채플린이 처음으로 만든 유성 영화로, 유성 영화 기법을 통해 열정적인 메시지를 전달했다. 단순하지만 심오함을 간직한 메시지였다. 이 메시지는 영화가 끝날 때 나온다. 코미디 장르에 맞게 이발사가 독재자로 오해받아 수많은 군중을 상대로 연설하는 장면이 있다. 이발사는 처음에 긴장한 채로 연단에 오른다. 그러나 이내 용기를 내어 독재자 역할에 충실하기 시작한다. 대신 연설의 내용은 달라졌다. 이발사는 그동안의 폭정을 비난하며 독재자의 마음이 바뀌었음을 알린다.

> 사람들을 지배하거나 정복하고 싶지 않습니다. 가능하다면 모든 사람을 돕고 싶습니다. 우리는 모두 서로 돕고 싶어 합니다. 인간이란 그런 존재입니다. 우리는 서로의 불행이 아니라, 서로의 행복에 기대어 살고 싶어 합니다. 우리는 서로를 미워하고 경멸하고 싶어 하지 않습니다. 이 세상에는 모든 사람을 위한 공간이 있습니다. 광대한 대지는 우리 모두에게 풍요로움을 제공할 수 있습니다. 이렇게 살면 자유롭고 아름다울 수 있으나 우리는 그 길을 잃었습니다.[1]

서로 돕는 것이야말로 인간의 본성이다. 모두를 위한 공간이 있지만 우리는 그 길을 잃었다.

탐욕은 인간의 영혼을 타락시켰고, 세상을 증오의 장벽으로 가로막

앗으며, 우리를 불행과 유혈 사태로 몰아넣었습니다. 우리는 급속도로 발전했지만, 스스로를 그 안에 가두어버렸습니다. 우리에게 풍족함을 안겨다준 기계들로 인해 우리는 오히려 궁핍해졌습니다. 지식은 우리를 냉소적으로 만들었고, 영리함은 우리를 매정하고 불친절하게 만들었습니다. 생각은 너무 많이 하면서 정작 느끼는 것은 거의 없습니다. 기계보다는 인간성이 필요하고, 영리함보다는 친절과 관대함이 필요합니다.[2]

인간성에 대한 깊고 진실한 이해는 꼭 필요하다. 1940년에도 꼭 필요했고, 2040년에도 꼭 필요할 것이다. 인간성에 대한 깊고 진실한 이해가 없다면 우리가 말하는 환경을 만들 수 없다. 그리고 기억하자. 단지 사람들이 기분 좋으라고 떠나고 싶지 않은 환경을 만드는 것이 아니다. 떠나고 싶지 않은 환경에 있을 때 사람들이 가장 성공적인 결과를 이룬다는 사실이 증명되었기 때문이다. 이러한 현실은 앞으로도 달라지지 않을 것이다.

많은 것이 바뀔 것이다. 실제로 많은 것이 변하고 있다. 앞으로 몇 년 안에 주요 도심에 수천 명의 직원으로 채워진 거대한 빌딩으로 상징되는 회사는 점점 필요 없어질 것이다. 반대로 임시직으로 일하는 사람과 프로젝트에 따라 일하는 사람이 더 많아질 것이다. 임시직 근로자, 재택근무자, 고객이나 프로젝트에 따라 근무 장소가 달라지는 디지털 유목민이 늘어날 것이다. 이러한 변화로 다양한 직업군에서 원하는 인재들의 자격과 이력도 바뀔 것이다. 맥킨지에 따르면 전 세계적으로 최대 3억 7500만 명의 사람이 지속 가능한 일자리를 찾기 위해 현재의 업종이나 역할에서 벗어나게 될 것이라고 한다. 이에 따라 급여, 복리 후생의 성격과 구성, 조직의 구성도 급격하게 변화할 것이다.[3]

그래서 사람들은 일할 곳을 결정할 때 편하게 느낄 수 있는 환경인지를 중시할 것이다. 이 회사에서 일할 때 상사와 동료들이 나에게 어떤 느낌을 주는가? 이것이 중요한 요소가 된다.

다시 말하지만, 이것은 '눈송이 같은 나약함'이 받아들여지는 편안함을 이야기하는 것이 아니다. 우리 모두 앞으로도 열심히 일하겠지만, 그 공간에 진정한 동료애와 팀워크가 있느냐에 관한 것이다. 진정한 동료애와 팀워크가 있는 곳에서 일해야 어려운 과제가 생겨도 함께 힘을 합해 이겨낼 수 있다. 어쩌면 모든 상호작용이 컴퓨터 화면을 통해 이루어져도 인간관계와 팀워크가 중요할지 궁금할지도 모르겠다.

그렇다. 여전히 중요하다.

어떤 분야에서든 일터에서의 인간관계는 중요하다. 예를 들어 병원에서 의사들은 원격 기술을 사용해 진료를 할 수 있다. 인터넷 연결과 가상현실 고글을 통해 특정 병원에 있지 않아도 로봇, 임상의, 환자와 접촉할 수 있을 것이다. 따라서 어느 병원에서 일할지는 지리적 기준이 아니라 함께 일할 사람이 누구인지에 따라 결정될 것이다. 즉 어떤 외과의사 그룹이 있는 병원이 가장 수익성이 높으면서 동시에 가장 즐겁게 일할 수 있는 곳인지, 정신적으로 피곤하지 않고 경험을 소중하게 대우받을 수 있는 곳인지가 중요해진다.

함께 일하는 사람들과 물리적으로는 점점 더 멀어지고 있으나, 아이러니하게도 인간관계 기술은 훨씬 더 중요해지고 있다. 진실하고 인간적인 리더십의 중요성은 나날이 높아지고 있으나 이를 실천하는 것은 점점 더 어려워지고 있다. 모든 사람이 커다란 빌딩의 같은 사무실 안에 있을 때는 적어도 한 번은 서로 연결되었다고 느낄수 있었다. 이는 특별히 어려운 일이 아니다. 리더로서 복도나 엘리베이터에서 친절을 베풀 수도 있고, 오후에 점심이나 케이크를 갑자기 쏠 수도 있으며, 퇴근 후 함께 술자리를 가질 수도 있다. 하지만 사람들이 시차가 다른 다양한 나라에 흩어져서 일할 때는 나름의 연결을 만들기 위해서 더 많은 노력을 기울여 일부러 기회를 만들어야 한다.

앞으로 다가올 미래에 대해서는 여전히 많은 것이 불확실하지만, 일의 미래는 틀림없이 인간이 중심일 것이다. 기술, 혁신, 인공지능은 계속해서 놀라울 정도로 발전하겠지만 지속적으로 인간의 세심한 관리가 필요하다. 역할이 바뀌고, 일부 산업 분야는 사라질 것이다. 이미 과거에도 수백 번 있었던 일이다. 하지만 일의 미래는 인간이고, 앞으로도 그럴 것이다.

계단을 청소하며

지금까지 소개한 약속들을 여러분이 지킬 수 있기를 바란다. 그리고 약속들을 이행하기 위해 해야 하는 일은 여러분이 충분히 할 수 있고, 정말로 중요하다는 사실을 알았으면 좋겠다. 약속들을 지켜나가는 일에 전적으로 전념하자. 매일 언행일치하고 행동에 일관성을 보이자. 거인에게는 게으름을 피울 시간이 없다.

글을 마무리하기 전에 마지막으로 어머니에 대한 기억을 이야기하고 싶다. 책에서 어머니의 이야기를 예시로 자주 소개했다. 나에게 어머니란 진정한 변화를 이끄는 리더십을 위해 필요한 일과 책임을 그 누구보다도 잘 이해하는 분이었기 때문이다. 어머니는 평범한 사람이 만드는 특별한 영향력을 높이 평가했다. 또한, 살아가면서 목적이 분명하지만 겸손하고 사심이 없는 리더십을 보여주었다.

어머니는 자신을 내세우는 분이 아니었다. 나이지리아 출신인 아버지가 내전이 벌어지고 있는 조국에서 반군 이그보 전사들을 지원하고 싶어 했기 때문에, 어머니는 임신 전 아버지와 함께 나이지리아로 갔다. 매우 위험한 상황이었으나 어머니는 용감하게 일선에서 의료 서비스를 지원했다. 하지만 정부군이 반란군의 저항을 누르고 식량 보급로를 차단했다. 어머니와 아버지는 나이지리아의 거리로 쫓겨났다. 두 분은 총탄을 피해 살아남기 위해 애썼고, 벌레를 먹으며 배를 채워야 했다. 어머니로부터 이 특별한 에피소드에 대해 직접 들은 적은 없다. 어머니는 이런저런 이야기를 시시콜콜하게 떠드는 스타일이 아니었다. 만약 지금 어머니가 살아 있다면 매일 새벽 5시에 마시는 레몬물이 건강 증진에 효과가 있다고 해도 이에 대해 링크드인에 글을 쓰지는 않았을 것이다. 어머니의 유일한 관심사는 '실천하는 것'이었다.

어머니는 진정한 리더가 되고 싶어 했다. 리더로서 누리는 힘과 지위가 부러워서가 아니라 다른 사람에게 선한 영향을 끼칠 수 있기 때문이다. 어머니는 자신이 알게 모르게 영향을 준 사람들의 성취를 보며, 오히려 자신이 누린 것이 많다고 생각했다. 반면 개인적으로 이룬 성과에는 관심이 없었다.

어머니는 몇 년 동안 암 투병을 했다. 내가 펜실베이니아대학교

4학년 시즌을 뛰는 동안 어머니의 암은 손쓸 수 없이 악화되었다. 만약 기자들이 농구 경기 때문에 아들이 해외에 나가 있어서 더 고통스러운 것이 아니냐는 질문을 했다면, 어머니는 분개하며 그건 어쩔수 없는 상황이라고 대답했을 것이다. 어머니는 자녀들이 목표를 이루고 원하는 삶을 살도록 지원하는 것이 당신이 할 일이라고 생각했다. 어머니는 내가 미국에서 경기를 하는 것이 나의 삶에서 큰 비중을 차지한다는 것을 알고 있었다. 그래서 아픈 당신 때문에 내가 경기를 포기하지 않기를 바랐다. 어머니의 뜻은 단호했다.

어머니는 눈에 띄게 한결같았다. 좋은 시절이든 어려운 시절이든, 누가 보든 안 보든 어머니의 인생관과 다른 사람들에게 품는 존경심은 늘 꾸준했다. 어머니는 우리 형제들에게도 일관적인 태도로 살라고 했다. 아버지는 나와 여동생들이 꽤 어렸을 때 가족 곁을 떠났다. 이후 어머니는 우리가 일어나기도 전에 아침 일찍 일하러 갔다가, 우리가 잠자리에 든 후에 집에 돌아오곤 했다. 당시 어머니는 직급이 낮은 일반 개업의였다. 바쁠 때는 며칠 동안 어머니의 얼굴을 보지 못할 때도 있었다. 어머니는 나와 여동생들에게 살림을 맡겼다. 어머니는 벽에 걸린 화이트보드에 해야 할 집안일 일정을 매주 업데이트해 적어두었다. 설거지, 식사 준비, 쓰레기 치우기 등이었다.

가끔 어머니가 몹시 그리울 때가 있다. 열세 살쯤 되었을 때 잠들지 않고 깨어 있다가 어머니가 오면 꼭 안아드리겠다고 결심했던 적이 있다. 그때는 그것만이 내가 하고 싶은 전부였다. 그날 저녁 여동생들은 저녁을 먹고 할 일을 마친 후 침대로 향했다. 하지만 나는 잠을 자지 않고 버텼다. 어머니를 얼마나 그리워하고 있는지, 어머니를 얼마나 사랑하는지, 우리를 위해 열심히 일하는 어머니에게 얼마나 감사한지 간절히 말하고 싶었다. 오로지 그것만을 하고 싶었다. 그래서 저녁을 먹은 후 침실로 연결되는 계단 아래에 자리를 잡았다. 밤이 되고 거실이 어두워졌으나 그곳에서 계속 어머니를 기다렸다. 몇 시간이고 앉아 있었다.

마침내 어머니가 집에 도착했다. 우리 집 밖에서 열쇠가 짤랑거리는 소리가 들리면 어머니가 돌아왔다는 신호였다. 어머니는 누군가에게 공격을 받으면 무기로 사용할 것이라며 늘 커다란 열쇠 꾸러미를 가지고 다녔다. 어머니는 쉽게 공격당할 사람 같지 않았다. 키는 내가 훨씬 컸으나 어머니는 나에게 늘 거대하고 만만치 않은 사람으로 보였다. 그 누구도 어머니를 건드리지 못할 것 같았다.

어머니의 열쇠 꾸러미 소리가 들리자 나는 애정으로 가득한 미소를 지으며 현관문으로 달려갔다. 사랑하고 보고 싶었다는 말을 어머니에게 곧바로 하고 싶었다. 어머니가 집 안으로 들어와 가방을 바닥에 놓기도 전에 나는 어머니를 껴안았다. 마치 커다란 곰의 포옹 같았다. 어머니도 나를 안았으나 평소의 포옹과는 달랐다. 어머니는 망설이고 있었다. 그래서 나는 어머니를 더욱 세게 껴안았지만 내가 더 세게 안으면 안을수록 어머니의 포옹은 약해졌다. 어머니는 내

어깨 너머로 무엇인가를 보고 있었다.

나는 포옹을 풀었다. 어머니는 가방과 열쇠를 테이블 위에 놓으며 내 어깨 너머를 계속 바라봤다. 내가 간절히 말했다.

"미안해, 엄마. 지금 이 시간엔 침대에 있어야 한다는 걸 알지만 3일 동안 엄마를 보지 못했잖아. 그래서 엄마를 안아주면서 얼마나 사랑하는지 말하고 싶었어."

그런데 어머니는 내 말을 듣긴 한 것일까? 잠시 나를 힐끗 쳐다보더니 바로 내 어깨 너머에 있는 벽을 바라봤다. 벽에는 나와 여동생들이 해야 하는 일과가 적혀 있는 화이트보드가 걸려 있었다. 나처럼 근시가 있던 어머니는 눈을 가늘게 떴다. 그리고 어머니는 내 이름과 요일을 맞춰보며 물었다.

"현관 계단 청소는 끝낸 거니?"

그날 나는 할 일이 있었지만 하지 못했다고 솔직하게 말했다.

"어떻게 하다 보니 그렇게 됐어! 집에 왔는데 내가 얼마나 엄마를 사랑하는지 말하고 싶었어. 하루 종일 얼굴을 볼 수 없는 엄마가 보고 싶었어. 그 생각밖에 안 났어. 엄마가 너무 그립다는 생각에 아무것도 할 수가 없었다고. 엄마를 너무 사랑하고 너무 보고 싶었어."

나는 다시 어머니를 껴안으려고 했지만 어머니는 내 가슴을 살짝 밀었다.

"아들, 나를 사랑한다면 청소를 해야지."

그때 어머니의 말은 평소 목소리와는 달리 약간 차갑게 들렸다.

하지만 어머니가 하려는 말을 바로 이해했다. 어머니는 이제 막 집에 돌아왔다. 어머니가 매일 지치도록 일해서 나와 여동생들은 특별히 부족한 것이 없었다. 대신 어머니는 우리에게 몇 가지 기본적인 집안일을 맡겼다. 나는 여전히 어머니를 얼마나 사랑하는지 모른다고 말했다. 이 말은 얼마든지 계속할 수 있었다. 하지만 그날 나는 가족과 한 약속 하나를 지키지 않은 상태였다. 계단 청소를 하지 않은 것이다.

어머니가 가장 바라고 중요하게 생각하는 것은 언행일치였다. 이는 우리 대부분이 원하는 것이기도 하다. 그리고 그 언행일치가 지속되지 않을 때 우리는 벽을 쌓는다. 리더인 여러분이 사람들에게 당신은 소중하며 조직에 없어서는 안 될 존재라고 아무리 말해도 행동이 다르다면, 사람들은 그 말이 진심이 아니라는 것을 알아차린다. 여러분이 필요할 때만 사람들을 생각하는 척하면 사람들은 여러분에게 진정한 도움을 주기 위해 협조하기를 꺼릴 것이다. 사람들은 당신에게 더 주려고 하지 않고 딱 주어야 하는 만큼만 줄 것이다.

말만 번드르르하고 행동이 따르지 않으면 믿음을 주지 못한다. 청소하기로 했으면 매일 청소해야 한다. 일관성 없는 리더십은 불신과 회의를 낳는다. 마치 불륜이 관계에 미치는 악영향 같다. 여러분이 사랑에 빠졌다고 해보자. 상대방은 여러분이 잠에서 깨기 전에 침실로 들어와 베개에 장미 한 송이를 놓을지도 모른다. 잠에서 깬 여러분은 장미향에 도취될 것이다. 장미향이 은은하게 퍼지는 가운데 따뜻한 차 한 잔도 침대 옆에 놓여 있을 것이다. 뺨에 장미의 키스를 받는 기분이 들 것이다. 이러한 분위기에 있는 것만으로도 호르몬이 솟구쳐 행복을 느낄 것이다.

하지만 그가 바람을 피운다면 진정한 행복감을 느끼기는 힘들다. 어느 정도 화해는 할 수 있다 하더라도 예전에 감동받았던 표현에 다시 비슷하게 감동을 받기까지는 꽤 많은 시간이 걸릴 것이다. 그가 한 짓을 생각하면 행복 호르몬이 나오지 않는다. 바람을 피운 것이 6개월 전일 수도 있고 10년 전일 수도 있지만, 한번 바람을 피운 사람은 또 바람을 피울 수 있다는 것을 안다. 이미 그런 생각이 드는 것이다.

따라서 약속을 지키려면 무조건 엄격하게 일관적으로 지켜야 한다. 동료든 상사든 누구에게나 명확하고 평등한 기준을 적용해야 한다. 이는 타인을 존중하고 포용하며 공감하는 것에 관한 기준이며, 약속을 지키지 못했을 때 어떻게 책임질 것인지에 관한 기준이다. 만일 누군가가 잘못된 행동을 했는데 아무런 일도 일어나지 않는다면 모든 사람이 숨겨진 메시지를 읽게 된다. 결국 조직의 기준이 특정인에게만 적용된다는 메시지, 조직의 가치는 편리할 경우에만 유지된다는 메시지다.

미국의 코미디언 존 스튜어트Jon Stewart는 이런 말을 했다.

"도전적인 상황에서 가치를 끝까지 지키지 않는다면 그것은 가치가 아닙니다. 그냥 취미 생활이죠. 에너지가 있거나 여유가 있을 때만 지키는 것은 진정한 가치가 아닙니다."

현역 시절, 가끔 체력 단련실에서 꾀를 부릴 때가 있었다. 심지어 가장 뛰어난 운동선수들도 가끔 그런다. 체력 단련실에서는 몸을 극한까지 밀어붙여야 하지만, 같은 팀 선수들, 코치, 트레이너의 관심이 다른 곳에 쏠리면 잠시 운동의 강도를 줄이는 것이다. 아주 약간만 줄이는 것이라 대부분의 사람은 눈치채지 못한다. 아마 해야 하는 운동의 강도가 100퍼센트라면 95퍼센트 정도로 줄인다고 보면 된다. 잠깐 숨을 고르기 위한 정도이며, 그러다 누군가가 쳐다보면 재빨리 다시 운동 강도를 100퍼센트로 되돌릴 수 있을 정도의 미세한 차이다.

나도 이런 꾀를 부린 적이 있다. 나름 스스로 꽤 똑똑하다고 생각했다. 하지만 내 담당 트레이너 워런은 조용하고 빈틈이 없었다. 운동이 끝나자 워런은 내 어깨를 두드렸다. 그때 워런이 속삭인 짧은 말 한마디가 지금까지도 잊히지 않는다.

"항상 널 지켜보고 있는 눈이 있어."

여러분도 마찬가지다. 여러분은 항상 누군가의 관찰 대상이다. 정말 단순한 사실이다. 프로 스포츠에서는 이러한 관찰과 평가가 더 명확하게 드러난다. 팀에 대한 여러분의 기여도는 통계와 고급 지표로 측정되며, 코치들은 각 포지션을 깊이 분석하며 선수들이 각자의 위치에서 잘 연결되도록 해야 한다.

올랜도에서 첫 프리시즌을 시작한 지 몇 주 후, 내가 뛰는 두 포지

선 명단에서 내 이름이 맨 아래에 있는 것을 보고 충격을 받았다. 전체적으로 18명의 선수들이 15개의 자리를 놓고 경쟁 중이었으니, 해야 할 일이 굉장히 많았다. 나는 관찰 대상이었고, 코치들은 내가 보여준 모습에 만족하지 않았던 것이다.

그래서 나는 코치들이 보지 않는 곳에서 연습을 하기로 결심했다. 팀 시설에서 정기적으로 하는 연습에도 참석할 예정이었으나, 훈련이나 슛 기술에서 부족한 점을 코칭스태프에게 보여주지 않기 위해 시민 체육관까지 걸어가곤 했다. 나는 매일 체육관에서 부족한 부분을 연습했다. 그러던 어느 날이었다. 물을 마시며 쉬다가 두 아이가 옆 코트에서 공놀이를 하며 슛을 하고 있는 것을 발견했다. 학생이라면 평일 이 시간에 학교에 있어야 했기 때문에 그 아이들이 이상해 보였다. 아이들은 어색한 표정으로 나를 계속 바라봤다. 모든 리더가 알아차려야 할 표정이다. 먼저 다가가기는 조금 그렇고, 상대방이 먼저 다가와주었으면 하고 바랄 때 보이는 표정이었다. 그래서 내가 먼저 다가갔다.

솔직히 내키지는 않았다. 연습에만 몰두하고 싶었기에 그외의 시간은 낭비처럼 느껴졌기 때문이다. 하지만 잠시 어머니를 떠올렸다. 여기에 어머니가 계셨다면 내가 어떻게 하기를 바라셨을까 하고 잠깐 생각했다. 그래서 연습을 방해받은 것이 약간 짜증이 나긴 했지만 손을 흔들며 아이들을 불렀다.

그저 손을 흔들어주었을 뿐인데 아이들의 얼굴이 환해졌다. 아이들은 마치 하늘을 나는 듯이 코트를 가로질러 나에게로 질주했다. 아이들은 내가 누구인지 전혀 몰랐지만 나는 이미 본 적이 있는 아이들이어서 외면하지 않고 아는 척을 했다. 아이들은 활짝 웃으며 각자 크리스와 에릭이라고 자신을 소개했다. 아이들은 대략 열 살에서 열한 살 정도로 보였다. 둘은 형제였다. 나는 물었다.

"만나서 반가워. 그런데 지금 학교에 있어야 하는 것 아니니?"

크리스와 에릭은 아니라고 하면서도 더 이상 설명은 하지 않았다. 그들은 나에게 2 대 1로 시합을 하자고 부탁했고, 나는 수락했다. 좀 더 친절한 거인이라면 어린 크리스와 에릭에게 자비를 베풀었을지 모르지만, 나는 그러지 못하고 인정사정 봐주지 않았다. 블록숏과 덩크숏의 반복. 208센티미터짜리 다 큰 성인 남성이 자신에게 도전해온 열 살과 열한 살 소년을 이겨 먹으려고 했다. 하지만 일단 이겨야 다시 빨리 연습을 할 수 있었기에 어쩔 수 없었다. 경기가 끝나자 크리스와 에릭은 나에게 감사하다고 했다. 나는 다시 농구 연습을 했다.

며칠 후, 나는 크리스와 에릭을 다시 봤고 비슷한 장면이 연출되었다. 이번에는 내가 쉬는 시간에 두 아이를 시합에 초대했다. 나는 손을 흔들며 그들을 불렀다.

"크리스! 에릭! 가자!"

크리스와 에릭이 다시 전력 질주하며 달려왔다. 나는 학교에 안 가냐고 물었고, 크리스와 에릭은 이번에도 대답을 피했다. 우리는 다시 2 대 1로 시합을 했고, 역시나 이번에도 내가 이겼다. 그리고 몇 주가 지났다. 시간이 지나면서 크리스와 에릭은 자기들 이야기를 더 많이 했고, 왜 학교에 가지 않는지 알려주기 시작했다. 그때까지 나는 펜실베이니아주에서 자원봉사를 하며 아주 어려운 처지에 있는 아이들과 함께 수백 시간을 보냈다. 그런데 크리스와 에릭이 내가 만난 그 어떤 아이들보다 어려운 가정환경에서 자랐다는 것을 알게 되었다. 크리스와 에릭은 부모님이 살아 있었으나 거의 가족이 없는 것이나 마찬가지여서 둘이서 외롭게 세상을 살아왔다.

시간이 지나면서 내 연습 결과도 좋아지기 시작했다. 시즌이 끝날 때쯤에는 선발 라인업에 들어갔다. 하지만 우리 가족은 수천 킬로미터나 떨어져 있었고, 당시 올랜도 팀에서도 친구가 거의 없었기 때문에 선수들마다 무료로 받는 경기 관람 티켓도 별 의미가 없었다. 보통은 크리스와 에릭을 위해 티켓을 남겨두곤 했다. 드디어 올랜도에서 나의 첫 시즌이 열렸다. 크리스와 에릭은 선수들의 가족을 위해 마련된 구역과 라운지에 앉았다. 두 아이는 우리 팀의 동료들을 보러 온 부모님, 배우자, 자녀들과 함께 응원하고, 먹고, 웃으며 시간을 보냈다.

나도 당시에는 고아나 마찬가지였기에 크리스와 에릭에게 공감이 갔다. 나는 두 아이와 시간을 보내면서 학교에 다니라고 진지하게 설득했다. 우리는 사실상 서로에게 가족이 되었다. 여름에는 크리스와 에릭을 내가 지도하는 농구 캠프에 참가하게 하려고 영국으로 데려왔다. 이런 초대를 받은 크리스와 에릭은 나의 가족이나 마찬가지였다.

그런데 캠핑을 지도하던 중 옆 코트에서 비명 소리가 들렸고 뒤이어 소동이 벌어졌다. 크리스의 비명 소리였다. 크리스는 발목이 부러진 채로 바닥에서 몸을 비틀고 있었다. 우리는 곧 크리스를 구급차에 실었다. 크리스는 무서워하며 비명을 질렀다. 하지만 마취 가스의 영향으로 가끔 웃기도 했다. 비명과 미소는 어울리지 않는 이상한 조합이었다. 구급차를 타고 병원으로 향하면서 이것이 도대체 무슨 상황인지 생각했다. 병원에 도착해서 의료진은 크리스를 입원시킨 후 뼈를 고정하는 수술을 하기 위해 데려갔다. 수술을 받기 전에 크리스는 내 팔을 잡더니 얼굴을 가리고 있던 작은 호흡기를 끌어내렸다.

"우리를 돌봐줄 건가요?"

크리스가 물었다. 이게 도대체 무슨 질문이지? 당혹스러운 질문이었다. 심지어 어떤 의도가 있는 질문처럼 느껴졌다. 하지만 약아빠진 10대 아이들이 아니라면 어떤 의도로 이런 질문을 하는 것일까? 사실은 '우리를 돌본다'는 크리스의 말이 무슨 뜻인지 대략 알고 있었다. 크리스와 에릭은 계속 믿을 수 있는 존재를 간절히 원하고 있었다. 아빠가 되어줄 수 있는 사람을 원하고 있었다. 이런저런 생각을 하느라 잠 못 이루는 밤을 보냈지만 결국 나는 크리스와 에릭을 돌보기로 했다. 우리는 미국으로 돌아갔다. 그리고 약 6주간의 서류 작업과 법적 절차를 거쳐 크리스와 에릭을 내 아이들로 입양했다.

크리스와 에릭은 이제 30대 어른이 되어 슬하에 다섯 명의 아이들을 두고 있다. 몇 년 전, 나와 에릭은 크리스의 집에서 추수감사절을 함께 보냈다. 저녁 식사 후 크리스와 에릭은 나를 데리고 발코니로 갔다. 우리 셋은 시가를 피우며 잡담을 나누었다. 추수감사절 저녁 식사 후에 미국 가정에서 흔히 볼 수 있는 풍경이다. 모두 식사를 한 다음에 남자들은 밖에 서서 술을 마시고 담배를 피우며 수다를 떤다. 적어도 내가 알고 있는 추수감사절 저녁의 풍경은 그랬다.

대화를 나누다가 잠시 침묵이 흘렀다. 그때, 크리스인지 에릭인지 정확히 기억은 안 나지만 한 명이 물었다.

"우리가 왜 아버지를 선택했는지 알아?"

그때까지만 해도 내가 크리스와 에릭을 선택했다고 확신했기 때문에 질문이 이상하게 들렸다. 어쨌든 나는 확신을 가지고 대답했다.

"내가 NBA에 있었기 때문에? 아니면 돈을 많이 벌어서?"

"아니. 그 정도로 대단하지는 않았어."

크리스와 에릭이 웃었다.

내가 지나치게 진지한 성격이라 크리스와 에릭의 양아버지가 되겠다고 결심한 것일까? 이유를 물었다. 나의 책임감과 돌볼 수 있는 능력 때문에? 내가 학교에 다시 가게 해 인생을 구해주었기 때문에?

둘은 아니라고 다시 대답하며 더 크게 웃었다. 내가 생각한 대답은 전부 틀렸다.

"우리가 처음 만났을 때 기억나? 우리 이름을 물었잖아?"

"그랬지."

"그리고 우리가 두 번째로 만났을 때 기억나? 며칠이 지났는데도 아빠는 여전히 우리 이름을 기억하고 있었어. 생각나?"

"응. 기억나."

"음, 그게 다였어. 우리 이름을 기억해줬기 때문이야. 앞으로도 우리 이름을 기억해줄 사람일 것 같아서 아빠를 선택했어."

막상 대답을 듣고 보니 실망했다. 다른 큰 이유가 있을 것이라 생각했기 때문이다. 그러니까, 내가 크리스와 에릭의 이름을 기억하고 있었기 때문에 우리는 새로운 가족이 된 것이었다.

마지막으로 이 에피소드를 소개하는 이유가 있다. 거인들이 겉보기에 사소한 행동을 하는 것 같아도, 그 행동이 누군가에게 깊은 영향을 끼칠 수 있다는 것을 알려주기 위해서다. 지금까지 설명한 약속들을 지키면 여러분은 사람들이 스스로를 바라보는 방식에 긍정적인 영향을 끼칠 수 있다. 사람들이 서로 연결되었다고 느끼며 재능을 발휘할 수 있게 도울 수 있다.

그리고 무슨 이득을 얻기 위해서 이 같은 약속들을 지키려고 노력한 것은 아닐 테지만, 이 약속들을 지키다 보면 뜻하지 않게 좋은 결과로 이어질 수 있다. 책과 파이에 파묻혀 있던 뚱뚱하고 수줍은 괴짜 소년이 NBA 선수가 되고, 지구촌을 돌아다니는 조직심리학자에 이어 다섯 명의 손주를 둔 할아버지가 된 것처럼 말이다.

세상은 다양한 재능과 잠재력을 가진 개성 넘치고 멋진 사람들로 가득 차 있다. 이런 사람들에게 같은 편과 옹호자가 되겠다고 약속하자. 진정한 동료이자 진정한 리더가 될 것을 약속하고, 사람들의 잠재력을 최대로 이끌어내겠다고 약속하자. 승리를 목표로 하되 건강한 경쟁이 있는 열정을 약속하자.

　그리고 이 약속들을 무조건 끈질기게 지키자. 그것이 거인이 되면서 해야 할 의무이자 거인이 되어 누리는 영광이다.

{ 감사의 말 }

지금까지 들려준 이야기는 나에게 특별한 의미가 있는 사람들 덕분이다.

뮤리얼과 앤디에게. 너희는 내가 가장 우울한 상황일 때 나를 돌봐주었지. 아무 말이나 질문도 하지 않고, 내가 모든 것을 잃었다고 생각했던 순간에도 다시 일어설 수 있게 도와주었어. 나에게 영감을 주었고, 그 덕분에 인생에서 어려움과 맞서서 승리할 수 있는 길을 알게 되었어.

우키에게. 우리는 각자 가는 길이 아주 다르고 서로 멀리 떨어져 살고 있지만, 언제나 서로에게 자연의 힘 같은 존재였고 끈기의 상징이 되어주었어. 아무리 멀리 떨어져 있어도 나의 애정은 언제나 그대로야. 이를 알아주면 좋겠다.

피터에게. 내가 할 수 있는 최선의 말은 영화 〈스타 트렉〉에 나오는 대사일 것 같아. "지금까지도 너의 친구였고, 앞으로도 너의 친구일 것이다." 지난 40년 동안 가장 좋았던 시절과 가장 어려웠던 시절을 함께했으니 말이야.

줄리에게. 어려움이 많은 삶이었지만, 너는 결국 그 모든 것을 극복해냈어. 우리 회사 APS가 다시 태어날 때 나와 함께한 파트너십은 수년 전 맨체스터에서 네가 보여준 야망을 실천한 일이라고 생각해. 우리는 지금도 여전히 파트너야. 변치 않는 우정, 비즈니스에 가져다주는 가치, 나를 늘 참아주는 인내심에 고마움을 전한다.

크리스에게. 너는 내 가까운 인맥 중 비교적 새로운 존재지만, 너와의 우정은 내 인생의 많은 기쁨과 동료애의 원천이 되어주었어. 우리가 함께 걷고 아무 말 없이 TV를 보던 그 모든 날에, 빈 컵을 다시 채우는 날들에 감사의 마음을 보내.

크리스와 에릭에게. 우리의 인생은 너희 각자와 우리 모두의 의지에 의해 달라졌고, 지금 너희의 성공을 보는 것은 나에게 큰 영감을 준단다. 지금은 바다를 사이에 두고 떨어져 있지만, 우리가 함께한 이야기 중 몇 가지가 머릿속에 남아 아이들에게 전해지기를 바란다.

사실 나처럼 시시콜콜한 이야기를 하면서 가르치는 괴짜는 들어주는 사람이 없다면 아무것도 아닌 존재다. 마찬가지로 저자도 기꺼이 글을 읽어주는 독자가 없다면 아무 존재도 아니다. 발표나 연설을 주간으로 올리는 '제다이 리플렉션Jedi Reflection' 영상에서 이 책의 일부 내용을 들은 많은 사람으로부터 답변을 들을 수 있었다. 정말 큰 행운이었다. 그리고 내가 전하고 싶은 메시지를 다듬는 데 도움을 주신 모든 분에게 감사하다는 말을 전하고 싶다. 또한 나의 말과 생각으로 관점이 어떻게 달라졌는지 들려준 모든 분에게 감사의 인사를 드린다. 그리고 나를 변화시킨 다양한 이야기를 들려준 모든 분에게도 감사를 전한다.

{ 주석 }

Chapter 3

1 Harkin, B., Webb, T., & Chang, B. (2016) Does monitoring goal progress promote goal attainment? A meta-analysis of the experimental evidence, *American Psychological Association* 142(2): 198-229.

Chapter 4

1 Bertrand, M., & Mullainathan, S. (2004) Are Emily and Greg more employable than Lakisha and Jamal? A field experiment on labor market discrimination, *American Economic Review* 94 (Sept. 4): 991-1013.

2 http://csi.nuff.ox.ac.uk/wp-content/uploads/2019/01/Are-employers-in-Britain-discriminating-against-ethnic-minorities_final.pdf

3 www-2.rotman.utoronto.ca/facbios/file/Whitening%20MS%20R2%20Accepted.pdf.

4 Rosiek, J. (2003) Emotional scaffolding: An exploration of the teacher knowledge at the intersection of student emotion and the subject matter, *Journal of Teacher Education* 54(5): 399-412.

Chapter 8

1 Manyika, J., Lund, S., Chui, M., Bughin, J., Woetzel, J., Batra, P., Ko, R. & Sanghvi, S. (2017) *Jobs lost, jobs gained: What the future of work will mean for jobs, skills, and wages.* [online] McKinsey. Available at: <https://www.mckinsey.com/featured-insights/futureof-work/jobslost-jobs-gained-what-the-future-of-work-will-meanfor-jobs-skillsand-wages>.

Chapter 10

1 Kraus, M., & Huang, C., & Keltner, D. (2010) Tactile communication, cooperation, and performance: An ethological study of the NBA. *Emotion* (Washington, D.C.) 10: 745-9. doi: 10.1037/a0019382.

2 Hackman, J.R. (2002) Why teams don't work. In: Tindale R.S. et al. (eds) *Theory and Research on Small Groups. Social Psychological Applications to Social Issues*, vol 4. Boston, MA: Springer. doi: 10.1007/0-306-47144-2_12.

3 Huckman, R., & Staats, B. (2013) The hidden benefits of keeping teams intact. *Harvard Business Review*. 91: 27-9.

Chapter 11

1 Garthwaite, C., Keener, J., Notowidigdo, M.J., & Ozminkowski, N.F. (2020) Who profits from amateurism? Rent-sharing in modern college sports. National Bureau of Economic Research. Cambridge, MA. Available at: www2.nber. org/papers/w27734.pdf?stream=business&utm_source=newsletter&utm_ medium=email&utm_campaign=newsletter_axiosmarkets.

Chapter 12

1 "Avocation." *Merriam-Webster.com Dictionary*, Merriam-Webster, www. merriam-webster.com/dictionary/avocation.

2 F*IFA Disciplinary Code 2019 Edition*, 13.1 https://resources.fifa.com/ image/upload/fifa-disciplinary-code-2019-edition.pdf?cloudid=i8zsik8xws0 pyl8uay9i.

3 Kotter, J. & Schlesinger, L. (2008) Choosing strategies for change. [online] *Harvard Business Review*. Available at: https://hbr.org/2008/07/choosing-strategies-for-change.

Chapter 13

1 Kahn, W.A. (1990) Psychological conditions of personal engagement and disengagement at work. *Acad. Manag.* J.33: 692–724

2 Edmondson, A.C. (1996) Learning from mistakes is easier said than done: Group and organizational influences on the detection and correction of human error.' *Journal of Applied Behavioral Science*, 32: 5–32.

3 Deloitte (2013) Waiter, is that inclusion in my soup? A new recipe to improve business performance. [online] Available at: https://www2.deloitte.com/content/dam/Deloitte/au/Documents/human-capital/deloitte-au-hc-diversity-inclusion-soup-0513.pdf.

4 Holger, D. (2019) The business case for more diversity, *The Wall Street Journal (Oct. 26). Available at:* www.wsj.com/articles/the-business-case-for-more-diversity-11572091200.

5 Herring, C. (2017) Is diversity still a good thing? *American Sociological Review*, 2017;82(4):868–877. doi:10.1177/0003122417716611

6 DiStefano, J.J. & Maznevski, M.L. (2000) Creating value with diverse teams in global management, *Organizational Dynamics* 29(1): 0–63.

7 Hochschild, A. R. (1979) Emotion work, feeling rules, and social structure,' *American Journal of Sociology* 85.(3): 551–575.

8 Bransford, J.D., Brown, A.L., & Cocking, R.R., eds. (1999) *How People Learn: Brain, Mind, Experience, and School.* Washington, DC: National Academy Press.

9 Kandola, P. (2019) Responses to Exclusion. Unpublished paper presented at the BPS Occupational Psychology Conference.

Chapter 14

1 *The Great Dictator*, dir. Charlie Chaplin (United Artists, 1940).

2 Ibid.

3 Manyika, J., Lund, S., Chui, M., Bughin, J., Woetzel, J., Batra, P., Ko, R., & Sanghvi, S. (2017) Jobs lost, jobs gained: What the future of work will mean for jobs, skills, and wages. [online] McKinsey. Available at: https://www.mckinsey.com/featured-insights/future-ofwork/jobs-lost-jobs-gained-what-the-future-of-work-will-mean-forjobs-skills-and-wages.

거인의 약속

초판 1쇄 발행 2024년 12월 26일
초판 5쇄 발행 2025년 3월 20일

지은이 존 아메이치
옮긴이 이주영
펴낸이 고영성

책임편집 하선연   **편집** 윤충희   **디자인** 이화연   **저작권** 주민숙

펴낸곳 ㈜상상스퀘어
출판등록 2021년 4월 29일 제2021-000079호
주소 경기도 성남시 분당구 성남대로 52, 그랜드프라자 604호
팩스 02-6499-3031
이메일 publication@sangsangsquare.com
홈페이지 www.sangsangsquare-books.com

ISBN 979-11-94368-08-3 03320